中小学心育十六讲

提供学前、小学、初中、高中不同成长阶段孩子

心理问题的预防和解决方案

心理健康教育特级教师
钟志农——著

中小学心育16讲

江西教育出版社
JIANGXI EDUCATION PUBLISHING HOUSE
·南昌·

图书在版编目（CIP）数据

中小学心育16讲 / 钟志农著. -- 南昌 : 江西教育出版社,2022.12（2025.3 重印）
ISBN 978-7-5705-3320-6

Ⅰ. ①中… Ⅱ. ①钟… Ⅲ. ①心理健康 - 健康教育 - 中小学 - 教学参考资料 Ⅳ. ①G444

中国版本图书馆CIP数据核字（2022）第173711号

中小学心育 16 讲
ZHONG-XIAOXUE XINYU 16 JIANG
钟志农 著

江西教育出版社出版
（南昌市学府大道 299 号 邮编：330038）

出 品 人：熊 炽
责任编辑：苏晓丽

各地新华书店经销
江西赣版印务有限公司印刷
720 毫米 ×1000 毫米 16 开本 14.75 印张 205 千字
2022 年 12 月第 1 版 2025 年 3 月第 7 次印刷

ISBN 978-7-5705-3320-6
定价：58.00 元

赣教版图书如有印装质量问题，请向我社调换 电话：0791-86710427
总编室电话：0791-86705643 编辑部电话：0791-86708350
投稿邮箱：JXJYCBS@163.com 网址：http://www.jxeph.com

前 言

2019年，我在上海某地讲课，一位同在黑龙江生产建设兵团下过乡并担任过高中校长的老朋友特地来宾馆看我。30多年不见，要说的话当然有很多。但我没想到的是，老朋友开口第一句就问："听说你回杭州之后，做了心理健康教育。那你能不能用最短的话，说清楚做好你现在这份工作的要诀是什么？"我思考了片刻，回答道："无论是当教师，还是做家长，或者是搞心理健康教育，最重要的就是做到八个字：读懂孩子，理解人性。"

从那以后，这八个字就成了我对自己的教育理念最常用、最简洁的表述。

所谓"读懂孩子"，就是要熟知一个孩子从出生到18岁成年之间，他每一年甚至每半年会走过一段怎样的路程，会遇到怎样的发展危机，可能会出现哪些成长的困惑，碰到哪些难以顺利跨越的障碍。要懂得孩子的哪些行为表现其实是年龄特点的正常反应，并非什么了不得的心理问题，孩子又有哪些很重要的智力品质和社会化技能，在应该快速发展的关键期却没有实现“大踏步的前进”，从而可能给他今后的人生道路留下隐患。读懂了孩子从出生到长大成人的发展“路线图”和“时间表”，家长和教师就掌握了教育孩子的主动权，就能未雨绸缪，而不会在孩子上学之后暴露出诸多始料不及的问题时，弄得自己焦头烂额。

所谓“理解人性”，就是要懂得人性的基本需求是什么。无论是刚刚出生的婴儿，还是八九十岁的高寿老人，人的本质属性都是相通的，因为“人道通于心道”。人性是贯穿整个生命发展历程的主线，它是灵魂，是内核，是驱动器。不理解人的本性需求和动力机制，就无法做好育人的工作。而“理解人性”的关键是理解马斯洛的“需要层次理论”的中间三大心理需要，即“安全”“爱与归属”“自尊”。因为最低层次的“生理需要”，对大多数人而言已不是问题，而最高层次的“自我实现需要”，则是中间层次的需要得到满足后的“水到渠成”。因此，只有把中间三大心理需要的内涵理解透彻，并能从操作层面上在家庭教育和学校教育的过程中认真加以落实，才能为孩子一生的人格发展奠定扎实的基础。

这八个字看起来非常简单，但真正读懂它、理解它，却用了我大半辈子的时间和心血。

20世纪70年代，在黑龙江生产建设兵团当中学教师，并没有学过心理学的我却成了“北大荒”的家长和学生公认的好老师。其实，那时我心里只有一个字——“爱”。我爱我的学生，付出全部生命的能量去爱他们，愿意为他们做无数点点滴滴的小事，让他们真真切切地感受到老师的爱。那时，我常常应邀到当地的中小学介绍经验，演讲稿的题目就叫《师生关系是班主任工作的生命线》。可惜那是一份手写的稿子，如果能保留到现在，我真想用马斯洛的“需要层次理论”对它重新做一番分析与梳理。好在那份演讲稿的核心思想，早已融入我的血脉和灵魂，相信读者看了拙著，依然能够感受到50年前那颗年轻的心在有力地搏动。

后来，我做了父亲。那时的我一天到晚忙于行政事务，对儿子的教育基本上是“无为而治” 。但不管是“无为”还是“有为”，该“治”还是得“治”的。现在回想起来，主要有三条：一是情感的滋养（现在叫“爱和归属”)，这一点孩子母亲做得特别好；二是高度的尊重，尊重他的自主权（自主学习、自我管理）；三是人格的示范，特别要注意引导他领悟生命的价值和意义。儿子高中毕业后，从“北大荒”考入浙江大学，现在是这所大学的教授、博士生导师。2005 年，我被评为浙江省首届“十佳家长”，这也从一个侧面肯定了我作为“父亲”的角色。

到我 70 岁当爷爷时，已经“密接”心理学 20 年。从孙子出生开始，他每个月的成长、发展、进步和不足，包括鸡零狗碎的小故事、小插曲、小烦恼，我都用文字和图像记录，从不间断。我从儿童发展心理学的视角，仔细观察他的一言一行，并用电脑记录下来，同时结合心理学的理论做出分析、研究。孙子上小学之后，我基本上每天要花 10 ～ 20 分钟的时间，长流水、不断线地和孙子保持良好的沟通。我的想法很简单，就是要把孙子当作一个科研课题来对待，认真面对孩子可能出现的问题，避免对他的“误读”“误判”，努力为他做一些真正有用的事情。

从“教师”到“父亲”，到“爷爷”，再到“心理教师”，几十年一路走来，是一个学习的历程、思考的历程、探索的历程、纠错的历程，也是一个“厚积薄发”的历程。我最后理解并实践了教育的真谛——“读懂孩子，理解人性”，这也推动了我 50 岁以后从事的中小学心理健康教育事业。

我这一路的学习、思考和探索，与国家对中小学心育工作的重视和推进基本是同步的。随着时代的发展，随着学校和家庭对心理学知识需求的不断增长，我的学习、思考和探索的成果逐渐累积成一个个传播心理学常识、剖析家庭教育误区、探求中小学心理辅导实操路径的讲座，在全国各地传播开来。同时，也正是无数的班主任、家长和心理健康教育同行的要求和鼓励，才促使我动心起念，从上千场讲座中选出了 16 个专题，做了提炼和补充，形成了这本《中小学心育 16 讲》，以回馈成千上万关心孩子健康成长、希望探讨教育之道的朋友的期待。

若要问及拙著与其他同类书籍有何不同之处，我认为有三个：

一是本书覆盖了中小学生成长发展的全过程、全方位。从纵向看，这16个专题从孩子出生后的心理需求开始，分智力发展和社会化发展两条线索，逐年逐段梳理，一直讲到高中三年级学生在心智和个性发展过程中遇到的各种问题，以及教师、家长的应对策略，可谓一幅描绘儿童、青少年成长足迹的彩墨长轴。它既有浓墨重彩的轮廓勾勒，又有细微局部的色彩晕染，重点突出，浓淡相宜，有开有合。相信无论是教师还是家长，阅读本书之后，对理解自己的教育对象总会有不同程度的帮助。从横向看，这16个专题从家庭教育讲到学校教育，从班级管理讲到心理辅导，从心育的宏观统筹讲到心理教师的个人成长，可以看作对中小学心育工作的一个全方位的扫描与探究。相信无论是学校管理者、班主任、心理教师还是家长，都可以从中找到自己最关心的心育疑难问题，并在阅读的过程中拓宽自己解决问题的思路。

二是内容的铺陈做到了心育理念与心育实践的密切结合。从全书理论框架的建构来看，尽可能跳出学院派的发展心理学体系，从一个新的视角，整合了发展心理学、社会心理学、教育心理学、脑科学和心理咨询专业理论，根据我近30年的研究、消化与重构，搭建了一个相对个性化、大众化、通俗化的理论体系，力求把复杂的问题讲得通俗易懂一些。全书讨论的问题基本上都来自我长期从事心理健康教育个案辅导与团体辅导的实践经验，尽可能让每个论述的问题和提出的操作建议都能做到"上接天气"（理论）、"下接地气"（实践）。

三是基本观点与核心概念的提出力求独立思考与学术研究相结合。全书16个专题，从问题"是什么""为什么"一直讲到"怎么办"，我都尽可能不人云亦云，力求说自己的一家之见。在基本观点和核心概念上，则务求做到"大胆假设""小心求证"。有时为了推敲某一种理念，我会去查阅大量文献，一一核对，相互印证，力求"言必有据"。本书共参考中外经典著作及其他相关资料近百种，在相关引文所在页面还有脚注，以便有兴趣的读者查阅。

当我准备结束这篇前言的写作时，正是早晨七点半，忽然接到了孙子的电话，他用银铃一般清脆的嗓音大声对我说：“爷爷，祝您生日快乐！”我这才想起来，原来今天又是一个特殊的日子。想象着孙子在电话那一头期待分享蛋糕的顽皮眼神，我心中涌起一阵莫名的感动。

人生苦短，生命无常。莎士比亚曾说“时间的步伐，人人感受不同”，我则认为顺天乐天就好。因此，我还是要带着责任、希望和一颗好奇心，继续沿着探寻儿童、青少年成长规律的漫漫长途，陪伴着我的时间老人，缓缓前行。

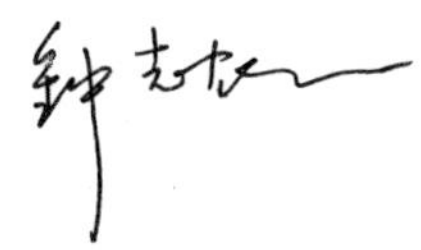

2022年8月6日

于杭州市西湖区

目　录

第
一
讲

十说
心理健康教育

在学校开展心理健康教育，首先要搞清楚一些基本理念。也就是说，如果在一些基础性的概念和思路上出现偏差，我们就可能把整个心理健康教育带偏方向。因此，本书的开篇有必要谈谈十个最重要的心理健康教育理念。

一、如何衡量一个人的心理是否健康

1. 世界卫生组织提出的七条标准

我们应该如何界定人的心理健康？心理健康的衡量标准是什么？说到这个问题，真可谓“仁者见仁，智者见智”，众说纷纭，很难统一。目前公认权威而又简洁的说法，应该是世界卫生组织提出的七条标准：

（1）智力正常。

（2）善于协调和控制情绪。

（3）具有较强的意志和较好的品质。

（4）人际关系和谐。

（5）能主动地适应并改善现实环境。

（6）保持人格的完整和健康。

（7）心理行为符合年龄特征。

这七条标准中，除了首尾两条，中间的五条标准都很好理解，而最值得我们注意的是第一条和第七条。

先说第一条。北京师范大学林崇德教授经常说："心之官则思，心理学首先是研究大脑的学问。"脑科学认为，智力是一个结构，包括注意力、观察力、记忆力、想象力、言语能力、思维能力、动作能力和感觉统合能力等要素。智力各组成要素的发展如果落后于同龄孩子的平均水平，就会带来学习障碍；而学习障碍必定会引发个体的情绪问题、亲子关系问题、课堂注意力问题、师生关系问题以及自我意识整合问题等，孩子的心理也就不健康了。所以，学校心理辅导课必须把推动智力发展的学习辅导内容纳入开课的选题范围。

第七条则意味深长。人的认知、情绪、行为及个性表现是一个动态发展的过程，评定一个人的心理是否正常，离不开他的年龄特征。比如，一个5岁的孩子经常在地上爬来爬去，是很正常的；而一个50岁的人如果经常在地上爬来爬去，就可能被送进精神病医院去治疗了。从这个角度看，许多中小学生的行为问题其实是年龄特征所致，是发展中的"一过性"问题；随着年龄的增长，某些看似不正常的行为就会逐步自行矫正，我们无须把受年龄特点影响的发展性问题看成障碍性问题。

2. 台湾师范大学黄坚厚教授提出的四条标准[①]

（1）有工作，而且工作有乐趣。

一般来说，一个人如果没有工作，基本的生存就可能有问题，就会带来不安全感。但是，如果只是有了工作，却做得很不舒心，那么也会出现心理上的困惑甚至是障碍。同理，一个学龄青少年如果失学，流落到社会上，他的心理和行为很可能要出问题。但是，如果一个孩子只是有书读，却读得不快乐，读得很累，甚至读得很失败，那么这个孩子的心理可能也会不健康。

（2）有朋友，而且在与人相处时，正面态度总是多于负面态度。

一个人没有朋友，与别人老死不相往来，他的内心不是孤独就是孤

① 张玲、孙丽华、张敏、徐浙宁、胡会芹:《心理健康研究与指导》，教育科学出版社，2001，第11页。

傲；另一方面，一个人虽然有朋友，但是朋友很少，那么他可能是一个难以相处的人。无论成年人还是青少年，都是如此。那么，朋友多了，心理就一定健康吗？那也不一定，还要看他如何处理人与人之间的矛盾或冲突。有了人际矛盾难免会生气，甚至会嫉恨，这也属于正常现象，关键是看他处理矛盾时，在大多数情况下是否能保持一种正面、积极、善意的态度。

（3）有自知之明，而且能够扬长容短、悦纳自我。

“知人者智，自知者明。”一个人有自知之明，知道自己有什么长处和短处，还不能说他的自我意识是健康的、统合的；如果他总是对自己的缺点遮遮掩掩，美其名曰“扬长避短”，那说明他不能直面自我，还不是一个自信的人。只有做到既能充分发挥自己的长处，又能包容和接纳自己的不完美，他的内心才能足够强大。这一条，对于身处激烈的学业竞争和人际比较压力下的中小学生而言，则更为重要。近年来，出现严重心理问题的青少年，很多是因为不能接纳自己学业上的不完美甚至是失败，才陷入心理泥淖之中不能自拔的。

（4）有社会适应能力，而且适应的方式总是积极的、成熟的。

人是社会性动物，必须面对复杂多变的社会环境，调整自我以适应外部的变化。但一个人如何去适应环境，是有境界高低之分的。一个心理健康的青少年，面对复杂的困境，不会采取怨天尤人、弄虚作假、自暴自弃、攻击或者逃避的态度，而是会想方设法调整自己的目标或期待，挖掘自己内部的潜力、积极利用外部资源和社会支持，来缩小自己与环境条件的差距，最后达成与环境的和谐相处。

3. 北京师范大学冯忠良教授提出的两条标准

冯忠良教授认为，适应就是健康，平衡就是健康；无论是身体健康还是心理健康，都是如此。20 多年前我聆听冯忠良教授的这一教诲时，就在反复琢磨、领悟其中的深意。我觉得，从心理健康的角度来讲，所谓“适应就是健康”，就是指“对外能够适应环境”，具备“敬业”“乐群”“坚韧”的心理品质，以不变应万变；所谓“平衡就是健康”，就是指“对内能够平衡自我”。这里包含三层意思：一是能“自知”，即能“扬长容短"；二是能"自制"，即能调控自己，保持情绪稳定、心态平和；三是能"自信"，即能有清晰的人生目标，有自强不息、万难不屈的坚强意志。这三个"自"，实际就是人的内心活动中知、情、意三个层面的平衡状态。如果一个人的内心世界在知、情、意三个方面都比较稳定和成熟，那么他的外在行为表现就肯定也是健康的。

二、教育、辅导、咨询、治疗的区别

教育、辅导、咨询、治疗是我们在心理健康教育工作中经常会听到的几个词，这几个词很容易产生概念上的混淆，那它们的区别到底是什么呢?

（1）"心理健康教育"是学校心理教育工作的总概念，内容包括学生心理素质的培养和学生心理健康的维护两大部分；工作对象是全体学生。

（2）"心理辅导"是帮助心理亚健康人群进行心理自助，即"助人自助"；工作对象是存在社会不适应问题或发展受阻的学生。

（3）"心理咨询"是对在认知、情绪、行为、躯体等方面出现心理疾病症状的个体进行疏导，以帮助其身心恢复平衡并得到自我成长；工作对象是出现明显心理障碍的部分学生。

（4）"心理治疗"的工作对象是有比较严重的心理疾病并需要服药或住院治疗的少数学生。

一个人从心理健康状态不幸变为患有心理疾病的状态，这中间有一个比较长的线性发展变化过程。如果把心理健康状态和心理疾病状态作为一条线段的两个端点，那么"心理健康教育"是为左端的健康个体服务的，"心理治疗"是为右端的患病个体服务的，而"心理辅导"是为比较靠近左端的亚健康个体服务的，"心理咨询"则是为比较靠近右端的亚健康个体服务的。如下图所示：

（心理健康的个体）**教育→辅导→咨询→治疗**（患有心理疾病的个体）

（心理亚健康的个体）

三、德育与心育的联系与区别

1. 德育与心育的联系

（1）两者“表里共存”。学校德育往往重点关注中小学生的行为问题或青少年犯罪问题，而出现这类问题的学生，不仅有其思想意识、道德品质、法治观念等德育范畴有关方面的原因，更有其较深层次的认知、情感、意志、个性等方面的原因，包括学生在成长发展过程中，由于智力发展受阻或社会化发展受阻而造成的认知偏差、学业困难、人际交往困难、情绪调节困难等，也包括由于个体基本心理需求在家庭环境和学校教育环境中未能得到满足，而造成的各种反社会行为、情绪失控和自我意识统合困难方面的问题等。

（2）两者“交错相融”。心育和德育在实施过程中，都会涉及个体的知、情、意、行以及世界观、人生观、价值观等方面的问题。

（3）两者“殊途同归”。无论是德育还是心育，都是为了人的健康发展。

2. 德育与心育的区别

（1）育人功能不同。德育重在引导学生树立正确的政治态度，持有主流的社会意识形态、明确的法治观念、良好的道德品质，遵守社会规范等；而心育重在引导学生在人性需求、人格完善、社会适应等方面的正常发展。

（2）育人内容不同。德育注重“高、大、上、远”的人物、事件、观念、原则、规范、传统、道德等价值判断内容；而心育则注重学生身边“真、实、小、近”的人物、事件、心态、理念等价值判断内容。

（3）育人形式不同。德育侧重“由外而内”的理论灌输、道德规范和法纪约束，主张刚性的“规则与服从”；而心育则侧重“由内而外”的体验、感悟、移情和个性的自我完善，主张依托“助人与自助”来建立自己健康的人格。

（4）育人目标不同。德育的培养目标是“有理想、有道德、有文化、有纪律的公民”；而心育的培养目标是“人格完善”，并最终达到“自我实现”。

当然，学校里搞心理健康教育，在注意德育和心育各有其内在规律，不能混为一谈的同时，也没有必要非得弄得那么泾渭分明。不是说可以不顾两者的区别，也不是说可以不注重提高心理健康教育的专业化水平，而是在中小学现实教育环境中，要接纳心育和德育的内容、形式都有交叉这一事实。

20世纪80年代，当学校心育在我国刚刚萌芽的时候，许多人分不清什么是德育、什么是心育，那时候强调两者的区别是非常有必要的。今天，我们对两者已经有了比较多的了解，此时更需要强调的，是“大德育”和“大心育”，是“我中有你、你中有我”的问题。这里所说的“大德育”，是指目前心育是纳入德育工作体系进行统筹的，要想彻底分开很困难；这里所说的“大心育”，是指不管走到现实生活的哪个角落，心理学都是无处不在的，学生道德品行问题的背后都“拖着一条长长的心理的影子”。

四、心育的根本任务是发展和预防

心育的根本任务不是解决学生“有病没病”的问题，而是解决学生“发展是否正常”的问题，即学生的智力发展水平和社会化发展水平是否与其年龄段应该达到的平均水平相符，同时还要预防学生因智力发展或社会化发展受阻而可能出现的心理不适应或心理障碍问题。

所谓“发展正常”，重要的衡量标准是年龄，“年龄在判断行为上一直是一项重要的发展水平指标，……它们描述了典型的增长率、发展的顺序、身体技能的形式、语言、认知、情绪和社会行为。这些作为发展的标准，可以用于评估‘什么是错的’和‘什么是对的’”[①]。因此，预防学生的心理不适应或者心理障碍，就必须熟知儿童、青少年在每个年龄段的特点，并对其可能出现的心理问题做到早发现、早干预。

可见，学校心理健康教育不能完全照搬西方心理咨询的模式，而应该充分考虑中小学生是发展中的个体，他们出现的心理问题大多是发展受阻所致，而并非成年人那种比较固着的病理性问题。即使有的学生已经出现了身心方面和社会功能方面的某些病态表现，只要他们的成长环境（包括家庭和学校环境）能够得到比较明显的改善，他们中的多数人也能依靠自我康复能力和外部心理支持系统的帮助来加以补救或矫正。

五、心育的起点是“帮助学生获得基本的学习成功”

中小学生的心理问题和行为问题，大多与他们学业的挫败有着直接的关系。所以，中小学心理健康教育的首要任务和起点，是帮助学生获得基本的学习成功。学习成功的基础性条件，并非做题数量的多少，也不是使用的课外辅助性学习资料的多寡，而是在儿童、青少年智力发展的各个关键期，及时地推动他们的各大智力要素得到充分的发展，包括幼儿园、小学阶段的注意力、观察力、记忆力、想象力、言语能力、思维能力、动作能力、感觉统合能力的发展，以及初高中阶段的元认知能力（包括入学适应能力、自我监控能力、反思调节能力、时间管理能力、质疑探究能力和系统整合能力）的提高。从这个意义上说，学校心理健康教育对于改善学生的智力品质，从根本上提升学校教学质量发挥着巨大的作用。

作为心理健康教育教师或班主任，我们必须认真研究儿童、青少年智力发展的规律，能够设计并开展促进智力品质发展特别是元认知发展的心理辅导课或心理班会课；作为学科教师，我们也应该认真研究本学

① 丽塔·威克斯-纳尔逊、艾伦·C.伊斯雷尔：《特殊儿童及青少年心理学（第七版）》，赵凯、潘璐等译，江苏教育出版社，2012，第3页。

科的学习规律和学习方法，并在自己日常的教学工作中，为学习有困难的学生提供有效的学法指导。

作为家长，我们必须懂得孩子智力发展的规律，按照孩子的天性，培养孩子的学习兴趣和良好的学习习惯，而不被各种过于功利化的教育理念所误导，扼杀孩子的学习积极性。

六、心育的重点是“促进学生的人格完善”

前文已提到，心育的根本任务不是解决学生“有病没病”的问题，而是解决学生“发展是否正常”的问题。发展有两大任务：一是发展人的智力；二是发展人的社会成熟度，即健全的人格。发展智力是心理健康教育的起点，发展人格才是心理健康教育的重点。

1. 什么是人格

什么是人格？心理学界可谓众说纷纭，美国人格心理学家奥尔波特研究过的有关人格的定义就有50种之多。我国学者黄希庭认为：“人格是个体在行为上的内部倾向，它表现为个体适应环境时在能力、情绪、需要、动机、兴趣、态度、价值观、气质、性格和体质等方面的整合，是具有动力一致性和连续性的自我，是个体在社会化过程中形成的给人以特色的心身组织。”他认为人格具有整体性、稳定性、独特性及社会性等四个基本特性。[①]用简单的话来表述，人格就是一个人相对稳定、反复出现的行为模式和心理倾向性。所谓“行为模式”，不必多言；而所谓“心理倾向性”，就是一个人遇到各种复杂的环境，如成败得失时，他的心理反应（如认知、情绪、态度等）总体看是积极的还是消极的。

这里要特别强调：

（1）行为模式和心理倾向性必须是相对稳定和反复出现的，具有前后的一致性和连续性；偶尔出现的并非一以贯之的某些行为和某些心

① 黄希庭：《人格心理学》，浙江教育出版社，2002，第8页。

理反应不能称为人格。

（2）“由于在谈到一个人的人格时，人们常常首先想到的是人与人之间的个体差异，因而，人格也被称为个性。”[①] 儿童、青少年的人格尚处于发展变化过程中，所以个体 18 岁成年以前，人们往往使用“个性”“个性缺陷”“个性障碍”等概念来表述儿童、青少年的人格状况；对 18 岁以后的个体，人们才会使用“人格”“人格缺陷”“人格障碍”等概念。

2. 教师、家长务必高度重视儿童、青少年早期人格发展的三个重要阶段

（1）学前阶段是奠定幼儿早期人格基础的阶段，重点要抓好安全感、信任感、自主意识的萌芽和自信心的培养。在这个阶段中，家长的爱和人格示范是关键。

（2）在小学阶段，一定要抓好小学生的上进心，促使其不断进取，保持乐观、阳光的精神状态，有旺盛的求知欲和广泛的学习兴趣，并能发展良好的人际关系，特别是建立与同性别同学的友谊。

（3）中学阶段是青少年人格发展最为关键的阶段。在初中阶段，一定要注意澄清混乱的、迷惘的、似是而非的价值观，做到“求真、扬善、塑美”；在高中阶段，由于学生的思维已经达到或接近成年人水平，因此要抓住机遇，引导他们牢牢树立正确的“三观”（世界观、人生观、价值观），做到“志远、尽责、坚韧”。整个中学阶段人格发展的核心问题是推动中学生自我概念的统合，防止他们在“理想自我与现实自我”之间、“主体自我与客体自我”之间、“过去的我与现在的我”之间出现分裂和混乱。

从教育的宏观视角来看，立德树人是根本任务，是发展中国特色社会主义教育事业的核心，是培养德智体美劳全面发展的社会主义建设者和接班人的本质要求。“教育的目的本来是要‘成全人的生命’，让每个

① 黄希庭：《健全人格与心理和谐》，重庆出版社，2010，第 35 页。

人能够完整实现自我的潜能。[①]”教育的首要任务是学会做人。教育必须以培养人建立正当的行为习惯为第一要义。[②]心育是教育的一个重要组成部分，心育要为完成“立德树人”这一根本任务夯实“健全人格”的基础。

七、心育的难点是“坚持系统合作”

这里要强调三个基本观点：

1. 学生的心理问题不是孤立地发生的

学生的心理问题都是系统中生成的问题，而系统中的问题都是关系的问题。学生的心理问题不可能是孤立地发生的，不管学生的心理问题是轻还是重，都是在与环境的互动过程（主要是人与人的互动）中形成的。

2. 判断和干预学生的心理问题必须从三大关系入手

中小学生的生存环境主要由家庭系统和学校系统构成。系统中的关系问题则包括亲子关系、师生关系和同伴关系。我们判断和干预学生的心理问题必须从这三大关系入手，才能切中问题的核心。

3. 学校心育工作不能只靠心理健康教育教师

如果离开了家庭系统（家长）和学校系统（班主任、学科教师和同伴）的支持与配合，离开了系统中三大关系的改善，心理健康教育教师是很难处理好学生的各种具体问题的。正如美国心理学家特伦和史密斯所说：“任何物理或生物系统都有两个关键特征：（1）只能通过对发展系统从分子到文化的所有水平上因素间的多水平的、相互的和持续的交互作用的考察才能了解发展。（2）只有把发展当作层层相互套叠的、在多

---

① 傅佩荣：《心灵的旅程》，东方出版社，2012，第11页。

② 贾馥茗：《教育的本质：什么是真正的教育（第2版）》，世界图书出版公司，2006，第172页。

个时间尺度上不断展开的过程，才能理解发展。[1]”因此，对个体的发展要从情境的整合上进行整体性的理解，所有的变化都需要系统中所有成分的参与。[2]

但令人遗憾的是，当前学校心育工作遇到的最大困难恰恰在于系统的合作。从家庭系统的角度来说，有些家长不清楚子女的年龄特点，在家庭教育理念和方法上错误频出，从而引发了子女“亲源性”的心理问题；有些家长羞于面对子女的心理异常，对去心理专科医院就医讳莫如深，甚至是子女已确诊有某种心理病变但仍反对进行药物治疗，因而给学校的心育工作，尤其是危机预防与干预带来不少隐患。从学校系统的角度来说，师生关系以及教师的教育理念、教育方法，直接关系到学生的心理健康水平：不良的师生关系会使一些学生衍生出“师源性”的心理问题。但若想改变部分教师固有的、陈旧的教育理念和教育方法，难度又确实很大，仅仅靠一般的心理学知识技能的培训只能触其皮毛。实践证明，只有那些既具备心理学领域内各相关理论分支的知识结构，又熟知学校教育教学、班级管理基本规律并有实践经验的专业人士，才能与一线教师进行有效的、入耳入心的沟通。而要建立这样一支专业化的培训队伍，来改变当前学校系统内存在的教育理念问题，并非一朝一夕之功。

八、心育的最高境界是“心育与教书育人相融合”

1. 课程综合化实施，应融入学生心理素质的培养

《义务教育课程方案和课程标准（2022年版）》（以下简称“新课标”）非常注重优化课程内容，彰显学科融合，设立跨学科主题学习活动，加强学科间相互关联，带动课程综合化实施，包括融入学生心理素质的培

① 理查德·M. 勒纳：《人类发展的概念与理论（第3版）》，北京大学出版社，2011，第198页。

② 同上书，第203页。

养。其目的则是让教育教学更有品质，进一步明确“培养什么人、怎样培养人、为谁培养人”，把学生培养成有理想、有本领、有担当、德智体美劳全面发展的社会主义建设者和接班人。

新课标告诉我们，教育的本质要回归到“立德树人”上，教师的关注点要转变到促进人的发展上，一切都是为了学生的发展。从操作层面上来说，要强调学生在学习过程中掌握基本的思维方法，具有初步的科学思维能力；强调对学生进行学习方法、探究态度、探究过程的培养；强调做“适合每个人”的教育，注意落实“引人导学”的理念；强调给学生创设被接纳的、支持型的、宽容的课堂气氛；等等。

以《义务教育科学课程标准（2022年版）》为例，其课程总目标是：“掌握分析与综合、比较与分类、抽象与概括、归纳与演绎、联想与想象、重组思维、发散思维、突破定势等基本的思维方法及其在科学领域的具体应用；能基于经验事实抽象概括出理想模型，具有初步的模型理解和模型建构能力；能合理分析与综合判断各种信息、事实和证据，运用证据与推理对研究的问题进行描述、解释和预测，具有初步的推理与论证能力；能对不同观点、结论和方案进行质疑、批判、检验和修正，进而提出创造性的见解和方案，具有初步的创新思维能力。”在科学学科核心素养的学段特征中，对7～9年级的学生，强调要“在尊重证据的前提下，坚持正确的观点；当多人观察、实验结果出现不一致时，不急于下结论，而是分析原因，再次观察、实验，以事实为依据帮出判断”；能“表现出对创新的乐趣，初步形成质疑、创新的品格”；要“乐于与他人合作交流，掌握合作交流的方法，善于利用小组合作的方式，共同解决科学问题”；要“初步形成热爱自然、珍爱生命、保护环境的责任感”；等等。

很显然，这些都是学科教学过程中所蕴含的推动学生智力与社会化发展的内容。新课程标准为我们在学科教学中自觉融合心育内容提供了明确的思路。

2. 应在班级管理中融合心育

在班级管理中融合心育的具体路径将在本书的后面详细论述，这里不再赘述。

总之，学校心育的最高境界，是班主任和学科教师能在班级管理和课堂教学中，自觉运用心理学的原理和方法，坚持“以人为本”“以心为本”，人性化地对待每一个学生和每一堂课的师生互动。正如德国哲学家雅斯贝尔斯所说：“教育的本质意味着一棵树摇动另一棵树，一朵云推动另一朵云，一个灵魂唤醒另一个灵魂。”

3. 课堂教学、班级管理与心育的融合应是水乳交融式的

在实践探索中，应注意：课堂教学、班级管理与心育的融合是水乳交融式的，不能走“穿鞋戴帽”的老路，更不能搞形式主义。在教书育人中融合心育应是一个水到渠成的过程，是全体教师特别是班主任的教育理念发生质的转变的表现，是学校心育工作深入人心的重要标志，更是学校心育工作努力追求的长远目标。

九、心育的最终效果是“提升学生的心理核心素养”

所谓“核心素养”，是指学生在接受相应学段的教育过程中，逐步形成的适应个人终身发展和社会发展需要的基本价值观、必备品格和关键能力。林崇德教授在《中国学生发展核心素养研究报告》中提出的三大核心素养之一——自主发展，以及下属二级概念中的学会学习（包括乐学善学、勤于反思、信息意识）和健康生活（包括珍爱生命、健全人格、自我管理），就是国家对学生心理核心素养的基本要求，学校管理人员和心理健康教育教师应该认真研究。心理健康教育最终的成效要根据国家对学生心理核心素养的要求来进行检验，即要看学生能否有效管理自己的学习和生活，认识和发现自我价值，发掘自身潜力，有效应对复杂多变的环境，成就出彩人生，发展成为有明确人生方向、有生活品质的人。

十、心育也不是万能的

教育不是万能的，心育也不是万能的。在处理学生各种心理问题的过程中，心育工作会受到家庭、学校等各种具体条件的限制，辅导的过程会受到各种复杂因素的影响。所以，不要指望心育可以“包治百病”。

每一个学生的成长道路都是独一无二的，根植于各不相同的生活环境和特定的人际关系中。心理健康教育教师必须了解自己的职业局限性，守住自己的职业边界，不必苛求自己，更不可沉湎于辅导干预挫败而不能自拔。

学生当前所遇到的各种复杂问题，只是他们人生经历中的一小段路程。就像“九曲黄河十八弯，最终东流归大海”一样，他们未来的道路还很长很长。不管我们所做的工作是否成功，我们对学生的自我成长和未来发展一定要有坚定的信念。

以上所谈的学校心理健康教育的十个基本理念，虽然不能涵盖学校心育工作的全部，却是我在心育实践中反复遇到并有深切感悟的带有方向性、全局性意义的经验和体会。随着我国中小学心理健康教育事业的深入发展，还会有一些新的问题和困惑出现，仍需要我们继续探索。

第二讲

学前家庭教育：三岁看大，七岁看老

从这一讲开始，我们来重点谈谈学生的发展问题。我将从一个孩子出生后的家庭教育，一直说到小学、初中、高中毕业，时间跨度大，覆盖学前教育、基础教育、高中教育的全过程。

说到孩子的发展，我们不能不提到美国心理学家埃里克森的“人格发展八段论”，即心理社会发展期理论。埃里克森有两个重要观点，其中一个观点是“发展是分阶段的”。他把人的一生分为八个阶段，每个阶段中，个体会遇到不同的挑战，会出现不同的发展危机。这些特定的危机如果能在该阶段顺利得到化解，那么危机就会变成“转机”，个体就可以健康成长；如果这些特定的危机未能在该阶段得到顺利化解，那么个体的发展就会出现障碍，危机就会成为真正的成长危机。另一个观点是“发展又是连续的”。前一阶段的发展如果顺利，就会给后一阶段的发展奠定良好的基础；而前一阶段的发展如果受阻，就会给后一阶段的发展造成阻碍。正因为如此，我们在谈到中小学生的教育和发展时，就要从学前的 6 年说起。

中国有一句老话，叫作“三岁看大，七岁看老”，确实很有道理。老话里讲的是虚岁，用现代通用的年龄算法来讲，实际就是“两周岁看大，六周岁看老”。为什么呢？这就要从埃里克森的心理社会发展期理论中找依据。埃里克森把儿童在学前的 6 年分成三个阶段，这三个阶段孩子面临的危机问题，以及孩子的父母应对这些成长危机的方式，对孩子一生的发展都有深远的影响。

一、0~1岁：婴儿的信任感是早期人格发展的基石

为什么“信任感”的问题如此重要？因为1岁前的婴儿是最焦虑无助的，不会说话，不会走路，有很多生存的需要无法通过语言来表达。幸亏在人类漫长的进化历程中，大自然选择了保留婴儿啼哭和微笑这两项原始的本能。婴儿的饥渴、病痛、冷暖以及种种不舒适感引发了他的焦虑，于是哭闹就成了婴儿呼唤帮助的信号。婴儿一哭，妈妈就立即接收到孩子求助的信息，并且会做出及时的判断和反应。如果妈妈的判断和反应是正确的，比如，妈妈估测距离上次喂奶已经过去了3个小时，知道孩子一定是饿了，就马上抱起孩子喂奶，并通过温柔的声音、抚摸、微笑、轻轻摇晃等给予孩子情感和情绪上的抚慰，那么婴儿就不仅得到了乳汁的哺育，而且会感受到来自妈妈的爱和温暖，婴儿的脸上就会浮现出满足的笑容，而这灿烂的笑容正是对妈妈正确行为反应的强化，母婴之间就会出现一系列正向的互动。这种良性互动多次重复之后，婴儿就会对母亲产生一种强烈的信任感。尤其是在婴儿出生6个月至1周岁这半年里，这种母婴之间的良性互动会进一步上升为一种母子依恋，这对于婴儿未来人格的健康发展是至关重要的。所以，在婴儿出生后的第一年里，母亲要特别注意三件事情：

1. 母亲不能太粗心大意，听不懂孩子哭声里传达的身心需求

婴儿饿了、渴了、困了、累了、不舒服了，都会大声啼哭，但是哭声的音调高低、频率快慢、间歇长短等都是不一样的。所以，母亲一定要学会悉心倾听并区分婴儿啼哭声中的细微差别，做出准确的判断和反应。否则，婴儿就会产生严重的焦虑感和不安全感。

2. 母亲不能太潇洒自在，承受不起养育孩子的辛苦

按照客体关系的理论，孩子出生后第一个月属于“自闭阶段”，这个阶段的婴儿通常意识不到其他人的存在，只是本能地寻找乳房以维持生存；从第二个月开始到第五个月属于“共生阶段”，婴儿会觉得妈妈是自

己身体的一部分，当他吃不到奶的时候，就会把大拇指塞到嘴里吸吮，他会觉得大拇指就是妈妈的乳头，此时他还无法将“自体”与妈妈分开，只有共生的、合一的体验；从第六个月开始，婴儿才会慢慢发现妈妈和自己不是一个人，而是另外一个人，于是就会出现目光游移“找妈妈”的举动，而一旦确认某一女性是经常为自己提供乳汁的母体之后，就会立即出现“母子依恋”或“分离焦虑”，因而这个阶段被称为“分离—个体化阶段”。[①]所以，客体关系心理学理论认为，6个月至1周岁前后是“母子依恋”形成的关键期，这半年中，母亲和婴儿的亲密互动每周不能少于20个小时，即每天3个小时以上的肢体接触、情感互动和言语刺激。如果妈妈认真地做到了这一点，那么到3岁时，孩子就会建立起对妈妈的高度信任感，从而进入“原欲客体恒定阶段”；如果妈妈不是亲力亲为地悉心照料自己的孩子，那么这个孩子成年之后可能会出现人格方面的问题。

但是，20世纪80年代至90年代出生的妈妈，相当一部分是独生子女，她们的价值观也和上一代母亲大不相同，往往更为自我。所以，很多人不愿意在养育孩子上花费太多的精力，而习惯于依靠孩子的爷爷奶奶、外公外婆进行隔代抚养。这样做的结果，从近期来看，妈妈是轻松了，但若干年后（一般是在孩子10岁之后），当孩子在学校里出现人格和行为上的偏差时，妈妈才会意识到自己在教养孩子方面的严重失职，到那时，即使妈妈想用几十倍的努力去弥补孩子情感上的缺失，恐怕也是极为困难的，因为在教育孩子的问题上是很难有回头路可走的。

3. 母亲不能过于关注事业，处理不好工作与家庭教育的关系

很多妈妈在事业上兢兢业业，业绩突出，却疏忽了孩子的成长需要，到头来才发现自己是“种好了人家的地，荒了自家的田”，然后在情绪上陷入极大的焦虑之中，事业发展也无以为继。所以，在孩子0～1岁这段时间里，妈妈要尽可能多陪伴孩子，担负起教育孩子的责任。因

① 谢尔登·卡什丹：《客体关系心理治疗：理论、实务与案例》，鲁小华等译，中国水利水电出版社，2006，第12—15页。

为，教育孩子是有关键期的，“错过这个村，就没这个店了”。0～1岁的婴儿建立起的对母亲的依恋和信任，是其早期人格发展的基石；孩子生命中第一年内发生的事情，会影响他一生的发展。

二、1~3岁：从“依恋”走向“分离”，迈出“自主人格”的第一步

埃里克森认为：在1～3岁时，幼儿要解决的发展性危机是他能“自主行动”，还是处处“羞怯怀疑”，即“自主—不自主”的矛盾。前文已经说到，如果在0～1岁时，母亲的教养方式正确，外在的母婴关系给婴儿自体留下的体验是积极正向的，那么婴儿就能顺利地进入“原欲客体恒定阶段”，内心会留下一个可以信赖的母亲形象，成为婴儿外在关系中稳定的“替代性客体”。这样，即便母亲有事暂时离开孩子，孩子也对母亲充满了信任，相信妈妈很快就会重新出现，而不会出现严重的焦虑或不安全感。此时，孩子就会朝自主行动的趋势发展，打下早期“自主人格”的基础，一步一步地完成最终必须完成的“母子分离”。

作为母亲来说，对1～3岁幼儿的“母子分离”要有足够的认识，并且要处理好三件事：一是断奶，这对婴儿来说是一次创伤性的经历，也是一次最具实质意义的“母子分离”，母亲的态度必须温柔而坚决；二是从孩子2岁开始，用1～2年的时间逐步完成“分床”与“分房”，以便为平稳消解4～6岁的俄狄浦斯情结做好准备（在西方国家，孩子独居一室一般在4岁前后就完成了）；三是过好入幼儿园这一关，只要1～3岁期间母子依恋的基础是十分牢靠的，孩子就会很快度过入园适应期。

把上面两个阶段的发展与教养要点归结起来，我们可以体会到，0～3岁孩子成长的核心问题是母子关系（泛指亲子关系）。这一时期正如客体关系理论所说的那样：“婴儿对其与母亲之间关系的体验是人格形成的原始决定因素，而婴儿对母亲的依恋需要也是婴儿期自体发展的激

发因素。”[①] 我国学者徐光兴也认为：“0～3 岁是一个人成长的关键期。在这个时期父母与孩子密切的肌肤接触，经常进行心理与语言的交流，父母对孩子这种积极的关注，对孩子与父母之间形成亲子关系起决定性作用。在这一阶段形成安全的依恋关系，是孩子未来人格形成的基础。孩子与父母间的安全关系会逐步地泛化，孩子以此为寄托，以后对周围的世界能充满信心地去探索，并且逐步养成认知自我、信赖父母、信赖周围世界的行为。但是，假如由于父母的忽略，没有能在该阶段与孩子建立安全的依恋关系，孩子就会出现孤僻、封闭、自私、自卑、敌对或情绪不稳定等问题行为。”[②]

三、4～6岁：摆脱愧疚、自责的内心冲突，萌生自信人格

埃里克森把这一阶段幼儿遇到的发展危机，概括为“自动自发对退缩愧疚”的冲突，其实主要是指俄狄浦斯情结给孩子带来的一场心灵风暴。所谓俄狄浦斯情结，是指从 4 岁左右开始，幼儿会对异性别父母产生一种带有性幻想和原欲冲动的亲密依恋感。弗洛伊德在谈到性问题时，有两个重要的观点：第一，性是全部生命活力的源泉，性对人而言就好比是火车上的蒸汽机；第二，性是伴随人终身的，婴儿就有性欲。《人类的性存在》这本书指出，人体对性的反应能力是天生具有的，1～3 岁这个年龄段的孩子对性的兴趣和活动明显增加。[③]20 世纪的有关研究已经充分证明弗洛伊德的观点是正确的。

而到了 4～6 岁这个阶段，幼儿不仅对性别、男女生殖器的不同非常感兴趣，而且有了“结婚”的概念。此时，他们会把幻想中的结婚对象指向自己的异性别父母，出现异乎寻常的“黏妈妈”或“黏爸爸”的举

---

① 吉尔·萨夫、大卫·萨夫：《客体关系入门（第二版）》，邬晓艳、余萍译，世界图书出版公司，2009，第 3 页。

② 徐光兴：《“雨人”的秘密：解读自闭症之谜》，上海科学技术出版社，2005，第 18 页。

③ 珍妮特·S. 海德、约翰·D. 德拉马特：《人类的性存在（第 8 版）》，贺岭峰等译，上海社会科学院出版社，2005，第 300—301 页。

动；同时，还会对父母之间的亲昵关系产生排斥甚至是嫉妒心理。这就是俄狄浦斯情结。这个年龄段的幼儿内心会充满冲突和焦虑：一方面，他们会对自己与异性别父母的亲密接触想入非非；另一方面，他们会隐隐地觉得自己有了一些不好的念头，想做一些不好的事情，随即会产生自责、内疚和羞愧的心理。于是，“良心”出现了。“良心”即弗洛伊德说的“超我”，这个带有道德萌芽的“超我”，同与生俱来的原欲冲动的“本我”，在这3年左右的时间里，会不断地发生矛盾和冲突。如果在外界环境的积极配合下，幼儿逐渐找到了巧妙处理“自己—母亲—父亲”三角关系的一些方法，就会产生举止分寸比较适度的“自我”，以平衡“本我”与“超我”之间的冲突，这样幼儿就平稳地走出了俄狄浦斯情结，摆脱了愧疚自责的纠结和焦虑，萌生出“我还是好孩子”的自信人格。而假如幼儿未能得到父母的正确引领，沉浸在俄狄浦斯情结的焦虑与冲突中无法自拔，就会对其今后一生的性心理发展带来许多负面的影响。

当前，相当一部分的年轻父母，对于孩子在俄狄浦斯时期的身心发展特点知之甚少，甚至一无所知，这对孩子在学前阶段打好健康人格的基础是十分不利的。那么，父母在孩子4～6岁时应该如何引导孩子走出俄狄浦斯情结呢？首先，要理解俄狄浦斯情结的出现是非常正常的，不要感到焦虑或恐慌；其次，从异性别父母的角度来说，在对异性别孩子充分表达关爱的前提下，要巧妙地转移孩子对自己身体敏感部位的过分亲密的接触，以免刺激孩子的性幻想，但不应回避常态的亲情拥抱；再次，从同性别父母的角度来说，对同性别孩子要树立起作为男性阳刚之气的性别角色形象，或者作为女性阴柔之美的性别角色榜样；最后，无论同性别父母或者异性别父母，在孩子4～6岁这一内心充满纠结、愧疚之情的特殊时期，一定要坚持正向引导、正面管教，杜绝严词呵斥或打骂体罚，以免加剧孩子内疚自责的负面体验，进而动摇他们构建自信人格的基础。

第三讲

小学生智力发展的“三级跳远”

在这一讲里，我们将讨论关于小学生智力发展关键期的问题。

什么是智力？对于“智力”的概念界定，学术界的观点一直是多元的，据统计，其定义有70多种。比如，我国著名心理学家燕国材认为，智力是“保证人们有效地进行认识活动的那些稳定心理特点的综合。它包括观察力、注意力、想象力、思维力和记忆力等5个基本因素”[①]。而林崇德则认为，智力是由思维、感知（观察）、记忆、想象、言语与操作技能组成的，其中的操作技能既是能力的组成因素又是智力的基本成分。[②]我们不难看出，林崇德对智力的概念的表述多了“言语”和“操作技能”这两项。

如果我们再回顾一下瑞士心理学家皮亚杰对智力发展的四个阶段的论述，就会发现，在其说到第一阶段，即感知运动智力阶段（0～2岁）时，皮亚杰特别强调了幼儿感知觉的统合协调能力。他认为，这个发生发展的过程，又分为若干时期，包括：反射练习时期（0～1个月），动作习惯和知觉的形成时期（1～4个月），有目的的动作的形成时期（4～9个月），图式之间的协调、手段和目的之间的协调时期（9～12个月），

① 燕国材：《学习心理学：IN结合论取向的研究》，警官教育出版社，1998，第5页。
② 林崇德：《学习与发展：中小学生心理能力发展与培养（修订版）》，北京师范大学出版社，1999，第144页。

感知运动智力时期（12～18个月），智力的综合时期（18～24个月）。这就是说，0～2岁是幼儿感知觉统合能力发展最重要的两年。

将上述几种观点综合起来，我们可以把“智力”理解为在认识客观事物过程中形成和表现出来的稳定的认知能力结构。这个结构大致包括8个要素：注意力、观察力、记忆力、想象力、言语力、思维力、动作能力和感知觉统合能力。这8个要素之间不是简单叠加的关系，而是有机结合、交互影响、无法割裂开的关系。但是，在人的成长发展过程中，在某一个特定的年龄阶段，有某一种或某几种智力要素会呈现出“加速度”发展，而过了这一特定阶段，则可能就被另一种或另几种智力要素“取而代之”。

例如，有研究表明，“孩子的感觉和知觉系统在婴儿期就已经发展成熟”。我国山东、河北一带的俗语称，小孩子出生后要经历“三翻、六坐、八爬”的过程，就是说3个月学翻身、6个月学坐起、8个月学爬行，这些民间经验都对应着心理学所说的婴幼儿感统训练的关键期。而西方的心理学实验也证明：18～24个月，幼儿能用双脚爬楼梯、推拉轮式行李箱等；2～3岁，幼儿能轻松地跑等；3～4岁，幼儿能每步一个台阶地上楼梯、踮脚走路、骑三轮童车等；4～5岁，幼儿能上下楼梯、踢球、串珠子等；5～6岁，幼儿能换脚跳、打球等。这些都是感知觉统合协调和动作技能在皮亚杰所说“前运算思维阶段”（2～7岁）的发展与完善。又如，“皮亚杰承认童年早期认知发展的最重要的主题是语言习得”[①]。下面是幼儿从出生到3岁的语言发展里程碑：6～10个月，牙牙学语；10～14个月，说出第一个词；18～24个月，说出第一个句子；30个月，几乎每天都学新词，但是说话常有语法错误；36个月，能说出近1000个单词，但句序经常有错误。[②] 由此可见，幼儿在语言能力、感觉统合

① 丹尼斯·博伊德、海伦·比:《发展心理学：孩子的成长》，范翠英、田媛、平凡等译，机械工业出版社，2011，第148、182页。

② 黛安娜·帕帕拉、萨莉·奥尔兹、露丝·费尔德曼:《孩子的世界：从婴儿期到青春期（第11版）》，郝嘉佳、岳盈盈、陈福美、郭素然、赵敏译，人民邮电出版社，2013，第242页。

能力、动作技能方面的巨大发展和变化，最早都出现在 0～6 岁。它们为 7～12 岁的儿童，即进入“具体运算思维阶段”的小学生的智力发展，奠定了最重要的基础。

小学阶段的智力发展，总体上看属于儿童智力发展的第二个高峰期（第一个高峰期即前文所说的 0～6 岁，特别是 0～4 岁阶段）。在这 6 年间，小学生的注意力、观察力、思维力、想象力和记忆力呈现出“加速度”大踏步前进、跨越式发展，按不同年龄段所逐步显现的增长“凸起”，可形象地比喻为智力发展的“三级跳远”。

一、第一跳（7~8岁）：注意力和观察力的加速发展

注意力和观察力实际上是婴儿出生后首先发展起来的两个智力要素。所有的新生儿在呱呱坠地之时，都是两眼紧闭、大声啼哭着来到这个世界上的，因为强光的刺激、温度的改变、噪声的干扰等，小家伙感觉忐忑不安、焦虑万分。但是，当他逐渐习惯了周围的一切，觉察到这个不同于子宫的新环境其实很安全的时候，就会慢慢地睁开眼睛看世界，于是他的注意力就开始运作起来了。而观察力是注意力的孪生兄弟，注意力指向哪里，观察力就紧紧地跟到哪里。所以，注意力和观察力是建立在感知觉上的智力发展的先锋。幼儿 3 岁左右的时候，注意力和观察力的发展开始变得越来越活跃。而 7～8 岁的时候，由于儿童入学后生活视野的开阔、信息量的增加、新鲜事物的刺激、社会实践范围的扩大，以及学习任务的加重等，注意力和观察力的张力和强度都被大大激活了，发展速度大大提升，而且其发展水平将对儿童在校期间的学业成绩产生至关重要的影响。

所谓“注意力”，就是个体心理活动对一定事物的指向和集中，是人的意识产生警觉性和选择性的表现。所谓“观察力”，则是在有目的、有计划以及有思维积极参与的感知过程中，逐渐形成的一种比较稳固的

认识特点。[①]与观察力相比，注意力对个体一生的学习和生活影响更大。限于篇幅，我在这里只对儿童7～8岁期间注意力的发展问题重点展开论述。

我们知道，注意力水平的高低主要看注意力品质的优劣。注意力品质主要包括注意的宽广性、注意的选择性、注意的集中性（又称注意的聚合性或紧张性）、注意的稳定性、注意的分配性和注意的转移性（又称注意的主动性）。其中，注意的集中性和稳定性是最关键的。集中性是指专注目标不分神，稳定性是指注意力集中的时间长度，两者合起来就是我们常说的“专注力”。我在长期的中小学生心理健康教育个案辅导中发现，学困生在谈到自己学业成绩不佳的原因时，几乎都会把“上课容易走神”列为第一条。如果进一步深入探讨，他们在课堂上注意力集中且稳定的时间一般只有10分钟左右，这其实是小学一二年级学生的专注力水平，这说明这些学困生的注意力品质在关键的7～8岁期间出现了发展受阻的情况。因此，在小学一二年级，教师和家长都要高度重视提高学生的专注力水平。具体方法包括：

1. 开设心理辅导课或班会课，对小学一、二年级学生开展发展性的注意力训练

我国出版的注意力训练游戏书很多，适用对象多为3～8岁的儿童。我们可以从中筛选一些适合7～8岁学生的注意力训练游戏书，作为小学心理辅导课或班会课的设计素材。

2. 注意力训练最好从3～4岁开始，一直坚持到8岁左右，家长的配合非常重要

学校可以通过对家长进行注意力（含观察力）训练的宣传教育，引导家长自主选用适合的图书，坚持每天带领孩子完成10～15分钟的注意力训练，并注意方式方法和训练时间的掌控，防止孩子因强制性训练而出现厌倦的情绪。

① 燕国材:《智力因素与学习》，教育科学出版社，2002，第49、82页。

3. 课堂教学是提高学生注意力品质的重要渠道

学生注意力的稳定性是受年龄特点制约的。比如，小学一年级新生入学时，注意力稳定的时间为 5～10 分钟，这就是年龄特点与个体差异的表现。因此，接受过心理学、教育学正规训练的一年级教师，当学生注意力不集中时，绝不会用简单粗暴的方式去批评，甚至是训斥学生，他们会立即带领学生在课堂上做 2～3 分钟的课堂游戏或者律动操，让学生在欢乐的气氛中高高兴兴地转移一下自己的注意力；游戏一结束，教师立即组织教学，抓紧时间再讲 10 分钟左右的教材内容；当多数学生又开始出现注意力不够集中的现象时，教师又会组织第二次课堂游戏活动，以此类推。一般说来，在小学一年级入学之初，一节课上做 2～3 次课堂游戏是完全有必要的。到小学二年级结束时，小学生注意力稳定的时间就可以达到 10～15 分钟。这两年间，教师可根据学生年龄的增长，逐渐减少课堂游戏的次数，同时注意改进自己的课堂教学方法，努力激发学生的学习兴趣，从而提高学生注意力的稳定性。

在 7～8 岁儿童智力发展“第一跳”期间，还有一项任务不可忽视，那就是感觉统合能力的发展进入最后的敏感期，应对此项能力加以训练弥补。前文已经提到，感觉统合能力是智力结构的重要组成部分，其发展的关键期在皮亚杰所说的感知运动智力阶段（0～2 岁）。如果感觉统合能力发展不良，其后果就是小学入学后会出现学习障碍，包括阅读障碍、计算障碍、书写障碍、体育运动障碍、绘画障碍、实验操作障碍等。感觉统合能力如有缺陷，8 岁之前进行训练弥补，效果还是比较明显的；8～12 岁是训练弥补的非敏感时期，效果不明显；12 岁之后，训练弥补就基本上没有什么效果了。正因为如此，小学低年级教师必须注意发现班级里感觉统合能力不良的学生，组织他们开展弥补性训练，除了体育运动和舞蹈之外，最好的办法就是在课间 10 分钟休息期间，组织学生开展我国民间传统的游戏活动，例如，踢毽子、跳皮筋、跳绳、跳房子、荡秋千、翻跟斗、打虎跳、过山羊、爬竹竿、滑轮滑等。我国民间传统的游戏形式虽然没有什么高深的理论支撑，却饱含着劳动人民对于促进孩子智力发展的经验和智慧。

二、第二跳（9～10岁）：思维力和想象力的加速发展

儿童智力发展的第二个高峰期的“峰值”大约出现在小学三四年级。20多年前，林崇德教授曾讲过一句很精辟的话：“智力的核心是思维，思维的基础是概括。”当思维能力的发展开始提速时，整个智力结构中各个要素的发展就被进一步激活了。从教师或家长的角度研究儿童智力发展，当然不可能面面俱到，但一定要抓住一些关键点，做好推动和促进学生智力发展的工作。那么，小学生智力发展的关键点在哪里？有关心理学研究告诉我们：掌握比较完善的逻辑推理能力是儿童智力发展的重要环节和主要标志。小学一、二、三年级是辩证思维萌芽期，四年级是辩证思维发展的转折期，五、六年级为辩证思维的稳步发展时期。四、五年级之间有一个思维发展的加速期。而想象是思维的特殊形式，思维力发展加速了，想象力自然就会被带动起来。对此，有关心理学研究也表明，从三四年级开始，有意想象逐渐占主要地位，小学中、高年级儿童的想象已能比较真实地表现客观事物，其想象的内容也趋于现实。①相关研究成果表明，小学阶段儿童智力各要素，特别是思维力和想象力，发展最活跃的时期大多集中在三四年级。

思维是人脑对客观事物间接的和概括的认识过程，通过这种认识，可以把握事物的一般属性和本质属性。②一个学生思维能力的高低主要看思维品质的优劣。对于思维品质包括哪些内涵，心理学界的说法也不同，有的认为应该包括敏捷性、灵活性、广阔性、深刻性、独立性、批判性③，有的认为还包括发散性、创造性，有的认为可以再加上辩证性，还有的认为聚合性也必须引起重视④，而中国人民大学张积家教授则认为人的幻想实际上是思维“对现实的超前反映，是对未来的一种预见。想

---

① 王耘、叶忠根、林崇德:《小学生心理学》，浙江教育出版社，1993，第165—221页。

② 燕国材:《智力因素与学习》，教育科学出版社，2002，第192页。

③ 同上书，第188页。

④ 刘儒德:《学习心理学》，高等教育出版社，2010，第157—158页。

象的预见以具体形象的形式出现，而思维的超前反映则以概念的形式出现”①，即超前性也是思维的一种品质。

综上所述，可以把思维的品质描述成为10个字：“快”（敏捷性）、“活”（灵活性）、“广”（广阔性）、“深”（深刻性）、“逆”（逆向性）、“超”（超前性）、“辩”（辩证性）、“空”（空间性）、“异”（批判性）、“新”（独创性）。这十种思维品质都是线性发展的，都有一个“萌芽—发展—转折—高点—稳定”的过程，不能像切西瓜那样一块块地切开。但从每种品质都需要建立在一定的思维成熟度基础上这一点来说，后面的四种品质或许会更多地出现在15～16岁思维发展的高级阶段。因此，在小学中年级推动学生思维品质的发展时，可以从以下三个方面入手：

1. 通过发展性心理辅导课（或班会课），开展思维品质的训练，并逐步培养学生对知识内在联系进行初步抽象概括的能力

依据小学三四年级的学生在智力活动的锻炼和大脑功能的发展等方面的已有基础，在小学中年级的有关课程中，应着重加强思维能力的训练，提升思维的敏捷性、灵活性、发散性、深刻性、逆向性、超前性等品质。如果错失这一思维发展的大好时机，将会影响儿童今后学习活动中的思维模式。根据我长期做学生个案辅导积累的经验发现，初中阶段学困生的学业困难，往往在小学中年级就已经暴露出来了。也就是说，从小学三四年级，特别是从四年级开始，在大量作业和课外学习的压迫下，在老师、家长无比焦虑的呵斥声中，被强制性教育方式塑造出来的思维的刻板性、狭隘性、僵滞性、被动性，造成了学生后续学习的严重障碍。而当前小学应试教育的运作模式恰恰抑制了学生主动、活跃、好奇、探究、独创等特质在思维发展中的重要作用，扼杀了学生生命的灵气，对学生潜能的发挥和长远的发展带来灾难性的影响，真是令人扼腕叹息！

① 张积家：《普通心理学》，广东高等教育出版社，2004，第335页。

2. 在学科教学过程中，将教授学科知识内容与培养学生思维品质紧密结合

比如，数学课上，教学目标的设计除了落实新课标要求的培养学生的核心素养之外，还要融入思维品质训练的目标；在语文课上，教师不但要让学生写段落大意，还要充分意识到这是培养学生概括能力的重要路径，并且要规定每一次概括段落大意的字数，引导学生用最简练准确的句子来表述。

同时，在教学过程中，教师自身的思维品质和教学技能也极为重要。教师思维品质中固有的优点或缺点，教师对儿童智力发展规律的理解或茫然，都将直接影响几十名，甚至成百上千名儿童未来思维品质的发展。而且，教师在儿童智力发展上的这种影响都是隐性的，这正如教育心理学家张春兴所说："教育是发展的助力，也可能是发展的阻力。"① 无论是对儿童的智力发展还是人格发展，莫不如此。

3. 帮助家长认识思维训练关键期的重要性

每一次有关思维训练的心理辅导课或班会课之后，都要选择和布置与辅导主题相关的思维训练游戏，让家长督促孩子在家里进行训练。有关思维训练类的资料可以由家长从实体书店或网络书店自主选择购买。

三、第三跳（11～12岁）：记忆力的加速发展

记忆力的发展从幼儿期开始就呈不断向上的趋势，从来没有中断过。但是，记忆力加速提升的"制高点"却在11～12岁。12岁左右的小学生在记忆发展方面出现的重大变化有两个：一是理解记忆能力大大提高；二是归类记忆能力明显进步。所谓归类记忆，就是指在识记学习材料时，能够对需要记忆的内容进行概括、压缩、分类、合并等再加工，然后再使用一定的方法进行记忆。美国教育心理学家布鲁纳说过："关于人类记忆，经过一个世纪的充分研究，我能说的最基本的东西，也许就

---

① 张春兴:《教育心理学：三化取向的理论与实践》，浙江教育出版社，1998，第138页。

是，除非把一件件事情放进构造得很好的模型里，否则很快就会忘记。”这就是说，要有意识地把许多零散的学习材料，纳入一定的系统之中，从而扩大记忆材料的单位（或称“组块”）。这个过程就叫作归类记忆。

归类记忆能力和理解记忆能力在 11～12 岁出现加速发展，其原因主要在于 9～10 岁抽象思维能力的大踏步前进。林崇德等人的研究结果证明，从机械记忆占主导地位向理解（意义）记忆占主导地位转化的关键年龄，往往与理解力发展的关键年龄一致，大致在小学三四年级。而对知识信息进行重组，找出要记忆的材料所包含的项目间的意义联系，将几个相关的项目组成一个信息组块，并采用归类方法进行记忆，可以帮助小学生记忆更多的内容。这种记忆策略需要一定的理解能力作为基础，这种能力是在小学高年级才出现的，10～11 岁儿童基本上是自发地应用对刺激的归类来提高记忆效果的策略，其他年龄的儿童则不能。[①] 美国心理学家盖尔茨舍的研究也表明，12 岁以上学生的记忆能力如果还停留在机械记忆的水平上，就无法按照材料的逻辑关系来储存信息，就会成为学业不良的重要原因，他们的信息复述往往是零碎的、片段的、混乱的。

所以，小学高年级智力发展的重要任务是提升学生归类记忆和理解记忆的能力，其主要路径如下：

1. 在课堂教学中，重点加强对信息重组、编码能力的训练

将某条信息提炼成一个“关键词”，即信息的重组，这是一种理解性的记忆能力，美国心理学家詹森称之为“第二认知能力”。记忆的内容越多，越是需要通过“第二认知能力”来完成。美国心理学家托奇森的研究认为，记忆过程中编码能力的缺失是公认的造成学业不良的重要原因。而信息重组与编码能力的背后实际上是思维的概括能力，概括能力是一节课又一节课地训练出来的。因此，各学科教师都应高度重视这一点，将其视为提高学科教学质量的关键一招。

① 王耘、叶忠根、林崇德：《小学生心理学》，第 203—210 页。

2. 通过一定的渠道，对学生进行记忆方法和策略的集中训练

粗略地估计，记忆方法和策略少说也有几十种，例如，提纲记忆、图表记忆、形象记忆、口诀记忆、碎时记忆、比较记忆、思维导图等。在小学高年级加强对记忆方法及策略的训练，将直接有助于小升初的衔接与顺利过渡，大大减少学生进入初中后因学业压力增加、记忆不堪重负而引起的学习障碍。小学五六年级恰恰是进行记忆方法和策略训练的最佳时机。因为10岁以上的儿童基本上能自发地运用一定的方法来帮助记忆，而训练可以有效地提高儿童运用策略的能力。若能教会他们良好的记忆方法，帮助他们掌握比较、分类、分段、拟定小标题、编拟课文提要等记忆技巧，那么会对儿童的长远发展产生积极的影响，这绝对是当前的应试模式所无法企及的。①

上面我阐述了小学6年间，学生智力发展的三个关键时段及其在教育上的相应措施。最后，我还想再次强调：智力结构各要素的发展是线性的，各要素之间相互交叠、逐渐过渡，无法用横断切片式的方法将它们一刀断开。本讲所说的小学生智力发展的“三级跳远”，只是一种形象的比喻。只有把发展当作层层相互套叠的、在多个时间尺度上不断展开的过程，才能准确地理解什么是发展。

① 王耘、叶忠根、林崇德：《小学生心理学》，第212—218页。

第
四
讲

小学生社会化发展的“三大主题”

上一讲，我们讨论了小学生智力发展的“三级跳远”，即三大智力要素的跨越式发展；在这一讲里，我想谈一谈小学生社会化发展的“三大主题”。

所谓“社会化发展”，就是指个体在成长过程中，与父母、亲友、同伴、教师、社会环境之间不断互动，所带来的认知、行为、情绪、态度等方面的连续性变化与递进式发展。儿童的社会化发展同样存在“关键期”或“最佳时期”。因为在儿童成长过程中，总有某些特定时期，会对他们今后的发展产生重大影响。此时，儿童会在发展方面有新的领悟，并学到新的技能。如果错过了发展的时机，他们日后在获取一些技能或能力方面就会遇到更大的障碍。这就是发展的最佳时期的原理。①

整个小学阶段，学生的社会化发展面临着三个最佳时期，要分别围绕“三大主题”为他们今后的终身发展需要打下良好的基础。这三大主题就是培养良好习惯、学会人际交往和“形塑”健康自我。

① 马乔里·J. 科斯特尔尼克等:《0—12 岁儿童社会性发展：理论与技巧(第八版)》，王晓波译，中国轻工业出版社，2018，第 8 页。

一、小学生社会化发展主题之一：培养良好习惯

第一个发展主题就是培养良好习惯，发展的关键期就是小学一二年级。

良好习惯的培养当然应该从孩子的幼年时期开始。但是，100个家庭会有100种不同的教养方式。所以，有不少儿童是带着各种不良习惯进入小学的。幸好在这一阶段，错误的行为模式尚未在他们身上扎根，因此改变起来并不困难。小学生刚入学时，是教师教育权威最高的一个阶段，此时的儿童一般倾向于遵从成年人的威信。①学生往往是先喜欢教师，再喜欢教师所提供的教育。当学生喜欢一个教师后，对这个教师所给予的教育影响会产生很大的接纳感，会带着良好的情感来正面理解教师的话，接受教师的要求，有时甚至家长说十句话也不如教师说一句有用。②所以，童年期是发展与社会能力相关的良好习惯的最理想的阶段。如果这些在孩子的童年没有得到重视和培养，他们在步入青少年期和成年后就很难适应社会。③

1. 培养良好习惯的前提是“建立规则意识”

好的行为习惯归结起来，其实就四个字——规则意识。培养良好的习惯不能仅仅是告诉学生“可以做什么”和“不可以做什么”，关键是要把目标定到树立规则意识上，“允许做的事情才能做，不允许做的事情绝对不能做”，而且要把它细化到每一个具体行为中，这就是建立规则意识。

现在，许多孩子最缺乏的就是规则意识。训练规则意识可以从最简单的交通规则“红灯停、绿灯行”开始做起，这对小学生来说是非常容易理解的。比如，我们可以设计一节心理辅导课，先在操场上用粉笔画

---

① 陈允成、理查德·D. 帕森斯、斯蒂法妮·刘易斯·亨森、德伯拉·萨多－布朗：《教育心理学：实践者—研究者之路（亚洲版）》，何洁、徐琳、夏霖译，上海人民出版社，2007，第305页。

② 唐思群、屠荣生：《师生沟通的艺术》，教育科学出版社，2001，第4页。

③ 马乔里·J. 科斯特尔尼克等：《0—12岁儿童社会性发展：理论与技巧（第八版）》，第8页。

上“十字路口”，再让全班学生分列在东、南、西、北四个方向，每个人戴上不同的头饰进行角色扮演，有人扮演骑自行车，有人扮演开小汽车，有人扮演骑电动车，有人扮演行人，还有人扮演开大卡车，等等；然后，教师一声哨响，让各种“交通工具”和行人自行通过“十字路口”，只是不能超越白线，最后会出现“车辆”拥堵、冲撞、秩序混乱的状况。此时，可让学生停下来，讨论一下是什么造成的。孩子们会很清楚：原因在于没有红绿灯、没有交警指挥。于是，教师可以找两个学生分别扮演红灯、绿灯，再找两个学生扮演交警，游戏重新开始：在“交警”和“红绿灯”的指挥下，各种“交通工具”和行人重过“十字路口”，此时就会秩序井然、交通顺畅。这时再让学生讨论是什么原因造成的，学生会说：“是因为大家遵守了交通规则。”由此进行拓展，引导学生了解日常生活当中处处都需要有规则，不管哪个地方都需要制定和遵守一些规则；再通过一些案例分享，让学生进一步领悟：在日常生活中，人人需要树立规则意识。经过这样的教育和辅导，再通过多次的训练和强化，良好的行为习惯才能逐步养成。

总之，学生良好行为的自动化发展并不是一定会发生的。事实上，我们对学生提出的许多行为要求不仅不是自动发生的，而且还有可能与他们的某些天性相抵触。所以，如果没有建立牢固的规则意识，培养良好的行为习惯就成了一句空话。

2. 培养良好习惯的方法是“行为训练”与“行为矫正”

良好习惯包括良好的学习习惯、生活习惯和行为习惯。良好习惯的养成不是靠说教，而是靠行为训练和行为矫正，其理论依据就是行为主义心理学。行为主义的基本理论假设认为：总体而言，人的一切行为都是习得的；好的行为习惯是通过后天良好的教育与学习养成的，不好的行为习惯也是通过后天不良的教育与学习养成的。正因为一切是习得的，所以，如果已经有了不良的行为习惯，就可以通过重新学习和训练将它改正过来。根据这一假说，行为主义心理学家斯金纳提出了一套行为矫正程序，他称之为“塑造作用”。“他主张先观察实验对象的全部操作性行为，分析哪些是有益的行为，哪些是不良的行为。然后，有目的地奖赏那些需要保留、巩固的有益行为，忽视或惩罚那些需要弃除的不良行为，结果，便创造出一种基本上是全新的行为。”①

行为主义可操作的技术有几十种，大致可以分为三大类，即基本技术、扩展技术和内隐技术。其中，基本技术共三种，也是最重要的。第一种是强化。就是当儿童出现一个正向行为的时候，我们就给他一个愉快的刺激，如表扬、亲吻、拥抱、拍肩等，这些都属于有愉快体验的反馈刺激，从而使正确的行为愿意继续出现。第二种是惩罚。就是当儿童出现不良的行为时，我们就给他一个痛苦的刺激，如批评、惩罚等，这些都是不愉快的体验，从而使错误的行为习惯不再出现。第三种是消退。就是当孩子用一种不正确的行为方式，想达到他的某种目的时，教师和家长对此置之不理，让他的不良行为方式无果而终，从而使这个孩子的不良行为方式因一次又一次的达不到目的而自动消退。总之，小学生的不良行为习惯，一般都可以通过强化、惩罚和消退这三种基本技术的组合或者变式来进行矫正。

举一个例子。一个7岁的小学生跟着妈妈去超市，看到一个遥控直升机玩具，他就想买。妈妈一看价格要700元钱，就说："妈妈一个月工资才3000元钱，怎么买得起700元钱的直升机呢？"孩子立刻躺在地上要赖皮，又哭又闹，不买就躺着不起来。这种"一哭二闹三打滚"的坏习惯也是习得的，那么是谁给他强化的呢？原来是奶奶。孩子小时候只要在地上一打滚，奶奶就妥协了。而奶奶的妥协就是错误的强化，又叫"强化的误用"。这种习惯一旦养成，要纠正就很难了，此时就需要使用行为矫正的技术来处理。

这时，妈妈可以想一想：孩子是哭给谁听的呢？当然是哭给妈妈听的。打滚给谁看的呢？当然也是给妈妈看的。妈妈就可以反其道而行之，既不听也不看。妈妈不妨倒退30米，假装在货架前选购物品，用余光看着孩子，不让他走丢就行。孩子哭啊闹啊，都没人理他，最后他只好站起来，慢慢走到妈妈身边，推推妈妈："妈妈，我们回家吧。"这整个

---

① 张亚林：《行为疗法》，贵州教育出版社，1999，第40页。

过程，就是消退技术的运用。

回去的路上，妈妈千万不要批评他。许多家长习惯在马路上批评孩子，家长心里想得很简单："孩子是我生的、我养的，我怎么批评他都行，反正谁都不认识我们。"但妈妈没有想到，孩子的视角是不一样的。孩子眼里看到的是满街的人来人往，妈妈在大街上骂自己，全世界的人都看到了，他会觉得很没有面子。所以，回家的路上，妈妈就是要一声不响，回到家里也不讲话。妈妈越是不讲话，孩子就越是寻思："妈妈为什么不跟我发火啊？"他要反思了。

第二天，双方情绪都比较冷静了，这时候只需要用3分钟时间说几句话就可以解决问题了。首先，把孩子叫过来，妈妈坐下，孩子站在妈妈面前，双方目光平视，妈妈用两只手捏住孩子的上臂，紧一下松一下，持续2分钟（注意不能捏痛了孩子，但要给他一定的压力）。同时，目光注视孩子的眼睛，至少1分钟，然后才跟孩子讲话。

第一，是"表达一种感受"。"昨天，你在超市里当着众人的面满地打滚耍赖，这种行为让妈妈感到很难过、很尴尬、很羞愧，我没有想到自己的儿子会用这种无理取闹的方式来向我提要求。"这句话不必太啰嗦，妈妈说清楚自己内心的感受就行了。

第二，是"表明一种态度"。"今天妈妈要郑重地告诉你，以后，如果你再用满地打滚耍赖的办法向妈妈提要求，是绝对得不到你想要的结果的，妈妈说话是算数的！"说这句话时的语速要缓慢，音量要小，但语气一定要坚定，要让孩子感受到这是不容置疑的。

第三，是"教授一种方法"。"今后，如果你有什么事情想对妈妈提要求，可以这样跟我说两句话。第一句说：'妈妈，我想跟你商量一件事情。'第二句说：'你能不能给我买一架遥控直升机？'"妈妈领着孩子将上面两句话练习几遍，并重复关键词"商量""能不能"，然后让孩子把这两句话连起来说几遍。最后，妈妈再告诉孩子："如果爸爸妈妈商量后认为这件事是可行的，我们就会答应你；如果这件事超出了我们的经济条件，我们就不会同意，那你以后也不要再提这件事了。因为毕竟是爸爸妈妈在挣钱养这个家啊！"

说完以上这些话之后，此事不必再提。一周之后，妈妈再带孩子去超市，领着他一个货架又一个货架仔仔细细地看过去。等走到某个货架前，如果孩子停下来说："妈妈，我想跟你商量一件事情。你能不能给我买这盒巧克力？"这时，妈妈要立刻弯下腰来抱住孩子，开心地夸奖他："妈妈今天真高兴！因为你终于学会如何向妈妈提要求了，所以妈妈答应你。而且我要买两盒巧克力，多买的那一盒是奖励你学会合理地表达自己的想法了！"

上面这个例子，综合使用了最基本的行为矫正技术：当孩子"一哭二闹三打滚"时，妈妈不理他，这是消退；第二天，妈妈通过肢体动作和目光施压，是适度惩罚；一周后，当孩子在超市里出现正向行为时，妈妈给予的愉快反馈，就是强化。

对这三种技术的使用，还可以这样打比方："种瓜得瓜"，而且得的是大瓜，就叫强化（明年还想种）；"种瓜罚款"就叫惩罚（村里为完成上级规定的种粮任务而对种瓜采取罚款措施）；"种瓜不得瓜"就叫消退（村里第一年种瓜没有收成；明年又种瓜，还是没有收成；第三年就不种瓜了）。

对以上三种行为矫正的基本技术，我们还可以再稍加"组合"或"变式"，形成二三十种行为矫正的扩展技术和内隐技术。扩展技术有负强化、理性斥责、过度补偿、隔离、反应代价、逐步养成、积极演练、自我控制、行为契约、代币制、正向注意与系统赞赏等。内隐技术有放松技术、系统脱敏、暴露疗法等。

当然，在实际操作过程中，情况是千变万化的。对小学生的行为矫正训练千万要记住：任何一个应对方案都应该是独一无二的，我们给每一个学生的指导性意见都不可能是完全一样的。这是一个非常重要的原则：不能按照一个理论模式或操作程序去应对不同孩子的具体问题。而且，教师和家长一定要有足够的耐心，如果急于求成，就会使行为矫正训练半途而废。

3. 培养良好习惯的关键是"正向关注""聚焦改变"

小学生的行为问题基本上都可以通过行为训练或行为矫正的方法去

处理。其中非常重要的一点是，不要把眼光聚焦于学生的问题行为，而要聚焦于他们的正向行为。

要知道，小学生不是缺少好的行为，而是缺少发现，特别是缺少及时的、由衷的赞美。我们要像看到自家的孩子摇摇晃晃地迈出第一步，或者听到孩子第一次开口叫出“妈妈”“爸爸”的时候，忍不住内心的狂喜去亲吻孩子、夸奖孩子那样，去欣赏、鼓励学生那些不起眼的好行为和好品质（如耐心、诚实、友善、坚持、关心他人等）。不要把小学生偶尔出现的好的行为，看作理所当然的，因而忽略了赞赏，如果那样，小学生良好的行为习惯很可能会渐渐消失。

这种培养学生良好习惯的原则，可以概括为一句话，叫作“正向关注，放大优点；发现例外，及时强化”。这句话的核心理念就是“正向关注”“聚焦改变”。下面分别做一些简单的解释：

（1）正向关注。你发现孩子在某一方面有不良习惯或严重缺点的时候，要换一个视角去看他正向的东西。比如，孩子平时写作业很拖拉，但是有没有不拖拉的时候呢？孩子早晨经常赖床，但有没有起床时间比较早的时候呢？教师和家长应该多关注孩子的好行为、好习惯，这就叫正向关注。

（2）放大优点。孩子出现正向行为的时候，教师和家长都要把它有意识地放大，把他做到的事情和表现的优点说得更好一点，适度地夸张一点，然后充满激情地去鼓励他、赞美他。

（3）发现例外。孩子的不良行为不一定每天都出现，那些未出现不良行为的时候就是例外；或者不良行为虽然出现了，但是比昨天出现的错误小很多，这也是例外。比如，昨天孩子迟到了 10 分钟，今天迟到了 5 分钟，虽然同样是迟到了，但今天依然是例外。教师可以真诚地和孩子私下聊聊：“你昨天迟到了 10 分钟，但你今天提前到了 5 分钟，你是怎么做到的？明天可不可以再早一点？”正向关注的经典举措，就是发现例外。只要我们善于发现，例外就会一次又一次地不断出现。

（4）及时强化。只要孩子出现了正向行为，教师和家长就要立即运用强化技术，对正向行为施加令孩子感到愉悦的刺激，通过各种语言的或非语言的、物质的或非物质的方式去给予强化，从而激励他再次，甚至多次重复正确的行为方式，逐渐养成良好的习惯。

《三国志》里有一句话，叫作“勿以善小而不为，勿以恶小而为之”。心理学家林正文和我将这句话先后改了两个字，叫作“勿以善小而不赞，勿以恶小而责之”。教师和家长若能从小的正向行为（如按时起床、整理床铺、随手关灯、主动摆碗筷、及时完成作业等）开始加以关注和强化，不断积累，一定可以获得意想不到的效果。

二、小学生社会化发展主题之二：学会人际交往

千万不要以为人际交往能力只是一个人缘好坏、朋友多少的问题。一个孩子如果朋友很少甚至没有知心朋友，他一定会不快乐。因为所有的孩子进入小学三四年级的时候，特别是进入青春期以后，都会把朋友关系逐渐提升到第一位，而把父母跟自己的关系逐渐降格到第二位，甚至第三位。孩子在成长过程中越来越看重与同龄人的友谊，这是跟小学一二年级时不一样的地方。如果他没有朋友或者朋友很少，不受欢迎，就会被排斥在同龄人交往圈子的外面，甚至被边缘化。这个孩子就会情绪低落、郁郁寡欢，甚至上课时也心思涣散、注意力不集中。所以，人际交往障碍会引发情绪障碍，情绪障碍必定引发注意力障碍，注意力障碍必定引发学习障碍，学习障碍又必定引发新的人际交往障碍（教师会批评、家长会责骂、同学会嘲笑等），新的人际交往障碍又必定引发新的情绪障碍……由此进入了一个恶性循环。美国的一项研究调查了248名小学四年级儿童，那些被教师报告为不受同伴欢迎的儿童在小学五年级的时候表现出更差的学业自我概念，更多的焦虑或抑郁症状。① 所以，对小学三四年级学生人际交往能力的培养，是小学生社会化发展的重要主题。

① 黛安娜·帕帕拉、萨莉·奥尔兹、露丝·费尔德曼：《孩子的世界：从婴儿期到青春期（第11版）》，第450页。

1. 学会人际交往的前提是“观点采择能力”

所谓“观点采择能力”，即理解他人的想法与感受的能力，它对于孩子亲社会行为和道德的发展十分重要。研究表明，观点采择能力的出现，是小学三四年级学生社会化发展的标志性事件。美国心理学家柯尔伯格对此也予以高度认可。因为能够进行观点采择的儿童会根据他人独特的背景和特性，来理解不同的人在面临相同的事情时为何会有不同的想法和感受，而这正是儿童与青少年社会化发展水平的重要标志。当然，学前儿童是难以做到这一点的，他们是以自我为中心的，还不能领会他人的想法和感受。所以，幼儿园的孩子只有玩伴，而没有真正意义上的朋友。只有在小学入学之后，才可能慢慢发展出这一能力。其中，小学中段是具有决定性意义的。如果孩子在小学中年级未能很好地发展出观点采择能力，那么要求在中学阶段具有很好的共情能力则是很困难的。而观点采择能力、共情能力这两种社会化技能对于亲社会道德能力的发展都是非常重要的。

美国心理学家罗伯特· 塞尔曼 1971 年提出了从儿童早期到青春期以及青春后期观点采择发展的五个阶段，其中的第二个阶段（8～10 岁）叫作自我反思观点采择。这一阶段的小学儿童能理解自己和他人观点之间的关系，能推测他人如何感受或他人在某一情境中会思考些什么。[①] 正因为如此，从小学三四年级开始，人际交往的需求水到渠成地被提上了儿童社会化发展的日程。

这样看来，是观点采择能力促进了共情能力，而共情能力促进了亲社会行为，亲社会行为又促进了人际交往。[②] 当然，尽管观点采择能力能帮助儿童发展亲社会行为，提高儿童的人际交往水平，但这些能力并不必然产生亲社会结果。有些儿童能够进行观点采择，但自身却没有思考他人观点的意愿和动机；还有些儿童也许会将观点采择能力作为自己

---

① 莉萨· 博林、谢里尔· 西塞罗· 德温、马拉· 里斯－韦伯:《教育心理学》，连榕、缪佩君、陈坚等译，机械工业出版社，2012，第 66 页。

② 罗斯· D. 帕克、阿莉森· 克拉克－斯图尔特:《社会性发展》，俞国良、郑璞译，中国人民大学出版社，2014，第 298 页。

可利用的条件，反其道而用之，用它来控制或欺骗他人。可见，观点采择能力并非一定导向积极的方面，它的发展只能是为儿童更好地理解环境和他人的需要及情感提供认知前提，但如果不能认真地引导儿童逐步克服皮亚杰所说的自我中心意识，那么他们的亲社会行为依旧不能有效地发展起来。由此可见，小学三四年级的小学生要学会人际交往，顺其自然地让他们的观点采择能力自生自长显然是不行的，这就为小学心理辅导课中人际交往主题的设计指明了方向。

2. 学会人际交往的核心是“发展亲社会行为”

人们把自发造福他人的行为称为亲社会行为，它包括分享、关怀、安慰、合作、帮助、共情以及其他善意的行为。亲社会行为还包括帮助其他群体、关心社会和国家的行为。亲社会行为发展到高级阶段就是利他行为。利他行为是不考虑自身当前利益、不期望他人的互惠或感谢的亲社会行为，有时候甚至还会为此牺牲自身的长期需要。亲社会行为在很小的儿童身上就有所表现，而真正的利他行为出现得要晚一些。[①]亲社会的儿童倾向于在社会情境中行为表现恰当，消极情绪较少；同时，在问题的应对上更富有建设性。[②]因此，在人际交往中往往更受欢迎。而且，“亲社会行为似乎具有很强的稳定性：一开始就慷慨、助人为乐、友好的儿童在长大之后很可能会保持这些亲社会特质”[③]。

儿童亲社会行为的形成主要依靠父母的言传身教。根据认知社会学习理论，儿童通过观察、模仿亲社会行为榜样获得亲社会的概念和行为。对孩子持温情、支持、积极态度的父母通过榜样作用促进儿童的亲社会和利他行为，父母在群体中的亲社会表现同样能够培养孩子的亲社会行为。[④]

另一方面，在学校里，特别是在小学三、四、五年级，要通过心理

---

① 罗斯·D. 帕克、阿莉森·克拉克－斯图尔特:《社会性发展》，第292—293页。

② 黛安娜·帕帕拉、萨莉·奥尔兹、露丝·费尔德曼:《孩子的世界：从婴儿期到青春期（第11版）》，第472页。

③ 罗斯·D. 帕克、阿莉森·克拉克－斯图尔特:《社会性发展》，第293页。

④ 罗斯·D. 帕克、阿莉森·克拉克－斯图尔特:《社会性发展》，第296页。

辅导课对学生的亲社会行为加以积极的引导，帮助学生在人际交往中处理各种具体矛盾，包括爱护弱小、互助分享、听从劝告、换位思考、信守诺言、诚实不说谎、认错担责任、化解小纠纷、巧拒作业抄袭、处理同桌矛盾、不叫绰号、团队合作技巧等。无论是班主任还是心理健康教育教师，在设计相关主题的班会课或心理辅导课时，要非常明确地将主题理念和活动目标定位于亲社会行为，通过整个小学阶段持续不断的教育引导，一定可以增进学生的亲社会行为，进而有效地提升学生的人际交往水平。

3. 小学生人际交往的重点是"学会和同性别同伴交往"

许多业内同行在策划小学生人际交往的主题活动时，首先往往想到的是异性交往，甚至把许多本来属于初中生青春期异性交往的话题拿到小学四五年级来展开，这其实是一种误解或误判。虽然现在儿童性早熟的问题日渐凸显，但这只是性发育提前的一些衍生现象，并非儿童中期或前青春期的社会化发展的本来规律。其实，小学阶段儿童人际交往的重心大部分集中在同性别交往上。如果对这一年龄特点产生误读、误判，必然会导致教育和辅导工作的偏差。

美国心理学家沙利文曾经说过，个体如果在前青春期没有学会和同性别同伴交往，而进入青春期之后，又没有学会和异性别同伴交往，那么个体在 20 岁前后，就可能发展成为自恋型人格。什么是自恋型人格呢？那就是孤芳自赏、对镜自怜、唯我独尊、唯我独好；他不会关心爱护别人，别人也不会关心爱护他。这样的人，谁见到了都会躲着他，他跟别人是格格不入的。沙利文在这里说的前青春期，指的就是进入青春期前的一两年，对许多孩子来讲是十二三岁之前的一两年。这个阶段如果没有学会与同性别同伴交往，女孩子不懂得女生跟女生交往的规则，男孩子不懂得男生跟男生交往的规则，那么，他就很难融入同性别同伴群体中，就会被排斥、被拒绝、被边缘化。如果在小学中高年级是这样一种人际处境，那么他在初中一年级就可能会出现严重的人际交往障碍，甚至会引发比较严重的抑郁、焦虑、强迫等精神障碍症状。我在处理中学生人际交往障碍的案例时屡屡发现，初中一年级学生的同性别群体（尤其是女生群体）中的相互排斥和攻击相当普遍，其根源大多是在小学四五年级没有学会跟同性别同伴交往的基本技巧。这一问题我们将在第六讲中展开讨论。

学会与同性别同伴交往是一种非常重要的社会化技能。美国发展心理学家黛安娜·帕帕拉曾指出："同性别的同伴群体有助于儿童更好地社会化，为未来的角色——竞争者和养育者做准备。同性别的同伴群体帮助儿童学习符合自己性别的行为，并把性别角色纳入儿童的自我概念中。……如果儿童形成了关于自己特定性别的意识，并对这一性别感到满意，这将有助于儿童的自尊和幸福感。"她还说："男孩群体和女孩群体从事着不同类型的活动。男孩群体较为一致地追求性别定向活动，他们在有确定的领导等级的大群体中玩耍，玩更有竞争性的游戏和追逐打闹的游戏。女孩群体通过亲社会的互动和分享秘密等活动保持更亲密的交谈。"① 正是通过这样一种与同性别同伴的互动，儿童跟与自己年龄相仿的其他孩子建立了联系，并且产生了一种归属感，从彼此建立的友谊中进一步提升自己的社交技能，同时尝试学习新的技能，并且学着平衡自己与他人不同的需求和欲望。与同性别同伴在一起最利于儿童发展和提升亲社会技能，比如，合作和利他主义。此外，同性别朋友还能帮助儿童操练解决社会问题的技能，比如，相互沟通、管控冲突、妥善解决彼此间的困扰等。这为他们进入中学之后处理同性别群体内部微妙的排他性争斗以及应对随后到来的异性交往奠定了坚实的基础。

当前的小学德育和心理辅导工作中，不少同行受有关部门推动的"青春期性教育"潮流的影响，加上在许多小学四、五、六年级中开展的"异性交往"赛课活动的"时尚"导向，小学生交往的社会化发展出现了偏重异性交往的趋势，这是需要我们冷静反思的。儿童性发育提前固然是一种客观事实，某些西方国家早期性教育的经验也值得借鉴，但是性发育提前不能等同于儿童社会化发展规律也提前了。人的社会化发展

---

① 黛安娜·帕帕拉、萨莉·奥尔兹、露丝·费尔德曼：《孩子的世界：从婴儿期到青春期（第11版）》，第488页。

会受到多种因素的综合影响。其中，皮亚杰提出的认知发展理论中第四个阶段（“形式运算阶段”）的发展水平，对儿童和青少年的世界观、人生观、价值观的形成起着决定性作用。中学阶段“青春期异性交往”辅导的核心是性价值观问题，并不仅仅是性生理知识和异性交往技巧的问题。而正确的性价值观的形成直接受到青少年辩证思维、批判思维发展水平的左右，这是由年龄特点和认知规律决定的，绝不会因为性发育的提前而跟着提前。正因为如此，将初中阶段的“青春期异性交往”辅导内容放到小学进行，能够很快见效的恐怕是性生理知识的普及和形成某些宣传效应，尤其是能激起相当数量的青涩小男生的性好奇心，而真正应该关注的性道德、性伦理、性价值观问题基本上只能做成一两分火候的“夹生饭”；另一方面，最需要在小学阶段发展起来的同性别同伴交往技巧被严重地忽略了，而这不仅削弱了孩子们在进入青春期后应对同性别群体排他性矛盾的能力，更为他们接下来建立健康的异性交往关系和正向的性价值观体系设置了障碍。所以，我不禁要问：不认真研究儿童、青少年社会化发展的内在规律，不加分析批判地“随潮流而动”，甚至设计同一份“青春期异性交往”教案，推广到小学、初中和高中三个学段，不加区别地实施，这种急功近利的异性交往辅导究竟利弊几何？

当然，我并不笼统反对在小学高年级开展异性交往辅导，但我主张这种辅导应该是有范围、分步骤、有分寸的：辅导的重点对象应该是小学高年级女生，可依据她们的性发育程度分批进行；辅导的形式应以小团体辅导为主；辅导的内容要以女性生理教育和自我保护为重点。其他系统的异性交往内容可在进入初中后有计划地全面展开。

三、小学生社会化发展主题之三：“形塑”健康自我

“形塑”是雕塑艺术的第一步，就是按照预定的设计大体上做出艺术造型的“毛坯”；在本节中则是一个借喻。“自我”是指人的自我概念，就是一个人对自己的总体看法，它是人格的核心部分。小学生社会化发展的第三大主题，就是要在小学高年级初步建立一个健康的自我概念，

为一生人格的发展奠定牢固的基础。

什么是人格？美国心理学家兰迪·拉森说过："给复杂的人格下定义是非常困难的。"不过，下面的定义抓住了人格的本质成分：人格是个体内部的心理特质和机制的集合，具有组织性和相对持久性，它们影响到个体对心灵内部的、物理的和社会环境的适应以及与它们的相互作用。这样的定义比较抽象深奥，通俗地讲，人格就是个性，也就是一个人相对稳定、反复出现的行为模式和心理倾向性。不稳定的心理倾向性不是个性，偶尔出现的行为方式也不是个性，"相对稳定"和"反复出现"是两个必备条件。18岁之前的心理和行为特征，我们称之为"个性"，因为它们基本还没有成熟，所以不稳定；18岁以后，心理倾向性稳定下来，行为模式也大体形成了，我们就称之为"人格"。

小学五六年级学生的个性发展处在一个十字路口。这是由于进入"前青春期"和"青春前期"之后，性的萌动和思维发展提速带来的自我意识的变化。此时，小学高年级学生进入了第二个"自我中心意识"的高峰期，他们对自己、对父母、对教师、对同伴的看法发生了巨大的改变，他们的独立性、成人意识和自尊感大大膨胀起来，自我感觉良好，有的孩子甚至变得我行我素、桀骜不驯。此时，他们面临着一种个性发展危机，他们要度过的每一个明天都是新的、毫无经验的，他们在走一条自己从来没有走过的路，他们站在一个陌生的十字路口，左顾右盼，欣欣然而又茫茫然，极其需要成年人的指引，来帮助他们冷却一下发热的头脑，"形塑"一个健康的自我。

1."形塑"健康自我的前提是保持一颗"进取心"

埃里克森的人格发展理论认为，6～12岁的心理社会任务就是形成勤奋感。也就是说，能不能在长达6年的时间里始终保持一颗旺盛的进取心，是衡量一个小学生在小学期间发展是否良好的根本标准。如果一个学生在小学毕业时已失去了蓬勃的朝气，失去了"天天向上"的进取心，那么，他将带着自卑感进入青春期和成年期。这些自卑感构成了一种情绪状态，可能会限制他实现生命中其他目标的能力。①

以这样一个标准来衡量我们今天的小学教育，的确存在着许多令人担忧的弊端。尽管我们早已有了一套科学、完整的督导评估体系，但在教育实践中，大部分的家长和部分教师仍将分数作为评价学生的主要标准甚至是唯一标准，从而导致相当数量的学生一而再、再而三地体验着挫败感，使他们与生俱来的上进心屡屡受挫。而一旦孩子因学业失败而丧失了进取心，健康的自我概念必然成了无源之水、无本之木。这样严重的后果却往往不能及时引起教师和家长的警惕，等到若干年后他们才意识到问题的严重性，恐怕就为时晚矣。

正如美国发展心理学家丹尼斯·博伊德所说："许多研究表明，埃里克森有关学校经历与能力感产生之间的联系的观点是正确的。似乎大多数的 6～12 岁儿童，随着他们……学业任务上的成功或者失败而逐渐发展起了对于他们自己能力的观点。因此，他们的自我评价与实际获得的成就有着很密切的联系。"② 这样的忠告应当引起广大小学教师和家长的高度重视。

2. "形塑"健康自我的关键是呵护脆弱的自尊感

自尊是自我中可评估的部分，也是儿童自我评价的结果，表明了儿童通过与他人进行比较而产生的对自身的积极或消极的看法。"自尊心高的儿童对自己的能力满怀信心，并对自己很满意；而自尊心低的儿童则认为自己能力不足、低人一等。"③

为什么儿童的自尊感会影响他的生活态度和行为方式呢？因为人类是最具社会性的动物，没有什么比自己被人排斥和抛弃更糟糕、更可怕的了。当儿童"发现自己不受重视和不被接纳的征兆，自尊就会下降"④，就会加深对自己的负面认识，形成一种固化的负性自我概念，产生各种

① 丹尼斯·博伊德、海伦·比：《发展心理学：孩子的成长》，第 280 页。

② 同上书，第 280 页。

③ 罗斯·D. 帕克、阿莉森·克拉克－斯图尔特：《社会性发展》，第 138 页。

④ 大卫·C. 范德：《人格谜题（第 4 版）》，许燕等译，世界图书出版公司，2009，第 243 页。

负面的情绪体验，然后直接带来一系列自我挫败的行为方式。由此可见，人的自尊感是心理结构中最脆弱、最易被伤害的部分。有关研究表明，“对低自尊者来说，最初任务中的消极反馈与他们的自我概念相一致，所以他们确信自己是个失败多于成功的人。因此，当面对第二项任务时，低自尊者会认为接下来的任务也一定会失败，所以他们不愿努力去完成，或者干脆放弃”。一旦形成了低自尊的自我概念，儿童就往往容易自暴自弃，陷入恶性循环而难以自拔，这也就是人们常说的“习得性无助”。

自尊感对健康自我形成的影响明显地表现在少年期。因为“在少年阶段，儿童自我概念的最后演变是观点采择：一种站在他人的视角看问题的能力，或者说是像其他人那样看自己，走出自我的角度，想象自己在其他人面前会是什么样子。这就是为什么十几岁的孩子会有一段时间表现出非常强烈的自我意识，十分关注自己在他人面前的样子”[①]。有关心理学研究告诉我们，在小学高年级，教师和家长在日常教学和家庭生活中，要高度留意自己的每一句评价性语言给孩子留下的感受，小心谨慎地避免对孩子的自尊心造成伤害，这对他们今后充满自信地步入青春期乃至此后的人生道路都是有深远影响的。

3. “形塑”健康自我的重点是培养个体的自律自控

到了小学高年级，儿童能否在这一关键期“形塑”一个健康的自我，主要取决于能否缩小两个差距：一个是“理想我”与“现实我”的差距，这个差距越小，儿童的自尊感就越强，自我满意度就越高；另一个是“社会期望值”与“自我表现值”的差距，这个差距越小，儿童的社会适应性就越强，社会化程度就越高。

儿童的行为表现能在多大程度上达到社会期望值，将影响到他们在家庭里和学校中的被喜爱、受欢迎程度。但这是一个比较长的发展过程，必须经历美国儿童教育专家科斯特尔尼克提出的“依从（外部控制）—

① 兰迪·拉森、戴维·巴斯:《人格心理学：人性的科学探索（第2版）》，郭永玉等译，人民邮电出版社，2011，第407页。

认同（共同控制）—内化（内部控制）”[①] 三个阶段。一开始，成年人在教育儿童识别“对”与“错”方面扮演着重要角色，成年人为儿童提供他们尚不具备的控制力；但逐渐地，儿童开始认同成年人对自己的期望，模仿成年人的行为模式以获得成年人的喜爱和肯定；“到小学后期，儿童……无论是在一般环境下还是特殊环境下，他们都能够很好地控制自己的行为”[②]。他们会“变得更独立，并且能够在没有别人监督的情况下思考和约束自己的行为。如果做到了这一点，儿童就实现了人生发展过程中的一个里程碑——自我调节”。“最终，儿童可以做到无须他人的指教就进行积极的社会交往……他们能够抵御诱惑，控制负面冲动，并且在没有监督的情况下延迟满足。”[③]

科斯特尔尼克的上述观点与皮亚杰提出的儿童道德观念发展的三阶段理论（前道德阶段—道德他律阶段—道德自律阶段）是不谋而合的。皮亚杰认为，7～11 岁的儿童处于“道德他律阶段”，从 11 岁开始，儿童进入了“道德自律阶段”，他们的“道德成熟不仅包括对社会规则的理解和接受，还包括持有人类关系应该平等互惠的观点”[④]。

所以，若想帮助小学高年级学生“形塑”健康自我，“真正需要的是去培养学生的责任感和自我控制能力”[⑤]，提升他们的自律意识和自我调节行为的能力。但是，在现实教育环境中，绝大部分的成年人（包括家长和教师），都自认为严格控制、严厉管教是成功的、有效的，乃至于当儿童升入小学高年级之后，依然没有意识到培养儿童的自律精神和自控能力的重要性。由此带来的后果就是：从儿童 11 岁左右到进入青春期之后，成年人的“他律”“他控”教育已成为“过去时”，而“正在进行时”应该形成的“自律”“自控”行为方式却未能形成，于是便出现了社会化

① 马乔里·J. 科斯特尔尼克等：《0—12 岁儿童社会性发展：理论与技巧（第八版）》，第 279—280 页。

② 同上书，第 281 页。

③ 同上书，第 278 页。

④ 罗斯·D. 帕克、阿莉森·克拉克－斯图尔特：《社会性发展》，第 275 页。

⑤ 陈允成、理查德·D. 帕森斯、斯蒂法妮·刘易斯·亨森、德伯拉·萨多－布朗：《教育心理学：实践者—研究者之路（亚洲版）》，第 320 页。

发展关键阶段的“成长失控”或“叛逆”现象。家长和教师为此感到迷惑不解和焦虑不安，而成长中的儿童、青少年则倍感愤怒和彷徨。由此带来孩子进入中学后的自我同一性混乱和社会适应困难，并出现一系列心理和行为问题，个中深层次的原因和教训不可谓不够深刻。

第
五
讲

中学生入学适应不良及其应对

中学生入学后，遇到的第一个成长发展问题就是入学适应性不良。

一、何为“中学生入学适应不良”

所谓“中学生入学适应不良”，指的是中学生在入学之初，所处的学校环境、学习环境和人际环境都发生了重大变化，而个体在主观上对此没有足够的心理准备，依然沿袭着以往在小学就读的经验，来应对新的学校生活和新的学习任务，继而出现一系列的心理困惑、挫败体验和退缩行为。

以初中生为例，美国儿童发展心理学家劳拉·E. 贝克认为初中生入学之后的不适应主要反映在三个方面，即学习压力、教师关注度下降和对教师个人风格的不适应。[①] 学习压力本来是不言而喻的，但许多初中新生依然对此估计不足；相对而言，他们入学后对教师个人风格的不适应反倒会有更深刻的体验。在小学读书时，一个班主任往往跟班3年甚至6年，学生接触的其他学科教师数量也很有限，而且11岁之前处在道德他律阶段的小学生“对社会规则表现出极大的尊敬，并且会牢牢地

① 劳拉·E. 贝克：《婴儿、儿童和青少年（第5版）》，桑标等译，上海人民出版社，2008，第741页。

遵循”[1]；但进入初中后，一天的课上下来，学生可能会见到六七位教师，每位教师都有各自不同的个性、教学水平、教学风格和育人理念。时间一长，学生就会对多位任课教师做出各不相同的判断和评价。这种判断和评价不仅具有道德他律阶段的独立性和批判性，而且往往难免有片面性和极端性。特别值得注意的是，初中生对教师的评价带有明显的情绪化色彩。他们对自己喜欢的教师，就会喜欢他教的学科；而对自己不欣赏甚至反感的教师，就会排斥他教的学科。这样就造成了一些学生对某些学科的厌学现象，上课睡觉、不完成该学科的作业，并导致师生关系恶化，不到一年，这门学科的成绩就会大大落后于其他学科。如不及时发现和纠正，这些学生的学科知识结构就会严重“跷脚”。这是初中阶段一些学困生形成的重要原因。

除了上述情况之外，我国初中生入学适应不良还有一个重要的表现，那就是学习方法与学习策略的不适应。

我相信，没有一个初中生在入学的第一天是不想让自己学得好一点的。但是，他们中的许多人只有良好的愿望，却不知道如何才能学得更好。面对繁重的初中学习任务，他们往往是“摸着石头过河”；唯一可以借鉴的，就是小学教师教给他们的那一套学习策略，其中的“法宝”便是“只要功夫深，铁杵磨成针”。可学生们哪里知道，“铁杵磨成针”谈何容易！于是不久之后，他们就遇到了入学后的第一次单元测验的不尽如人意。此时，这些学生还以为是自己努力不够，以为“态度可以决定一切”，于是就继续奋发努力，但期中考试却又给了其中许多人当头一棒。这些再次遭遇挫败的学生还是没能从中吸取教训，他们还是会勉强挣扎前行，直至期末考试一败涂地。此时，他们感到精疲力竭了，更糟糕的是，他们的自信心严重受挫。于是，我们就会发现一个奇怪的“初一现象”，就是初一上学期刚刚结束，寒假中就有一批学生开始厌学了，家长会发现自己的孩子不愿做作业了，整日上网、外出闲逛。等新学期开学后，班主任也会发现，班上有一些学生上课睡觉了，作业也开始不

① 罗斯·D. 帕克、阿莉森·克拉克－斯图尔特：《社会性发展》，第274页。

交了。令人惋惜的是，不仅学生自己没有找到学业失败的根源，可能连教师也未意识到，入学才一个学期就被“打趴下”的学生，问题原来出在“入学适应不良”上。

“没有理论指导的行为就像是在迷宫里急窜的老鼠。”[①] 用这个比喻来形容入学适应不良的初一学生是非常形象的。所以，初中生入学之后，学校心理辅导工作的第一个重点就是抓入学适应性辅导。要帮助学生完成从小学时期已形成的学习习惯、方法、策略向初中的学习特点、规律、方法的转变。这个转变完成得越快、越顺利，学生的学业发展就越顺畅，自我同一感就越强。

高一新生的入学适应性问题与初一新生大致相同，但稍有区别。这主要是指三个方面的适应。首先，是学生自我定位的调整和适应。学生能“各适其性、各安其所”，既包括进入重点高中就读的学生在“强手如林”的竞争环境中，如何做出恰当的自我评估和自我期待，以适应新的学习环境对自己提出的挑战，也包括进入普通高中和职业高中就读的学生如何调整原来“高不成低不就”的心态，逐步接纳“适合自己的才是最好的”这样一种价值观念，来适应陌生的高中学习生活。其次，是学习方法、学习策略的调整和适应。教师要尽快帮助高一新生熟悉高中学科特点，改变初中已经习惯了的学习节奏和学习方法，学生也要注意增强自学能力，善于从整体结构上把握教材的知识体系，强化分析问题和解决问题的能力，形成适合自己的独特的学习风格。最后，是对教师教学风格与个性特点的适应。要防止师生双方因磨合期缺少耐心和相互了解，出现种种误判和隔阂，因而影响课堂学习态度和学习效率，造成入学伊始的学业挫败感。

如果学校不抓住高一入学的关键时期进行一系列的入学适应性辅导，那么，如同“初一现象”一样，在高一上学期结束时，有一部分学生的家长也会发现，自己的孩子突然沉默了，消极了，放纵不羁了；而

① 罗伯特·G. 欧文斯：《教育组织行为学（第 7 版）》，窦卫霖、温建平、王越译，华东师范大学出版社，2001，第 61 页。

对于班主任来说，则会在高一下学期开学后发现，自己班里的一部分学生上课趴下了，作业不交了，行为出格了，甚至不想来上学了，总结成一句话，就是厌学情绪抬头了。

现在有不少高中教师（也有许多家长）对学生的厌学情绪既不理解，也无计可施。其实，有时候看似很复杂的教育现象，其背后隐藏着的学生心理成因及其演化轨迹是很简单也很清晰的。我们任何时候都不要忘记，人都是有基本心理需要的，一旦如“安全”“爱与归属”“自尊”这些基本需要被伤害、被漠视，学生就会出现行为异常。如果我们看透了人性的这一本质，努力去提高学生在新环境下的适应能力，帮助他们积极应对入学后遇到的困境，就完全可以减少那些可能给社会化发展尚欠成熟的学生带来沉重一击的挫败体验。高中生全部生活的重心都在于学业，一旦学业失败，他们整个的自我价值感就可能会崩塌。

二、初中生入学适应性的辅导

（一）对教师不适应的辅导

初中新生对教师的不适应问题，在心理辅导课中必须考虑并施加预防性干预，在时间安排上则应尽可能放在开学之初，而且越早越好。

（二）对学习方法、学习策略适应不良的辅导

这里说的学习适应不良，其主要表现是“学习过程受阻”。所谓“学习过程”，就是指预习、听课、复习、作业（考试）四个环节。“学习过程受阻”就是指学生进入初中后，面对新学科、新教材、新要求、新教师，却不会预习、不会听课、不会复习、不会做作业。当然，这里说的四个“不会”，都是相对于初中新教材、新要求而言的，并非一概不会。而从操作层面来说，教师和家长要特别注重“四抓”。

1. 抓预习

一般来说，初中生完成当天作业之后，晚上时间已所剩无几，所以预习主要抓主科，每门学科的预习时间要控制在15分钟之内。这15分钟可以分四步进行：

（1）整体浏览，圈点标注（3 分钟左右）。要注意做到快读，通读全文，并且随手圈点勾画。凡是第一次出现的知识点（包括新概念、新词汇、新公式、新定理、新句型、新语法等），全部用最简单的符号（画圈即可，符号不必太烦琐）圈出来。这一步是明确重点。

（2）概括要点，揣摩思路（7 分钟左右）。要注意做到细读，但文理科教材应有不同。文科要注意概括要点，每一段文字都要用最短的句式（6～10 个字，越短越好）写出段意，能写出段意就说明读懂了；写不出来或写不准确就画一个问号。理科则是要揣摩例题的思路，把例题一步一步推演下去，哪一步推不通了，也画一个问号。这一步是明确难点。

（3）提出问题，尝试解决（2 分钟左右）。要注意做到快读，就是在前两步预习的基础上，再快速从头到尾浏览一遍，看看还有没有其他搞不懂的地方，查疑存难。然后，自己动脑想一想，看能否想得通，如果想不通，就画上两个问号。这一步是找到疑点。

（4）复诵精华，熟悉教材（3 分钟左右）。要注意把已经圈出来的新知识点反复诵读几遍，不要求记住它们，只要求混一个“面熟”。这样，第二天课堂上教师讲到那个知识点的时候，自己就能很快在教材上找到它。这一步是熟悉教材，紧跟教师讲课的思路。

2. 抓听课

学会听课的要诀在于克服“上课走神”，具体办法如下：

（1）积极参与互动，积极举手发言。聚精会神不分心，才能紧跟着教师的思路走。

（2）随时发现问题、提出问题，课上没时间问就下课问教师，当天的问题一定要当天解决。

（3）听课时“圈点勾画”，做到不动笔墨不听课，用笔尖牵住自己的思路，跟着教师的思路走，让自己无暇分神。

（4）学会做课堂笔记，做到“快、精、特”。“快”，就是写字快比写字好更重要，只要自己看得懂就行；“精”，就是用最少的字来记要点；“特”，就是笔记要有自己的风格，不能只抄板书或者 PPT。

3. 抓复习

复习的本质是记忆，记忆的关键是把握三个要领：

（1）要知道记忆的4段最佳时间，复习便有了动力。很多人以为记忆的最佳时间是早晨或者晚上睡觉之前，其实这是记忆的个体差异；记忆的最佳时间对每个人都是一样的，其依据就是德国实验心理学家艾宾浩斯的“遗忘曲线”理论。艾宾浩斯的遗忘实验告诉我们：“记忆的遗忘过程不是均匀的，不是每天忘掉平均数量的内容，而是在记忆完毕且停止复习的时候开始遗忘。而且在刚开始的阶段，记忆遗忘的速度非常快，而随着时间的推移，遗忘的速度逐渐放缓。随着时间的继续延长，就不会产生遗忘。”[①] 遗忘的几个重要时间节点是学习之后1小时记忆保存量为44.2%（遗忘率为55.8%），8小时后记忆保存量为35.8%（遗忘率为64.2%），2天后记忆保存量为27.8%（遗忘率为72.2%），6天后记忆保存量为25.4%（遗忘率为74.6%），1个月后记忆保存量为21.1%（遗忘率为78.9%）。由此可见，克服遗忘、增强记忆的最佳时间是反其道而行之，即1小时内复习第一遍、8小时内复习第二遍、2天后复习第三遍、6天后复习第四遍。这4段记忆的黄金时间，让学生感到最难操作的是“1小时内复习第一遍”，其实要诀并非在于让学生课间10分钟不休息去背诵，而在于要高度重视课堂上最后10分钟的小结，教师的课堂小结就是带领学生在1小时以内复习第一遍；至于8小时内复习第二遍和2天后复习第三遍，都不需要花费很多时间，只需要把相关知识“再现”一次便可；但6天后复习第四遍时，就应该认真系统地进行整理复习和熟记，做到“段段清”“周周清”。

（2）要学会记忆的四个技巧。技巧一是“抓住重点”，重点就是前面提到的新概念、新词汇、新公式、新定理、新句型、新语法等新知识点。技巧二是“重组信息”，也叫“重新编码”或“理解记忆”，就是把需要识记的知识点进行理解、分析、概括、加工、整理，然后用最准确、

---

① 赫尔曼·艾宾浩斯：《记忆力心理学》，常春藤国际教育联盟译，现代出版社，2017，第53页。

最简洁的个性化语言表述出来。心理学的有关研究表明，12 岁以上学生的记忆能力如果还停留在机械记忆的水平上，就无法按照材料的逻辑关系来储存信息，就会使之成为学业不良的重要原因，使得他们的信息复述往往是零碎的、片段的、混乱的。技巧三是“嘴唇运动”，心理学家托奇森用实验证明了在背诵的时候，既动嘴又出声，记忆效果最好。技巧四是“多次重复”，不管用多少技巧，功夫是必须下到的。

（3）掌握记忆的 12 种基本策略。其具体包括：纲要记忆法、压缩记忆法、联系记忆法、谐音记忆法、形象记忆法、词头记忆法、口诀记忆法、图示记忆法（含思维导图）、比较记忆法、表格记忆法、数字概括法、卡片记忆法。我编写了一首《记忆策略歌》，歌云：“有意识记，选择重点；材料归类，深入理解。理清线索，找出关联；纲要图表，摘记卡片。联想比喻，借助谐音；形义编码，形象再现。字头简称，概括提炼；编制歌诀，数序排列。遗忘规律，先快后慢；及时复习，事半功倍。”

4. 抓作业

完成作业的关键在于三点：

（1）如何处理不会做的题目？一问自己，要善于动脑；二问与自己学业水平相当的同学，因为处于同一层次的同伴互助，助人者的讲解是最容易被求助者理解的；三问教师，问的问题应该是经过思考和互助后仍然卡壳的真正的难点；四是千万不要借助网络学习工具去抄现成的答案。

（2）如何订正错题？把平时写的“错题本”归类整理，按照记忆的规律经常翻阅，发现其中的结构性、概念性的知识缺陷，及时查漏补缺。

（3）如何处理试卷错误？所有的试卷都应该完整地保存下来，并进行系统的整理和归类。

（三）入学适应性辅导的成效

入学适应性辅导能否取得实效，其关键在于能否努力构建有建设性的班级环境。所谓“建设性”，就是指正向关注和积极引导，对学生的学习困难不是一味地批评指责，而是给予充分的理解和包容，在班级中提倡合作、支持、倾听、鼓励的良好班风。有关研究表明，如果教师在第一年中就构建建设性的学习环境，并在这方面投入很大的精力，那么在之后的几年中，学生会更加积极地参与学习任务。与此类似，如果在构建有利于学业成功的班级环境时，教师花费了较少的精力，那么，学生也可能会较少地参与课堂任务，并且出现较多的破坏行为。而当学生出现破坏行为时，教师最终会花费大量的时间去干预不良行为而不是引导良好行为，学生的参与程度也会随之下降。另外，对教师来说，失控之后再重新控制并不是一件容易的事，这远比提前建立建设性的环境并保持这种环境要困难。①

三、高中生入学适应性的辅导

我们先来看一个案例。这是20年前我主办"心海扬帆中小学心理辅导论坛"时，收到的一名高考复读生的信，当时发布在论坛的"心海求助"栏目里。虽然时间过去很久了，但来信中提到的问题非常具有代表性，即使现在读起来也非常符合当下许多高中生的现实情况。此文是公开登在网络上的，引用时隐去了一些敏感信息，其余照录如下：

钟老师：

您好！我是个已经参加了高考的人，但是，高中的事情还是一直压在我的心头，无法释怀，我很难受。希望得到您的帮助，解开心结。心藏已久，痛苦啊！

初升高，我由一所普通初中升到一所重点高中。初中阶段，我是班里的佼佼者，自信和荣誉当然都一直围绕着我。英语是我的优势科目，我还身兼物理课代表。

中考阶段，我以562分的成绩自费升入了我们市的重点高

① K. W. 迈瑞尔、R. A. 欧文、G. A. 金佩尔：《21世纪的学校心理学》，刘翔平等译，华东师范大学出版社，2007，第181—182页。

中，分数线是578分，差16分。但是，我们班（包括自费的）能上重点高中的也就那么几个，毕竟是普通中学的普通班。当时，我就暗自下决心：上高中后一定要好好表现，相信中考只是发挥失常！

等到开学的那一天，我发现自己被分在8班，我当时只是有一点点不舒服，但也说不出来是为什么，总之心里想着要好好报中考的“一箭之仇”。开学了，老师按照排名次序公布学号，我是34号。我很失望，我当时很受打击，我发誓一定要“报仇”，以前在班上连5名以后的都没想过，现在竟然一下子变成了第34名，这叫我怎么受得了？

开始上课了，我以比初中更认真的心态进入了课堂，可事情并不像我想的那么简单。就拿英语来说，英语是我以前的优势科目，我很自信，心想英语这个科目肯定是信手拈来。可是一上课，我就发现有点不大对劲，怎么上课的内容和以前有点脱节、有种陌生感？怎么老师给我的感觉也不一样？还有就是老师给我们每人订了课外练习册，我一做，发现错误率简直超出了我的想象啊！以前初中能错上一两个就“了不起”了，现在做这个练习怎么一下子错这么多啊？简直是一大半啊，而且很多都是靠感觉写的，以前做题目一般都是心里有把握的。还有就是班级测验，我只有八九十分。总分是150分的试卷，全班最高的是120分左右，当时我就不知所措了。但当听到别的同学称赞那个考了120分的同学时，我立刻觉得：“这不是我的真实水平，120分算什么？150分的试卷错了30分了，很差！”我就这样暗自否认这是自己的真实成绩，想象自己的实际水平并没有发挥出来，同时暗下决心要好好表现自己的英语水平，但心中很茫然。上课感觉脱节，做练习错那么多，老师也不像以前那样和蔼，于是，我就想以前初中是怎么学习英语的。我无意间发现有位同学买了本《英语学习1+1》，一看里面都是课文精解，包括词汇和语法等很多内容。我想这些内容似乎就是以前初中老师给我们上课的时候讲的，只要我上课认真做笔记，回家认真复习，轻轻松松就能拿到英语的好成绩。这样一想，我觉得我的英语成绩应该是有救了，我当时就决定买了这本书。可是问题并不像我想的那么简单，我看这本书的第一个疑惑就是为什么自己看书的感觉和以前听老师上课的感受是不一样的啊！记得以前初中老师给我上课的时候，我吸收得很快，而且每个知识点都是有衔接的，顺理成章地就吸收了，没什么阻力，也不用花什么大的力气就能记住。可是，现在自己看这本书为什么这么生硬呢？感受完全不同！于是我就想：是不是自己的学习方法出了问题呢？我再次陷入了迷茫之中，课程被耽误了，成绩也越来越差，但还是一直在迷茫中思考着为什么。一直延续到高三，同桌说我不学习，其实我心里苦啊！

再说数理化，以前的物理课代表的殊荣已不复存在，和英语一样也是下决心要好好表现一下。但是，尽管上物理课能听得懂，但是做题目或考试的时候，我却发现怎么这么多不会做的啊！不是一些，是很多哦！怎么错这么多？受打击啊，更要命的是，同桌他却可以轻松地做得那么好，比如，100分的试卷他可以考80分。但是，我又想："他还扣了20分呢，有什么了不起！"我给自己定的目标是90分以上，发誓一定要把自己的成绩弄上去，但也不知道怎么做。于是，我也买了些课外书，但当我自己去学的时候，发现也有类似学英语的情况。我怀疑自己的看书方法是不对的，认为自己看书有问题，于是就放弃了自己看书。老师教的，我不愿意接受，因为感觉无法达到我心中的目标；同时，我开始自己想每个物理题目是怎么做的，为什么我就想不通呢？为什么我就反应得没同学快呢？为什么？无数个为什么！我受不了，我怀疑自己的思考有问题。就这样在迷茫中思考了很久。到了高三，我们上一届有个师兄上了清华大学，受到班上的老师的大力赞扬，说他怎么怎么好。于是我又自信起来了，我把自己的目标也定为清华大学，并且各门科目都定下了目标，以及实现目标的具体步骤和详细计划。看到上届师兄的寄语，说学习应该从基础开始抓起，我深信不疑，自己计划从课本开始看，逐步发展到做模拟试卷。当我开始看课本的时候，我极力地把书本上的每个字都看清楚，这样还不够，总是怀疑自己会遗漏或错过什么知识点，达不到自己的目标，然后就用红圆珠笔在书上一道道地画，基本上每一页都被画得通红，这样还是感觉不能达到我的要求。就这样我看了一章数学，小测验拿到了146分的成绩，我当时有点欣慰，看来自己的努力还真是有效果的。但是当我继续这样看书的时候，我发现这样未免太辛苦了吧！我问自己："有没有更快一点的看书方式呢？"因为这样看书实在是很辛苦啊！我又感到迷茫了！我开始思考，我一直一个人思考着，但我当时也不知道具体是在思考什么，只是天天思考。

那段时间我很辛苦，我每天都睡不着，我至今仍想不通，我很难过。我上次在网上看了心理医生，医生说我这是"阅读强迫症"。我当时松了口气，原来是这样，但我又觉得没那么严重。我怎么会有强迫症？不可能的。

整个高中都是这样。这个过程让我很难受、很受伤，现在还没走出这个阴影。谁能帮我解释一下：我到底哪里错了？

对于英语，为什么自己那样看书和老师上课传授的感受是不一样的？是不是自己信心不够，所以导致自己放弃了？还是自己看书是自己咀嚼吸收知识，而上课是老师传授知识，相当于老师直接把吃的送到我们嘴里？还有，我自己买资料看，不跟随老师的进度，想通过自己的努力来实现成绩飙升，有错吗？

对于数理化，我从课本开始抓牢基础有错吗？我那样认真地看每个字有错吗？那样在书上画线有错吗？如果没错，为什么那样看书会那么辛苦，最终使我放弃了？别人会这样看书吗？我怎么会那样看书呢？

如果我所做的都是错的，那怎么样才是对的呢？我为什么一直无法解决这个问题？我为什么一直走不出来？我真的很累！

困扰上面这名学生4年之久的学业挫败问题，其实根源都在高一上学期的入学适应不良。具体表现如下：一是入学后，面对自我定位变化的适应不良。该生在初中时是班里的前五名，但进入高中后，按成绩高低分班，在年级里排到8班，在班级里排第34名，也就是说，可能在年级里排位要到250名之后了。在重点高中里，这本来是一种很正常的现象，但该生未能及时调整自我的定位，长时间地沉溺在自我挫败的情绪之中。二是对老师教学方法和教学风格的适应不良。因为初中教师是把知识“掰碎”了讲，而高中教师是提纲挈领地讲，该生听起来有点云里雾里的感觉。三是对高中各科学习方法的适应不良。初中各科的学习是“教师指哪儿打哪儿”，而高中各科的学习更强调自主性、主动性、探究性、综合性、灵活性、思辨性、系统性等，所以该生在高中课堂上总是一头雾水，不知所措。这第三个适应不良的危害最大，如果不能及时察觉、及时改弦易辙，那就很容易“一步跟不上，步步跟不上”。特别值得引起我们注意的，是该生信中最后几个小段的文字，它清楚地反映了这位学生“不会看书”的学习短板。这名学生已经读了13年的书，其间有几十位教师教过他，却没有一位教师能教会他如何读书，这又该是谁之过呢？

从这个案例中，我们可以认识到，高中生的入学适应不良应该从下面三个方面入手解决：

（1）帮助学生健全自我意识，调整自我定位，使其各适其性、各安其所。这包括进入重点高中就读的学生在“高手如林”的新的竞争环境中，如何做出恰当的自我评估和自我期待，以适应新的学习环境对自己提出的挑战；也包括进入普通高中和职业高中就读的学生如何调整原来“高不成低不就”的心态，逐步接纳“适合自己的才是最好的”这样一种价值观念，来适应陌生的高中学习生活。

（2）引导学生在一个新的、充满竞争的人际环境中，学会与人合作，与老师、同学和谐共处的交往技巧，处理好因学习竞争、成绩落差、情感纠葛、自尊水平降低等带来的种种人际矛盾问题。

（3）高度重视元认知辅导。高中生学业困难的根源在于元认知水平跟不上学习难度的提升速度。林崇德认为，智力开发的中心环节是个体的元认知训练。元认知就是对认知自身进行反思的一个知识系统，即对认知的认知。元认知过程实际上就是指导、调节认知过程，选择有效认知策略的控制执行过程，其实质是人对认知活动的自我意识和自我控制。认知过程的有效性如何，在很大程度上取决于元认知过程的运转水平和效益。①

高中新生若要尽快适应高中阶段的学习任务，最重要的就是提升以下六大元认知能力：

1. 学法适应能力

能够在入学后尽可能短的时间内，了解和把握各个学科不同的学习方法，及时完成学习模式的转型，改变过去某些不再适用的学习策略和学习习惯，找到高中阶段学习的特点和规律，并尽快适应，以有效应对高中阶段繁重的学习任务。

2. 自我监控能力

自觉监控课前预习、课堂听课、课后复习、完成作业的效率，洞察自己在学习过程中存在的情绪、情感、意志、责任心、参与度等非智力因素问题。

3. 反思调节能力

能够自我评估学习状态，形成正确归因，引导后续行动。重在反思自己的学习策略，调整学习方法，自觉运用学习的“任务—目标—动力—绩效—评估”机制，提高自己的反馈能力、纠错能力和解决问题能

① 林崇德：《我的心理学观：聚焦思维结构的智力理论》，商务印书馆，2008，第377—381页。

力，及时查漏补缺，提升自己的学习效能感。

4. 时效管理能力

懂得“与其抓紧每一分钟学习，不如抓紧学习的每一分钟”，并能科学规划、自主支配和管理好自己的课余时间和节假日。在充分放松一周紧张疲惫的身心之后，自觉坚守休息日的任务底线时间；同时，又能充分利用“任务时间”的每一分钟，提高其使用效率。

5. 质疑探究能力

要具有好奇心、想象力、创造力和求异思维，因为探究源于好奇，终于创新。在学习过程中能够发现问题、提出问题、质疑问题、分析问题，并能通过搜集相关资料信息以及独立思考来尝试解决问题；在研究问题的过程中能够与人合作、交流、分享成果。

6. 系统整合能力

在学习上具有更强的自主性、创造性和系统性；知道如何使用自己的学习资源，通过分类、归纳、类比、总结，建立整体性的学科知识体系，形成清晰的概念框架结构；能将新的学习材料整合为更大的类属，纳入自己已有的知识信息网络之中；能评估自己的学习效果，弥补学科知识的结构性残缺。

最后要强调的是，无论是初中还是高中，入学适应不良的问题必须在入学后的第一个学期解决。人们常说：“初中三年看头年，头年要看头半年，头半年要看第一个月。”高中时期更是如此。无数案例的沉痛教训告诉我们，无论是初中生还是高中生，厌学情绪大多是从初一或高一的第一学期期末开始产生的，而且之后便可能会“一发而不可收拾”！

第
六
讲

中学生的同伴关系与个体社会化发展

儿童、青少年同伴关系的发展进程有三个重要的时间节点：第一个节点是小学三四年级。这时是儿童出现“观点采择能力”，进而萌生“友谊”的概念，培育“交友能力”，特别是“同性别交往能力”的关键期。第二个节点是13～14岁。这时是青少年从“同性别交往需求”向“异性别交往需求”发展的转折点，同性别学生之间的关系会变得极富攻击性，各种矛盾、纠葛、冲突不断滋生，甚至会使班主任“按下葫芦浮起瓢”，烦不胜烦。第三个节点则是高中一年级后。这时是同伴关系从比较单纯、直露向显现社会交往复杂性过渡的转折点，同伴之间的矛盾会变得比较深层、隐蔽，化解矛盾的难度也大大增加。以上三个时间节点，对于学生的社会化发展的影响是巨大的。本讲侧重谈谈后两个时间节点，即中学生的同伴交往问题及其应对策略。

一、中学生同伴关系的基本特点

总体而言，在整个中学阶段，青少年的友谊会越来越亲密，他们之间会分享更多的内心感受和秘密，他们会越来越看重朋友关系中的忠诚。然而，朋友之间表达亲密和忠诚的能力并不是随着年龄的增长而自然增长的，青少年在人际交往技能上的差异很大，再加上16岁前后高级思维品质的大幅度提升和性生理的完全成熟，所以中学同伴关系的基本特点也在不断发生着变化。这些变化主要表现如下：

1. 从同性别交往转向异性别交往

在青春期早期，同性别交往占主导地位，小团体几乎都是同性别成员，这是青春期以前（小学中、高年级）的模式的延续。逐渐地，同性别的小团体融入更大的群体之中，最终又分解成混性别的小团体。①美国心理学家沙利文认为，在青春期到来之前的两三年间（小学三年级到五年级），个体必须学会同性别交往的“游戏规则”；进入青春期之后，个体又必须学会异性别交往的“游戏规则”。如果这两种交往能力均未能在相应阶段得到及时的发展，个体在20岁前后将可能出现人格问题。沙利文还认为，在青少年早期，青少年对亲密关系（包括同性别交往与异性别交往）的需求逐渐增强，这就促使他们去寻找亲密朋友。如果青少年未能获得亲密的友谊，他们就会感到痛苦、孤独，自我价值感也会降低。②

沙利文的结论是，青少年建立并维持亲密关系的能力，是在青春期之前开始培养的，而且是在同性关系而非异性关系的环境中培养出来的。只有到了青春期，性冲动和性欲望融入青少年的亲密关系需要中，青少年在人际关系中的关注点才转向与异性的亲密关系。青少年在青春期中所要面对的一个主要挑战，就是如何从前青春期的那种与性无关的、同性间的亲密友谊，过渡到青春期晚期的那种与性有关的、异性间的亲密友谊。③

2. 从“小圈子”交往转向“一对一”交往

中学生在交往中会形成一个一个的“小圈子”，这是让许多班主任深感焦虑的问题。其实，这属于青少年同伴交往的必由之路，成年人大可不必为此感到担忧。美国心理学家布朗将这种“小圈子”称作“认同刻板

---

① 丹尼斯·博伊德、海伦·比：《发展心理学：孩子的成长》，第374页。

② 约翰·桑特洛克：《青少年心理学（第11版）》，寇彧等译，人民邮电出版社，2013，第354页。

③ 劳伦斯·斯滕伯格：《青春期：青少年的心理发展和健康成长（第7版）》，戴俊毅译，上海社会科学院出版社，2007，第416页。

印象”。美国心理学家丹尼斯认为，将别人和自己分类归属在一个或更多的派别中，可以帮助青少年创建和加强自身的同一性。这种标签可以帮助青少年更容易认出潜在的朋友或有敌意的人。[①] 经过了初中的第一年和高中的第一年，中学生交往的“小圈子”会在不断的变化中分化出越来越多的独特群体。但是，到了高中后半段，情况就会发生变化，相对于小团体和群集，“一对一”互动中的友谊与亲密关系逐渐成为中学生社会互动的中心。

那么，什么是中学生“一对一”的亲密关系呢？美国心理学家斯滕伯格认为，它是指两个人之间情感上的依恋。它的特征是彼此关心对方的身体健康和幸福；愿意同对方谈论私人的，有时甚至是敏感的话题；拥有共同的兴趣，并会参与共同的活动。一般而言，亲密关系首先是在同性别的友谊中发展起来的，只有到了青春期晚期，才会在异性之间构建起情感上的亲密联系。亲密关系不等于恋爱关系或性关系，认识到这一点是非常重要的。作为教师和家长，如果能谨慎地区分中学生的“亲密关系”与“恋爱关系”，就可以减少对学生社会交往现象的误判，而会将其理解为中学生同伴交往在高中这一特定阶段的发展性表现。

3. 从显性的人际冲突转向隐性的人际冲突

中学生的同伴关系不仅会有友谊，也会有矛盾、冲突，甚至是欺负、攻击。而如何应对和处理各种形式的欺负和攻击，提高自己化解矛盾、冲突的能力，也就成了中学生社会化发展的必修课。

中学生同伴间的矛盾或冲突也有一个发展变化的过程。在初中阶段，同伴间的矛盾、冲突呈现明显的群体化特点，而且会有“大姐大”“大哥大”作为主导人物，而攻击、欺负的方式以直接的语言霸凌为主，其次则是肢体冲突、敲诈、勒索等。高中阶段的攻击、欺负往往是间接的，并以散布流言蜚语，特别是网络流言为主；而在学业水平偏低的同伴之间，则会延续初中阶段的模式，表现出群体化的攻击、欺负行为。

① 丹尼斯·博伊德、海伦·比：《发展心理学：孩子的成长》，第 374 页。

二、初中生同伴关系的核心是谋求归属感

如果说小学阶段儿童在人际交往中最大的心理驱动力是寻求安全感，那么进入初中阶段，同伴关系中最核心的问题就是谋求归属感。这一判断的理论依据是美国社会心理学家勒温提出的“场域理论”。勒温认为，“青春期时青少年必须更换他们的组织归属性过程”，因为刚刚进入青春期的青少年“部分地从属于孩子群体，又部分地从属于成人群体，而不完全地属于其中的任何一个群体”。因此，青少年内心会有一种模棱两可、左右为难的感觉：“幼稚的行为不再适合青少年，同时成人的行为又不被允许，或者即便被允许，这些行为对于青少年来说依然是陌生的。”所以，他们处于一种“社会移动”的状态，处于一个不能清晰界定自己群体归属的社会情境中。在这一两难情境中的青少年，被勒温称为“边缘人”。这些青少年“不再属于孩子的社会群体，也不想被当成孩子，但同时他们又不被成人群体所接受”。青少年站在两个群体的分界线上，既不属于这个群体，又不属于那个群体。[①] 所以，初中阶段的青少年迫切地需要从同伴交往中寻找心理上的“安身之地”，以满足自己的归属感。

青少年在处理这么多突如其来的变化时很可能会力不从心，需要其他人的帮助才能克服这个时期的危机。大部分青少年通过努力能够顺利度过这一时期，“但还有相当一部分人则疲于处理遇到的众多问题，他们之间的分化在青春期会越来越大”[②]。这种个体发展的不平衡性会给学校管理带来许多的麻烦和难题，具体包括以下三个方面：

1. 初中一年级同性别同伴关系呈现出复杂的人际冲突

初中一年级是人际关系最复杂的一个时间段。男生之间往往会为了争夺控制权和话语权而发生矛盾，甚至是打群架；女生之间则会因相互

---

① 罗尔夫·E. 缪斯:《青春期理论(第六版)》，周华珍等译，上海社会科学院出版社，2014，第157—159页。

② 黛安娜·帕帕拉、萨莉·奥尔兹、露丝·费尔德曼:《孩子的世界：从婴儿期到青春期(第11版)》，第515页。

嫉妒、传闲话、无端猜疑等，产生许多争斗和排斥行为，个别女生会热衷于散布流言蜚语、讽刺挖苦、打击报复、拉一帮人攻击另一帮人。这些矛盾基本上都发生在同性别之间，异性之间很少发生激烈的冲突。这种情况在初中生里是相当普遍的，它属于一种跨文化（不论地区、种族、宗教、文化）的青少年成长现象。斯滕伯格对此曾有一段精彩的论述：在青春期中期（13～15岁），对于忠诚的关注，以及由于害怕被人拒绝而引发的担忧会变得更为明显，而且可能会暂时超过对内心表达的关注，并且这种情况在女生身上尤为明显。年龄较大的青少年之间的冲突往往是围绕着私密性的问题，而年龄较小的青少年之间的冲突则多是由于公开的无礼举动。在此年龄段，女生开始越来越担心她们与同性别朋友之间的关系，因为她们人际交往的关注点正逐渐过渡到与异性间的关系上。这一过渡有时会使人感到不安，因此，女生之间的交往会更有攻击性。①

2. 霸凌行为在表面平静的校园环境中悄悄滋生

近年来，校园霸凌行为已经引起社会各界的高度关注，这类现象主要发生在初中阶段，并且各个年级都存在。例如，某些学生在校园里经常处于非常弱势的地位，他们打开水、上厕所、排队吃饭、进教室或回寝室，统统会被“大姐大”“大哥大”尾随辱骂，甚至受到大小群体的起哄与攻击；一些学生在学校餐厅里被排斥、孤立，不准他们跟其他同学坐在一起吃饭，以致这些学生不敢或者尽可能少到餐厅吃饭，只能在学校小卖部买零食充饥；一些小男生被“大哥大”敲诈勒索，被迫交“保护费”，稍有不从便会遭到人身攻击和伤害；等等。这些受欺负、凌辱的弱势学生往往会忍气吞声，不敢告诉老师和家长，否则他们会在校内或校外遭到更大的报复。被霸凌的学生长期处在压抑的环境中，会出现明显的抑郁、焦虑症状，如心慌、心痛、胸闷、头晕、失眠、噩梦、厌食等，个别学生会出现自残行为，甚至产生自杀的意念。这些学生身负学

① 劳伦斯·斯滕伯格：《青春期：青少年的心理发展和健康成长（第7版）》，第424—426页。

习压力和人际压力，精神恍惚，上课分心，学习成绩也会明显下降。但正因为“沉默可能导致误解”，所以学校德育部门和班主任往往无法及时察觉真相，即使有所察觉也容易出现误判，认为这里面不存在严重的人际关系危机问题，直至事情发酵成突发校园恶性事件，才会如梦初醒。

3. 微信平台成为初中生谋求同伴群体归属感的重要路径

微信是一种新的人际交流平台，也已成为初中生特别看重的同伴交往渠道。在一个班级的大微信群里，哪个学生受欢迎，发条信息一呼百应；哪个学生不受欢迎，所发信息被边缘化，是一目了然的。更有甚者，有的弱势学生如果不用微信，就会有人说某人不用微信，难道他从人间蒸发了？如果他写点东西，就立刻会有很多人围观，说三道四，甚至在微信上进行人身攻击。至于同伴间的小微信群，也和现实生活中的初中生“小圈子”一样，很难稳定，有进有出。实践证明，初中生非常在意自己是不是能进入一个“朋友圈”并能稳居其中，一旦发现自己被别人“踢”出“朋友圈”，这对该生心理上的打击是非常大的。

初中生面临以上三个同伴交往的难题，说到底，其核心都是一个寻求归属感的成长需求问题；无论是矛盾冲突的哪一方，其实只是表现形式的不同。归属感如此重要的原因之一，就是青少年对自己的不确定和焦虑。他们缺少清晰确定的人格和可靠整合的同一性，所以他们需要朋友在身边，从这些朋友身上获得力量。教师若能抓住这一核心问题，主动营造健康的人际交往环境和氛围，让“青少年在班级集体中感到被他人（老师和同伴）接纳、重视、融入和激励，并且成为班级生活和活动中重要的一部分”[①]，让每一个学生都能在健康的班级生活中满足自己的归属需要，就可以有效地预防或减少中学生同伴交往中的负面因素。

---

① F. 菲利浦·赖斯、金·盖尔·多金:《青春期：发展、关系和文化（第11版）》，陆洋、林磊、陈菲译，上海人民出版社，2009，第387页。

三、高中生同伴关系的核心是谋求自尊感

许多研究都已经发现青少年友谊的质量和稳定性都与个体的自尊感相关，高中阶段尤为如此。处于后青春期的高中生，由于思维品质已经基本达到成年人的水平，他们“通过学习特殊技能而获得了社会提供给他们的一些替代反应的途径。这些替代反应一旦产生并降低了原始刺激的强度，就会有固定的趋势，并会在后来的场合中得到应用，结果就是一个挫折情境发生的可能性降低了。伴随着令人满意的、对新刺激的替代目标反应的形成，社会的干预逐渐降低，而挫折水平在最初的飙升之后开始逐渐下降”[①]。此时，他们大多已拥有相对成熟的社会技能，相比初中生而言，人格的独立性也有所增强，因此，会较少体验到孤独，但对个人在他人面前和群体相处中的自尊感却大幅度上升。由此，便使高中阶段同伴关系出现了一些新的变化。

1. 高中生同伴关系的“软肋”是“面子问题”

以高中一年级为例。高一的人际关系涉及很多深层的矛盾，其复杂程度远远超过初中阶段。首先，高一新班级的组成很复杂，新生来自水平各异的生源学校，旧的人际圈子没有打破，新的人际圈子尚未形成；即使在同一个班级里，很快又会分化出上、中、下三个层次，虽说都是精英，但强中还有强中手，一个月后就排出“座次”了；班与班之间的差别也是如此，如果按分数高低分班更是如此，“实验班”的学生都很自豪，普通班的学生就很丧气。因此，班级与班级之间、优等生与学困生之间，稍不留意就会“擦枪走火”。另外，寝室里各个室友的性格、习惯各异，早起的与晚睡的、勤奋的与懒散的、讲卫生的与不拘小节的……朝夕相处中，形成种种矛盾冲突，人际关系就显得异常复杂；再加上还有班级内外异性同学之间的微妙关系——明恋的、暗恋的、失恋的、陷入三角恋的等，都增加了高中生同伴关系的应对难度。但如果仔细观察分析，

① 约翰·多拉德、伦纳德·W. 杜布、尼尔·E. 米勒、奥瓦尔·莫瑞尔、罗伯特·R. 西尔斯：《挫折与攻击》，邢雷雷译，中国人民大学出版社，2018，第86页。

就不难发现，进入高中的学生最敏感的问题早已不是朋友的多少，而是自己的“面子”是否受到了伤害。他们不在意自己朋友圈子的大小，甚至更喜欢“少而精”的“一对一”交往，但他们会在任何场合毫不犹豫地维护自己的面子和尊严。

2. 偏高的自尊心水准遭遇到偏低的情绪自控能力

正因为高中生非常看重自己的面子和尊严，所以他们会变得非常敏感，很多时候的同伴矛盾甚至只是出于对他人冷漠态度的猜疑。值得注意的是，在这种自尊心水准高涨的同时，高中生大脑中负责理性调控的前额叶却还远未达到完全成熟的水准。因此，当外部刺激因素的介入超越某个阈限时，激烈的人际冲突或高危事件便会爆发出来，这种情况在中等职业学校里较常见。

但是，在多数情况下，高中生（特别是重点高中的学生）的同伴矛盾还是会采用间接攻击的形式来表现。研究发现，与采用打骂、羞辱和嘲弄等直接欺负形式的攻击者不同，那些采用挑拨离间、社会排斥、拼凑网络“水军”等间接攻击形式的高中生，在学业表现上并不差甚至还有较好的表现，因此很容易被教师所忽略或包容。这是因为间接攻击是借助第三方对他人实施的行为，它客观上要求当事人具有较高的心理成熟水平，特别是较强的认知和操纵他人心理状态的能力及较强的人际关系技巧。所以，这些学生相应地也具有较高的学业水平。这一点往往是教师在处理高中生矛盾冲突的过程中会被假象所蒙蔽、形成“误判”的重要原因。

3. 由高考改革的“选课走班”制带来的同伴关系新矛盾

在许多地区，新高考“七选三”和“选课走班”制改革已经全面铺开，但随之也产生了一些以往未见的高中生同伴交往新问题。比如，一旦进入“选课走班”程序，高一年级原有的行政班建制即被打破，由于各种不可预见性因素的影响，一些学业水平悬殊的学生“无可奈何”地被分配到了某个“七选三”学科的班级里；在某些“选科班”里，甚至出现了“多数人不想学习、少数人无法学习”的局面。由于班风涣散，班级管理难度很大，加上任课教师因焦虑对学困生批评过多，许多学困生

"抱团"攻击班级里少数"出挑"的优等生，讽刺挖苦，排斥孤立，结果导致优等生与学困生对自尊感的共同需求"两败俱伤"。

4. 因小学、初中"唯智主义"教育模式带来的社会交往水平偏低

近年来，不少高中班主任和心理教师反映：受九年义务教育阶段"片面追求升学率"理念的深刻影响，许多儿童青少年在小学和初中阶段，在克服自我中心意识、增进观点采择能力、建立友谊和化解同伴矛盾的社会化进程中发展受阻，导致他们进入高中后，在处理人际关系方面显得非常幼稚、脆弱、无能或者是走极端，与他们的实际年龄本应达到的社会化水平相去甚远，这种成长中的"巨婴"现象令人吃惊，也发人深省。

四、促进中学生同伴交往的关键在于构建心理支持系统

前文说到，中学生同伴交往的实质性需求是满足个体的安全感、归属感和自尊感。一旦这些需求能够得到正向的关注和满足，中学生的同伴交往水平便会得到明显的提升。而要做到这一点，关键是通过学校、家庭、社会的共同努力，为青少年构建一个心理支持系统，提供一个社会化发展的"安全基地"。

（1）学校必须高度重视心理辅导课对学生社会化发展的重要意义，要保证相应的课时，通过心理辅导课或者心理班会课对学生进行同伴交往的社会技能训练。

（2）班主任要加强班集体建设，制订班级建设目标，确立班级规范，认真整肃班风，提升班级凝聚力，营造团体归属感，让健康的归属感导向安全、和谐的班级氛围。要强有力地树立正气，制止各种形式的人际攻击言行，旗帜鲜明地引导班级正能量。对班级中的欺负现象必须持"零容忍"的态度，对无辜受到欺负的学生要给予心灵上的理解、抚慰和支持。

（3）家庭是中学生社会化发展的发源地。父母应该成为帮助中学生获得社交技能的搭档，当好进行社交训练、管控同伴矛盾的教练，并为

子女的同伴交往提供机会。

（4）对学业表现不佳的中学生及其“小圈子”成员，教师应表达足够的理解和尊重。不管他们有怎样的学习困难和行为异常，教师都应该在班级中给他们一个真正的位置，绝不歧视和排斥。而教师对这些学生的理解和尊重，是一种最有说服力的社会化发展水平的示范。

第七讲

“青春期烦恼”的来龙去脉及其应对

“哪个少男不钟情，哪个少女不怀春？”这是歌德自传体小说《少年维特之烦恼》中一句广为流传的名言。青少年春情萌动的年龄段，便是人们常说的“青春期”。“青春期”异性交往引发的情感互动，犹如一条起伏平缓、渐行渐阔的情感之河、欲望之河，有它的“上游”“中游”和“下游”。其中，在性驱力促发下，少男少女们既想入非非、跃跃欲试，又犹豫彷徨、伤感忧虑，水面落差较大、最动荡不安的“中游河段”，大约在初中三年之间，我们称之为“青春中期”[①]；在此前时隐时现的涓涓溪流，经过曲曲折折，渐入河道的“上游河段”，便是小学四至六年级的“青春前期”，又称为“青少年早期”[②]；而在初中后的高中三年里，这条情感欲望之河的河道渐宽、流量增大而流速趋于平稳，进入“下游河段”，这便是异性交往情感较为深沉、逐渐走向成熟的“青春后期”了。青少年在这样一条情感欲望之河中要漂游七八年之久，必定会有一些人因“不习水性”而沉浮于“激流险滩”，甚至陷入“漩涡”而无法挣脱，此时，便会引来两岸成年人一片惊呼，说这些孩子“早恋”了！其实，“早恋”这个概念是不准确的，因为没有一个普遍适用的标准来判断这些孩子是不是真的在“恋”，或者“恋”的时机是不是确实“早”。所以，本讲

① 詹姆斯·罗斯：《青春中期》，程文红主译，人民卫生出版社，2011，第4页。

② 米迪思·肖威尔：《青春前期》，王振、马婷婷译，人民卫生出版社，2011，第41页。

在论及这一问题时，视叙述语境的不同，分别采用了“青春期烦恼”或“青春恋”的概念。

那么，这样一条长长的情感欲望之河，它的发源地在何处呢？

一、婴幼儿期：寻求快乐的欲望小溪与生俱来

少男少女“青春期烦恼”的生理性成因是性的渐趋成熟。而弗洛伊德在谈到人类性问题时，曾特别指出性的源头始于婴儿期。100多年前，当这个观点在《性学三论》中初次公开时，舆论一片哗然，这使弗洛伊德成了“世界上最不受欢迎的人”[①]。但是，100多年之后，现代生理学、心理学和医学的发展，证明了弗洛伊德的观点是正确的。所以，美国性学家金赛认为，发现婴儿有性欲，是弗洛伊德对人类的一个伟大的贡献。

1. 婴儿期的性活动是与生俱来的

孩子们有他们的性活动。这句话在以前可能会引起轩然大波，但在现在这个时代已没有人会反对：孩子们会有性冲动，会寻找性的满足。现代医学仪器已经获取了男性胎儿在6个月左右阴茎勃起的超声波动态影像资料，证明胎儿发生性兴奋远远比人们想象的要早；而女婴出生后几个小时即可观察到阴道湿润的现象，男婴出生后的阴茎勃起现象在排尿时更常见。1岁后的整个幼儿期，无论是男孩还是女孩，都会出现不自主的性兴奋，包括自己玩弄生殖器、向其他儿童暴露并相互抚摸生殖器等等。

很多婴幼儿则会通过吸吮手指来获取快感。弗洛伊德对此分析说：“从吮吸指头或这种‘为愉快而吸吮’的活动中，我们看清了幼儿期性表现的三大特征：它的来源同身体中维持生命不可缺少的寻食功能密切相关；它尚不知有性的对象，是一种‘自体享乐’；它的性目的受快感区

① 让－米歇尔·奎诺多：《读懂弗洛伊德》，陆泉枝译，上海译文出版社，2016，第91—92页。

的直接控制。我们相信，这些特征也通用于其他幼儿期的性行动活动。”[①]

金赛等人的调查数据证明：弗洛伊德提出的人类从婴儿期开始就有性活动的理论，是有据可查的。金赛认为，“精神分析学者强调婴幼儿时期的性发育及其性能力，或者强调其所受的压抑，认为这是形成成人性行为模式和整个人格的许多特点的最初源泉，无疑是正确的”[②]。

2. 俄狄浦斯情结是“青春期烦恼”的原型

在4～6岁，所有的幼儿都会经历俄狄浦斯情结的冲突纠缠。关于这个问题，我在第二讲中已有论述，此处不再展开。这里只是要补充一个重要的观点，即法国精神分析学家纳索所说的“小男孩、小女孩在他们成年之后，所有一切亲身经历的爱恋关系，都是通过俄狄浦斯情结在这个5岁时的过去经历作为原型变化而来”。纳索认为，人类生物的存在是爱的存在、欲望的存在、害怕的存在以及恨的存在。为什么会既爱又恨呢？“因为对其之所爱，亦对其之所欲，所以不可避免地，在这个他者之处出现失望和沮丧。”[③] 而青少年在经历“青春期烦恼”的过程中，对于这种既爱又恨的矛盾冲突，体验都是极为深刻的。其实，这种复杂而纠结的感受，不过是他们4～6岁俄狄浦斯情结的原型再现。弗洛伊德发现，俄狄浦斯情结在儿童的性发育阶段出现，在个体心理生活的性特征构建中发挥着中心组织者的角色。[④]

二、青春前期：欲望溪流汇入狭窄的河床

青春前期指11～12岁，是童年期向青春期转变的过渡阶段。在这之前，即7～10岁，儿童性活动的走势进入了一个“潜伏期”。弗洛伊德认为，在这段完全的或部分的潜伏期内，精神力量的发展开始抑制性

---

① 弗洛伊德：《性学与爱情心理学》，罗生译，百花洲文艺出版社，1996，第57页。

② 阿尔弗雷德·C. 金赛：《金赛性学报告》，潘绥铭译，海南出版社，2007，第43页。

③ 简－大卫·纳索：《俄狄浦斯情结：精神分析最关键的概念》，张源译，中国轻工业出版社，2017，中文版序言。

④ 让－米歇尔·奎诺多：《读懂弗洛伊德》，第102页。

活跃，它就像一道河堤，引导性走向狭窄的河床。[①]

1. “潜伏期”之说有争议，但“环境抑制”是客观的

对于弗洛伊德提出的“潜伏期”理论，学界认为没有充分的研究数据可以证明。但在小学入学后的第一年里，对于孩子来说，和老师同学保持一致并适应社会环境的要求是最重要的，班级里仿佛有一种很强的压力要孩子们这样去做。所以，“对与性有关事物的兴趣开始减退或潜伏起来，这样，在 11～12 岁青春期到来之前，孩子们就能有几年的时间去关注其他的事情”[②]。若是这样去理解“潜伏期”之说，可能是比较客观的，欲望之溪也确实愈流愈窄，甚至潜入了地下。

2. “过渡期”性心理的关注重点，实质在同性之间

从小学四年级开始，我们很容易发现，男生女生在异性同学面前似乎突然变得兴奋和活跃起来。于是，很多教师和家长就认为这是“性发育提前”，要赶紧加强青春期教育，否则就要出问题了。其实，这是一种误解和误判。美国心理学会第一任主席、被誉为“青春期心理学之父”的斯坦利·霍尔早就指出：“性别差异来得最突然、表现得最明显的时期，就是青春期了，也就是 10 岁刚出头的那几年。关于这段时期，我们已经在世界范围内达成了共识：男孩和女孩会经历一段暂时性的分道扬镳，并沿着各自的轨迹走过这段最关键的人生旅程。这段旅程至少需要持续数年时间，直到他们的心理和生理在经过一段剧烈的骚动和不安之后，迎来了各项机能的成熟。[③]”我们只要稍微留意一下，就会发现，在小学中、高年级，率先扰动和打破男女生之间平静水面的，主要是那几个最早进入青春期的女孩子。而到了小学六年级时，她们对异性的关注就会转移到比自己稍微年长、已进入青春期发育阶段的男孩子身上。

研究表明，处于青春前期的小学生，无论男女都会有不少时间在关

① 弗洛伊德：《性学与爱情心理学》，第 53 页。

② 莱斯利·马洛尼：《理解孩子：4—5 岁》，黄秀琴译，人民卫生出版社，2012，第 43 页。

③ 斯坦利·霍尔：《青春期：青少年的教育、养成和健康》，凌春秀译，人民邮电出版社，2015，第 279 页。

注着异性同学，但真正和异性在一起的时间却明显要少得多。这个年龄段的孩子对于性的兴趣主要集中在自身和同性之间。他们对于自己性器官的发育充满了好奇、担忧和不安。为此，他们在同性别同伴间私下打听、探讨有关性发育的知识，甚至出现与同性别同伴之间的性接触，但一切只限于安抚自己那颗不踏实的心。只有极少数的案例，会由此播下同性恋性取向的种子。

正因为如此，美国心理学家珍妮特·S. 海德在《人类的性存在》中指出：在青春期前期，儿童就拥有了一个实际上由同性组成的社会群体，儿童的社会化主要是和他们的同性成员一起完成的。[①]

三、青春中期："多恼河之波"涟漪四起、动荡不定

"小小少年，很少烦恼；/ 眼望四周阳光照，但愿永远这样好。/ 一年一年时间飞跑，小小少年在长高；/ 随着年岁由小变大，他的烦恼增加了。"这是继歌德之后，德国那位有名的"英俊少年"为全球少男少女唱出的心声。我们用罗马尼亚电影《多瑙河之波》的片名，来形容青春期男女初中生的这一"多事之秋"，倒是蛮合适的。如果具体分析一下，他们的"青春期烦恼"又大致表现出以下三个特点：

1. 渴望接触偏故作疏远，反向形成却难掩焦虑

这一特点突出地表现在初一年级。比如，初一学生在异性面前已经变得比较躁动、比较张扬，无论男孩女孩，都喜欢在异性面前大声尖叫、嘻嘻哈哈、推来搡去、追追打打。他们喜欢给同性别的同伴"配对儿"，今天说你跟她是"一对儿"，明天说他跟你是"一对儿"；其实，给别人"配对儿"的目的，是让别人也给自己"配对儿"，这在精神分析里叫作"愿望的投射"。再比如说，有些男孩或女孩专门追着某个异性同学，叫骂不断，似乎与其势不两立；其实，这个被骂的异性同学恰恰是叫骂者心仪的对象，这在精神分析里叫作"反向形成"。还有的男生尝试在

① 珍妮特·S. 海德、约翰·D. 德拉马特：《人类的性存在（第 8 版）》，第 307 页。

肢体上接触女性同学，但自己还没胆量直接去碰撞，于是就把别的男生推到女生身上去，其真实的目的也是让被推的男生反过来把自己推到女生身上去，这同样是一种“反向形成”。所有这些张扬的行为，恰恰反映了这个年龄段的少男少女极其渴望接触异性，却又不知如何与异性相处，从而给自己带来许多不适感和焦虑感。

正如斯滕伯格指出的那样：在青春期早期，当男孩和女孩之间的确有了一些友好往来的时候，他们也往往会通过一种开玩笑的、对立的，甚至是恶作剧的方式，来夸张地表现其中所包含的那一点点彼此吸引或者爱慕的实质，从而使自己对异性的兴趣被嘲笑、戏谑掩盖住了。[①] 此言对少男少女性心理的刻画可谓入木三分！

2. 生理成熟但心理滞后，跃跃欲试又瞻前顾后

到了初二年级，情况就有了质的变化。15 岁左右的青少年不仅全部进入了青春期，而且在性生理的成熟度上已经达到或接近成年人的水平。这主要反映在两个指标上：一是他们性冲动的频率达到或接近成年人水平；二是他们性体验的强度也达到或接近成年人的水平。而另一方面，他们在处理自己生理性冲动时所需要的心理能力却相对薄弱和滞后，再加上学校、社会和家庭对他们的约束，因此，他们内心的焦躁和煎熬恐怕是成年人早已忘却的记忆了。

我不由得想起金赛曾经发出的感叹：“一个人一生的性活动模式，往往在青春期就初步定型了。这不仅因为此期内正值春情初萌，更因为他们在此期内正处于生理能力最旺盛、积极性最高的人生阶段。同时，青春期又是他们解决一系列根本的性问题的时期，例如：学习性的社会交往、形成对性的自我评价和社会评价、择定自己朝异性恋发展还是朝同性恋发展等等。但是，我们的社会对他们的性疑难只是一味管束和惩处，很少去解决他们这些非常现实的问题。他们怎么能有独立个性？他们从这种无所不在的管束与惩处中会学到什么呢？他们只能或者是千人一

① 劳伦斯·斯滕伯格：《青春期：青少年的心理发展和健康成长（第 7 版）》，第 441 页。

面，或者是孤独者。”[1]

3. 想入非非，但性走势却充满不确定性

15 岁前后，青少年的性发育不是一个刹那间的转折，而是一个延续的发育期。“在此期间，性的器官，内分泌的全体系统，和一般的肌体，全都新塑一次。”[2] 在这个进程中，青少年的性兴趣、性认同、性取向、性意象等也都充满了不确定性。有关研究已经证实：同性恋意识始于中学或青少年早期，但直到青少年晚期才自我标识为同性恋者。在许多案例中，青少年的这些与众不同的感觉与迷茫、孤立感及缺少归属感是紧密联系的。这些性取向异常的青少年仍然会面临着来自教师、同伴以及其他社会成员的消极态度，甚至很可能会遭遇到社会排斥。[3] 我亲历的个别辅导案例也表明，有同性恋倾向的男生往往在初中阶段便会表露出来，而有同性恋倾向的女生往往要到高中阶段才浮出水面；但无论男生还是女生，对同性恋感兴趣基本上都是从初中开始的。有的青少年仅仅是因为和家长、老师赌气而渐入此道。他们说：“你们不是不让我和女孩子好吗？那我跟男孩子好总可以了吧？”等到家长、老师觉察到此言真正的含义时，这些学生早已陷得很深了。当然，同性恋倾向本身不应列入性心理障碍的范围，它给当事人带来的最大困惑是被主流社会和同伴群体边缘化。

四、青春后期：激情依恋之河深沉而多险

青春后期和青春中期的青少年完全是两回事。青春中期意味着新的诞生，彻底告别童年，个体开始了一种新的存在。不过，这种变化必定带来混沌和混乱，个体需在无序中经过痛苦的挣扎、茫然的徘徊、忍痛

---

① 阿尔弗雷德·C. 金赛：《金赛性学报告》，第 58 页。

② 勃洛尼斯拉夫·马林诺夫斯基：《两性社会学：母系社会与父系社会之比较》，李安宅译，上海人民出版社，2003，第 58 页。

③ 纽曼等：《发展心理学：上册（第八版）》，白学军等译，陕西师范大学出版社，2005，第 347—348 页。

的割舍，方能渐渐看清方向，走向比较成熟的青春后期，进入一个充满年青人的爱慕和真正友谊的狂热阶段，而这已是17岁前后的事情了。

1. 异性友情与“青春恋”交错，亲密感与孤独感并存

高中是一个充满新的情感关系的时期。过去的关系松懈了，过去的爱消退了，和父母的联结松懈了，原生家庭之外的陌生人开始走进心灵。此时的青少年第一次出现了同可能的爱恋对象打交道的兴趣。在这一阶段中，青少年将他们的自我概念拓展到把自己看作另一个异性“可能的恋人”，他们与异性的交往活动是围绕着自身的想象展开的，而且往往是由一厢情愿的冲动而引发的。当然，情感的体验可能会比青春中期深刻，甚至是深沉，但真正的恋爱关系并非一定能形成，因此，我们称之为“青春期恋情”，或者叫“青春恋”。

青春后期是最初的个体化的阶段，最初的真正负责任的独立阶段。此时，高中生有一种强烈的脱离原生家庭、走向独立人生的愿望，但他们同时又体验到一种个体化过程的孤独感所带来的令自己感到陌生而可怕的痛苦。尽管这个过程如此让人矛盾纠结，高中生还是会执着地去寻找异性的“那一个”，并试图建立更亲密的“一对一”的关系。否则，他在周围的同龄人群体中会感到非常没有“面子”。换句话说，即便一个高中生并不愿因为陷入“青春恋”的旋涡而影响自己的前程，也必须在众人面前显示有一个异性“知己”。这一点往往会让他们的家长或老师产生错觉和误判。

而对于一些学业上严重受挫的高中生而言，谋求建立同异性之间真正而有意义的依恋关系也成了他们逃避失败痛苦的“主渠道”，异性“知己”成了他们激情的源泉和全情投入的对象。他们开始思考如何去长期维持和培育他们之间的这份浪漫的依恋关系，尽管这种依恋关系并不牢靠，但他们自认为“我是认真的”，因为这是他们当下最重要的精神支柱。

2. 杏仁核与前额叶相互争斗，情感与理智难分难解

当前，高中生在处理青春期恋情方面一个不可回避的问题，就是性行为的隐蔽性和冒险性。据我在一线接触个案了解到的情况，高中生在校期间性行为发生率虽无可靠的数据统计，但从学生反馈的信息来看，这一比例是呈上升趋势的。这种现象在学生中几乎是公开的秘密，只是瞒着家长和班主任。究其原因，是高中生虽然已经有了一定的情感控制能力，但他们的前额叶皮层还没有充分发育到能使他们控制这些情感的程度，这就好像他们的大脑中缺少了一道阻碍情绪之河的大坝一样。或者也可以这样来解释青少年情感和认知的发展："一个技术不熟练的司机过早地发动了一台配备涡轮增压发动机的汽车，他的认知能力不足以控制这样强烈的情感和刺激。"大脑边缘系统在青春期发生的改变会导致青少年需要更高水平的刺激来体验乐趣，而发育相对缓慢的前额叶皮层（25 岁左右才基本发育成熟）使得青少年缺乏足够的认知能力来有效地控制这种享乐行为。这种发育上的脱节，可能就是青少年出现冒险行为和其他一些问题的原因。①

五、应对青少年"青春期烦恼"或"青春恋"的主要策略

我们理清了"青春期烦恼"或"青春恋"的来龙去脉，那么，应该如何来应对青少年成长过程中遇到的这些曲曲折折和沟沟坎坎呢？总的思路是发展性的问题必须以预防为主。

1. 第一道防线：分阶段、分层次、有区别的性教育

斯滕伯格认为，性教育课程要早开，在青少年进入性活跃期之前，就要给他们这方面的教育，包括对性、怀孕、避孕的认识，如何对性行为说"不"，如何在异性交往中坚持自己的主张，等等。②

问题在于：何为"早开"？又如何分阶段、分层次、有区别地开展性教育？这里，在学习发达国家经验的同时，必须注意到我国的具体国情。

① 约翰·桑特洛克：《青少年心理学（第 11 版）》，第 94 页。

② 劳伦斯·斯滕伯格：《青春期：青少年的心理发展和健康成长（第 7 版）》，第 505—506 页。

近十多年来，我国卫生系统的有关部门从西方发达国家引进了性教育课程，从小学一年级（甚至从幼儿园）开始就对孩子们进行图文并茂、形象生动的男女生殖器与性行为的常识教育，并在一些试点学校或地区发行教材、大力推进。作为一种性教育实验，我们应对此表示尊重。但同样是性教育，是从“防病”的角度来设计，还是从青少年成长发展规律的角度来设计，恐怕会有完全不同的构想和结果。

在美国，青少年容易受到媒体中的浪漫爱情和性描述的诱惑。父母鼓励男女生之间的接触，性教育主要集中在性的各种危险和保护青少年女性免遭男性的侵害方面，这与其他西方国家的对比是很明显的。例如，在性教育方面，瑞典国家委员会希望学生用获取的性知识帮助他们体验性生活，并以此作为幸福和亲密情感的来源。瑞典青少年比美国青少年更早开始性活动，而且他们在电视上也接触到更多的性节目。瑞典教育部门已经为每个孩子设计出一套课程，从 7 岁开始该课程便为孩子讲授生殖生理学的全部基础知识，到 10 岁或 12 岁时会为他们讲授各种避孕方式。该课程的理念是，让性对于青少年来说不再那么神秘，让他们真正地了解性，从而减少意外怀孕和性传播疾病。①

西方（特别是瑞典等国）的性教育是在西方世界独特文化背景下展开的，和我国的文化传统和具体国情相去甚远。即使在美国，一项调查也发现，93% 的美国人支持在高中开设性教育课程，84% 的美国人支持在初级中学开设性教育课程。而且，“应该把更多精力放在如何促进青少年节制自己的性活动上”。②

所以，我主张适合中国国情的性教育，不能违背孩子的成长规律。简要来说，包括：

（1）在幼儿阶段，重在理解孩子的俄狄浦斯情结，把握好父母与孩子接触时的分寸感，帮助孩子顺其自然地度过这一危机时期，而不必过早激活孩子的性意识。

① 约翰·桑特洛克：《青少年心理学（第 11 版）》，第 256—258 页。
② 同上书，第 256—257 页。

（2）在小学低年级，要承认入学后环境压力对儿童带来的“欲望抑制”，帮助他们集中精力适应学校的学习生活，而毫无必要人为地通过极富刺激性的卡通形象去勾起孩子们的性好奇心。在这方面，可以对照我国台湾地区对小学一至四年级学生的性教育是观察蝌蚪和鸡蛋孵化的过程进行反思。

（3）在小学高年级，性教育的重点对象是发育较早的女孩子；性教育内容主要是理解女生的生理现象，加强性的自我保护意识和能力；性教育形式主要是小团体辅导，成熟一批，教育一批；尽管有些男孩女孩行为乖张，但总体而言，没有必要过分夸大“性发育提前”对异性交往造成的危机感；更无须草木皆兵，把初中的性教育内容盲目下放到小学阶段。要特别指出，青春前期是男孩、女孩对性展开自我探索的重要时期；现在网络信息如此发达，绝大部分的性知识传播都是科学的，孩子们在性的自我探索期自然会接触到这些内容；同性别同伴的交流更是他们获取性知识的重要渠道。新课程改革的重要理念是“自主探索”，而我们成年人却习惯于在小学性教育过程中大搞“注入式”，岂非咄咄怪事？

（4）在初中阶段，正值男女青少年普遍进入青春中期，应系统、科学、有序地开展性生理、性别心理的教育。[①] 由于这个年龄段的初中生在高级思维水平的发展方面尚未完全成熟，因此，教育和辅导的重点应放在异性交往的行为准则和不踩底线上；同时，应兼顾价值观澄清，重在分辨异性交往关系的“美”与“丑”即可，无须做过多的理性探讨，因为没有思维发展基础的说教必定是苍白的。

（5）在高中阶段，根据学生的年龄特点，青春后期的性教育主题设计，除了增加避孕知识和艾滋病防病知识外，必须立足于价值观的辨析和建构，重在帮助学生树立起正确的爱情观、择偶观、婚姻观、家庭观、幸福观、责任观和正向积极的人生观，进而对他们在今后的人生道路上如何处理好异性关系和恋爱婚姻等问题产生深远的影响。

① 江汉声、晏涵文:《性教育》，中国青年出版社，2004，第 305—306 页。

2. 第二道防线：应对“青春恋”个案的12字方针

对于已经陷入“青春恋”的学生，可采取“不反对、不支持，先理解、后引导”的12字方针。

首先，为什么“不反对”？因为“反对无效”；不仅如此，反对还会关闭我们和当事人沟通的大门。“不反对”并不等于“同意”。“不反对”是指不用粗暴、强硬的态度去横加干涉。

其次，为什么“不支持”？说到“不支持”，则是因为毕竟孩子是成长中的个体，对很多问题的认识是片面的。他们自认为对爱情、婚姻、家庭了解很多，实际上，他们还是缺乏一些深层次的探讨，也缺少社会的历练，他们对婚姻、恋爱的认识往往是太过理想化的。所以，不能支持他们，而应该持有一个价值中立的态度。孩子的问题是他个人的问题，青春期恋情是他的情感问题，我们要对他的那份情感给予尊重、理解。因为这种情感是非常宝贵的，如果横加干涉，会很伤孩子的心。所以，“不反对、不支持”的态度，实际上就是一种尊重和理解的态度。

最后，就是“先理解、后引导”。为什么要“先理解、后引导”？因为若不理解青少年“青春期烦恼”的来龙去脉，应对“青春恋”的引导只能是“对牛弹琴，牛不入耳”。现在一些家长的“引导”通常就是“说教”，家长讲的一些大道理并不是实际意义上的引导。引导一定要看时机、看场合、看对象，当对方的情绪和你正处于对立之中，你讲什么都是无效的。

那么，怎么引导呢？应该说没有一定之规，只能“贴着来访者的思路走”，具体情况具体应对，不能操之过急。有一些引导是应该不露痕迹的。例如，在餐桌上的家庭谈话，父亲、母亲可以交流一些对社会上或者电视剧里的婚姻失败的看法，表面上是夫妻间的交流，实际上是让孩子在听谈话的过程中受到影响，这就是一种引导的方式。而如果是高中生的“青春恋”，则起码要经过连续8～10个月的会谈跟进，才有可能见成效，而且也有可能是基本无效的。所以，还是强调“预防为主”。

第

八

讲

中学生学业挫败引发的“逃跑反应”及其预防

初二和高二这两个阶段，是中学生发展过程中大动荡、大分化的阶段，学生学业成绩的两极分化现象极为普遍。以初二年级为例，“认真读书”的学生和“混日子”的学生的比例，在农村中学大致为 1∶3，在城市普通中学大致为 2∶2。虽说地区与地区之间、学校与学校之间有许多差异，但除了重点中学、民办精英学校之外，情况基本类似。

中学阶段出现两极分化在国外也并不少见。美国社会心理学家格塞就指出，“在初中，人们看到了学生学习动机的真正坍塌：认为初中学习‘有趣’‘吸引人’或单单‘对自己的未来有用’的初中生比例相应降低了 25% ～ 30%。学生学习动机的消退与他们的一些感受和情绪有关，他们觉得家庭对自己的支持少了很多，并感觉所接受的教育没有什么结构性，教师没有时间帮助学生组织学习以使最差的学生进步，学生也许感到自己成功的机会客观上减少了。而且，很多学生把自己描绘成为学习‘焦头烂额’，不能‘处理好偶然的事情’，这导致他们紧张度加大，强化了其萎靡不振和自暴自弃的态度”[①]。这说明，中学生学业分化是一种相当普遍的客观事实，只不过这种两极分化导致的学业挫败人群及其引发的心理反应和社会问题在我国显得格外突出。

① 玛丽・杜里 - 柏拉、阿涅斯・冯・让丹：《学校社会学（第 2 版）》，汪凌译，华东师范大学出版社，2001，第 193 页。

一、中学生学业两极分化的主要成因

1. 中学生思维发展水平的个体差异拉大

第一个原因是，14～17岁的中学生思维发展进入了第三个高峰期，这是智力发展的最后关键一跳，但同时，学生个体发展的差异性也在明显增大。14岁左右的青少年，思维的品质在大幅提升，思维的批判性、辩证性、创造性、空间性都上升到了一个新的高度；到了17岁前后，高中生的思维品质已经接近或达到成年人的水平，即具有了成熟的思维品质。青少年思维发展的这一高峰，就是俗话常说的“开窍”。但是，个体有差异，开窍有早晚，男女有区别，因而发展是不同步的，而这就会带来学业上的差异。

就性别而言，“开窍”的早晚是与性的发育成熟同步的。女生性成熟比较早，故女生在智力上的“开窍”也比较早，小学六年级时就达到了高峰，所以在小学，女生的学业表现往往比较突出。就男生而言，也有个体差异。有些男生到了初三，还是“嘴上没毛、办事不牢”，讲话奶声奶气，大错不犯，小错不断；一挨批评，马上回答：是！一转身，马上又变了。这样的孩子，常常让人觉得既可气又可爱，而老师往往是气不得、恼不得、恨不得。许多这样的小男生到了初二或初三，自己稀里糊涂地就掉到学困生的圈子里了。

2. 现行教育体制导致学困生层层叠加

第二个原因是，当前的教育体制并没有真正按照教学规律来推动学生的学业发展。只要认真检讨我们的工作，就会发现，我们并没有按照真正的教学规律办事，其中最典型的一个问题，就是我们把大量的学困生积压到了同一个“仓库”里。一般来说，小学一二年级的学业水平基本没有太大的差异，分化是从小学三四年级开始出现的。由于小学三四年级是思维发展的加速期，一些抽象思维能力发展滞后的学生可能会慢慢掉队。一开始，这种分化面还比较小，但如果不及时采取措施加以补救，被分化的学生面临的困难就会越来越大，每一年新增加的学困生也会越来越多。

美国心理学家布卢姆认为，就现行教材而言，95 % 以上的学生都是可以学好的，只不过每一个学生学好这些教材所需要的时间多少不一。比如，你才学一年，你的平面几何就考 95 分，而我学一年，只考了 55 分；但如果再给我一年的时间重读，明年这个时候，我可能同样可以考 95 分。不是我学不好，只是个体差异使我需要的时间多一些。布卢姆通过研究坚信：学生学习成绩的差异不在于他们掌握学习内容的能力，而在于学习的速度。如果教材设计适当，教师能够一视同仁，能够根据学生的特点给予他们所需要的帮助和必要的时间，那么一人能学会的，几乎人人都能学会。①

按照布卢姆的研究结论，假如小学三年级一个班有 50 个学生，到学年结束时，学困生的比例一般占 5%～10%，也就是可能有 5 个学生跟不上。如果允许他们留一级，"原地踏步"一年后，他们都可以成为合格的学生。但是，我们的教育体制却是让他们"带病运作"跟班走。那么，到了小学四年级，面对新的学习内容，除了 5 个跟班上来的学困生之外，又会出现 5 个新的学生跟不上，而我们的对策依然是让他们"带病运作"跟班走……直至免试升初中。这样一直推算下去，到了初二，一个班级里的学困生就会叠加累积到 25～30 人了。那么，请试想：一个班 50 个人，30 个是学困生，这个课还怎么上？校长只好分快慢班。分快慢班是一个两难问题：不分，正常的教学进度得不到保障，优等生受拖累，优等生家长纷纷向学校施加压力；分了，大批的"不合格产品"积压到了同一个"仓库"里，心理问题丛生，管理难度加大，学困生家长纷纷投诉。总之，进退两难，但最后的结果不言而喻，真正受害的绝对是大量被负向分化的学困生。

3. 学困生所享有的教育资源极为匮乏

第三个原因是，我们经常说要教育公平，但现实生活中的教育是很难绝对公平的。一旦分了快慢班，那么不管这种学困生高度集中的"慢班"戴着多么鲜亮美丽的花环，事实上他们已被打入了"另册"。因为除

① 李建刚:《现代教学的理论与实践》，山东教育出版社，1993，第 334—335 页。

了极少数的“豪华版”“高配置”的名校之外，在绝大多数学校里，优质的师资是有限的，教学设备、教师心理支持、教学时空条件的优化配置也是有区别的。这样就会出现“强者愈强、弱者愈弱”的“马太效应”，它反映了当前教育界的一种普遍现象，如同经济学领域一样，由于资源的定向倾斜，导致优者愈优、劣者愈劣。

二、中学生学业两极分化引发学困生的“逃跑反应”

上述三个原因导致中学生学业负向分化面日趋增大，相当数量的中学生长期处于严重的挫败感中。试想一下，如果一个学生从小学三四年级开始，学习就处于后进，经常因为完不成作业而受老师的批评，经常因为考试成绩差而受家长的责骂，这种“屋漏偏逢连夜雨”的恶劣处境周而复始，年复一年听到的都是外界对他的否定性评价，这样，孩子读到中学，哪里还有什么自信心？哪里还能有什么“自我概念”的整合呢？这样的青少年最终将以失败者的形象走向社会，然后他就会以各种各样的行为，来表现他在整个成长经历中感受过的种种不满，这是我们现在很多社会问题的重要根源之一。

如果学业挫败只是带来挫败体验，也就罢了，但是人的本性决定了人在挫败面前一定会有应激反应，会有一连串相应的行为表现，因为人性来源于动物的天性。动物在强敌面前，其应激反应都会经历四个阶段，即“战斗反应—逃跑反应—木僵反应—假死反应”。而人在强敌和重大困难面前，其生理机制和心理机制也会沿着这条轨迹做出自动化的反应。

面对学生的学业挫败，我们首先应该相信这些学生曾经战斗过，只不过后来屡战屡败，他们才选择了逃避，这就是“逃跑反应”。但是，学生不是成年人，成年人逃跑还有出路。比如，一位班主任刚入职，就带了个乱班，第二年换一个班还是乱班，第三年还是没有摸到带班的规律，第四年他选择了“跳槽”，去考公务员，结果考上了，前面的失败体验对他不会有太大的影响。但学困生无路可逃，去打工法律上也不允许，于是他只好就这样在教室里面坐着，上课都听不懂，实在是太难受了。他就会想，我得找个地方待着，不能再这样下去了。于是，他找来找去，找到了四条“逃跑反应”的出路。

1. 逃到情感世界里去

比如，学困生张小山考试后拿到成绩单，垂头丧气地往家走，路上碰到同学王小兰。王小兰问：“你考得怎样？”张小山回答：“唉，不行，倒数第一。你呢？”王小兰说：“我也不行，倒数第三。”张小山说：“唉！我很懊恼，我很羞愧，我很无助，我很孤独。”王小兰说：“哎呀！我也很懊恼，我也很羞愧，我也很无助，我也很孤独啊！”两颗孤独的心撞到一起了，擦出了青春恋的火花。于是，世界变得一片明亮，阳光如此灿烂，鲜花如此芬芳，生活如此美好！于是，两人又找到了生活的勇气。当然，中学生谈恋爱的情形比较复杂，但成绩差的学生更容易发生这方面的问题，以此作为逃避痛苦情绪的避风港。

2. 逃到虚拟世界里去

学困生常常听不懂老师讲课的内容，觉得学习毫无乐趣，内心空虚，百无聊赖，于是躲入网络世界，结果沉溺其中不能自拔。有一次，一位初三年级班主任在班会课上让学生写一封给父母的信吐露心迹，一名学困生就给父亲写了下面这样一段话：

> 当同学们都在埋头写“亲爱的爸爸妈妈”时，我犹豫了，我不知道该写些什么。提起这支笔，我意识到自己长大了。每次看到爸爸你那瘦小的身影，我总想对你说，烟要少抽一点，不要经常只喝酒不吃饭，这样对身体不好。你也快50岁了，吃了不少的苦，为两个儿子造好了房子，现在还想培养我成才，以便我能找个好工作来养活自己。但我恨自己怎么这样不争气，在学习上，我总觉得有心无力，信心不足。每次考试对我来说都是一次打击，一次一次的打击使我麻木了、堕落了，电脑、手机成了我的逃避工具。我明知这些是陷阱，但我还是毫不犹豫地跳了进去，越陷越深。现在我也不知道该怎么拯救

自己，我很无助、很迷惘。我不是不想学好，只是缺少一双拉着我走向光明前途的手……

这位学生的父亲打理着一家小企业，没有时间过问儿子的学习。孩子的学习现状让他深感苦恼。家长来访时说，自从儿子网络成瘾之后，成绩就一落千丈。我问家长：“他是成绩一落千丈后网络成瘾的，还是在网络成瘾后成绩一落千丈的？”家长说：“这我还真不知道。”于是我告诉家长，他的孩子告诉我：“老师，你知道我坐在教室里有多难受吗？我坐在那儿一节课又一节课，真是在听‘天书’。周一上七节课，我只听懂了一节，是道德与法治；周二七节课，我只听懂了一节，是体育……这样一天又一天，我实在挨不下去了，我得找个地方去，于是就进了网吧。”

现在，国际心理学界已经把网络成瘾列为世界三大难以治愈的心理疾病之一。对网瘾的干预一定得是一种综合性的干预，因为任何成瘾之疾（酒瘾、赌瘾等），都是大脑某一部位的生化机制发生了改变，所以首选的是药物治疗，以调整其脑部的生化结构；其次是家庭治疗，网络成瘾者背后大多有一个问题家庭；然后是个别辅导，可能需要追寻到他童年的一些经历，比如，没有建立起正常的母子依恋，没有培养起延迟满足的能力等；除此以外，还需辅之以团体辅导、拓展训练、军事训练、文化补习、电脑技术的正向使用等。总之，矫正的难度非常大，矫正后的复发率也非常高。

从教育这个角度看，学困生的网络成瘾主要原因还是他们成长经历中的学业挫败感，网络成了他们逃避痛苦、无助、屈辱的“防空洞”。一些人从初中到高中经历了“学业价值”的突然下降，他们也更难以理解教师的期望，这使他们产生了一种感到自己无能或想要保护自己主体性的退缩态度，因为他们强烈地感到对个人学习活动的评估就像对其本人进行直截了当的评判一样。于是，他们通过表面上的不学习来提防恶劣的评估带来的伤害，这也导致学生产生了强烈的自我贬值感。①

3. 逃到社会同类青少年团伙中去

因为学困生在学校里没有归属感、尊严感、安全感，学业失败使得他们在学校里没有地位、没有伙伴；即使有几个“同病相怜”的学困生一起“抱团取暖”，也会被老师认为是“搞小团伙”，千方百计要将他们拆散。所以，成绩不好、桀骜不驯的学生就变成了“孤家寡人”。我们知道，人是群体动物，如果没有同伴的支持理解和情感上的接纳，这个人不知道会出现怎样严重的心理问题。因此，被老师冷眼相待、被群体孤立和排斥的学困生，往往会选择社会上那些“同气相求”、愿意与他们为伍的人来往，久而久之，就会沦落为青少年犯罪团伙的成员。社会上那些十六七岁寻衅闹事、聚众斗殴的帮派团伙，以及抢劫、强奸、行凶杀人走上犯罪道路的青少年，几乎无一例外都曾经是学校里的学业失败者，而且他们长期以来得不到心理上的支持和帮助。这些孩子一旦脱离学校集体流入社会，社会问题就会不断地滋生出来。

4. 放弃学业，逃入家庭“避风港”与世隔绝

“学业挫败”是一个相对的、比较而言的概念，它不仅指那些学习成绩大幅度落后于平均水平、积年累月屡战屡败的学习失败者，也包括那些原来学习基础相对较好，但是在激烈的学习竞争中步步下滑，直至“落马出局”的优等生或中上等学生。尽管在别人的眼中，他们的成绩已经很令人羡慕，但在这些当事人看来，相对于自己的理想目标而言，现实中的自我就是一个彻底的“失败者”。这种情况无论在初中还是高中都相当普遍，但以高中尤甚。

格塞的研究表明，在初中，学生的功利主义行为，包括那些被发现后成为惩处对象的行为，发展迅速。如认为可以接受“把恼人的课晾在一边”这种想法的学生比例从初一的 10% 上升到初三的 40%；赞成“在比较难的考试中抄袭同桌答案”的学生比例从 10% 上升到 50%，而认为“可以为了逃避处罚而撒谎”的学生比例从不足 30% 上升到接近 70%。

① 玛丽·杜里－柏拉、阿涅斯·冯·让丹:《学校社会学(第 2 版)》，第 193—194 页。

而在高中，人们发现不少学生有时通过泪水、沮丧或愤怒（把考卷揉皱或撕毁）等迂回战术来间接表示对评分的不满以及向教师施加压力。他们的直接抗议常常表现为让自己的所作所为有价值。这种做法是一种策略，它反映了与许多高中生的学习活动观相一致的信念，这些学生相信至少应该得到最低的分数。[①] 这些发生在个体内部的心理冲突，常常使此类高中生因为理想与现实两个相互矛盾的目标而感到痛苦、纠结和不安，从而产生压抑感，并且会反映在他的行为上（如不听课、不交作业等），进而还会产生生理反应（如血压上升、胃肠功能失调、失眠、溃疡等），并引发焦虑症、抑郁症、强迫症、疑病症等一系列心理障碍。

加拿大社会学研究人员戴尔·斯宾塞将这些学生的痛苦遭遇称为“不合理的痛苦”。这种本不应有的痛苦源于社会，它是一种在理想化的他者面前的失败感，没有遵循规范的脚本而招致了情感上的代价。它可能包括别的情感，如孤独、愤怒，或者担心遭受冷遇而产生的各种类型的身体上的苦楚。[②] 当内心冲突和痛苦不能得到及时的心理支持与援助时，这些心气甚高而又不甘居人后的高中生，就会找出种种理由与借口，软磨硬泡、退避三舍，只求“躲进小楼成一统，管他春夏与秋冬”，以免自己的尊严和脸面遭受更大的污损。近两年来，全国各地都有案例报告，显示出高中生逃学、辍学的比例呈明显上升的趋势，就是一种值得教育界警惕和反思的现象。

三、中学生学业两极分化引发的“逃跑反应”的预防

中学学困生的“学习城堡”是构筑在沙滩上的，根基松松垮垮，施工时“偷工减料”，层层砖块之间都没有严丝合缝，一旦发现建筑体摇摇欲坠、大厦将倾，无论怎样想办法加固修复，都难以挽回“墙倒屋塌”

① 玛丽·杜里－柏拉、阿涅斯·冯·让丹：《学校社会学（第2版）》，第195—196页。
② 戴尔·斯宾塞、凯文·沃尔比、艾伦·亨特：《情感社会学》，张军、周志浩译，江苏凤凰教育出版社，2015，第88页。

的颓势。所以，对中学学困生的干预，成功率都比较低。问题的严重性还在于，这样一个长期遭受学业挫败、处境不利的青少年群体的“体量”实在是太大了。这一代人在二三十年后将成为中国社会的主体，而我们今天的基础教育却还在为未来的社会主体结构继续制造着大批的“不合格产品”，这给整个中华民族的复兴伟业带来的隐患是不可小觑的。时不我待，为此，我强烈呼吁一切有良知、有远见、有民族责任感的社会各界人士，高度重视这一“教育社会学”领域里的潜在危机，采取各种措施，从积极预防入手，从根本上对现行教育体制下的这一“顽疾”进行彻底治理。

1. 坚决纠正学校按能力分班的做法，努力缩小两极分化面

当前，除少数具有远见卓识的学者型校长之外，绝大部分的学校管理者都把按能力分快慢班当作提高升学率的万能法宝。同样，绝大部分的中学生家长都为自己的孩子不能进入“快班”“实验班”学习而焦虑万分。这就使得中学教育完全偏离了教育本身的运行轨道而陷入马太效应的“黑洞”。我深感，在一个班集体中，一定要保持上、中、下三类学生的正态分布，这样才能让尖子生真正发挥其“领头羊”的引领激励作用；也才能让学困生因为班级与班级之间的均衡水平而不感到自己被“打入另册”，从而维护自己的人格尊严；才能让多数的中等生感觉到自己前有榜样、后有追兵，不敢有丝毫懈怠。只有这样，才能保持一个班级健康运作的活力。如果把 50 个高一年级的优等生平均分在 10 个班级中，那么三年后，这 50 个优等生依然会在各个班级中保持“排头兵”的地位；而如果将 50 个优等生集中编到一个班级里，那么三年后，50 个优等生中很可能有 10～15 个人被甩到班级的尾端而丧失继续奋进的勇气和信心。其中的道理是不言而喻的。

能力分班效果冲突性的研究表明，低能力群体中的学生受教师关注较少，指导较少，这导致他们更难追求平等机会。这种分班增加了师生之间的隔阂和偏见，降低了低能力群体学生的志向和自尊心。“悲剧在于这样的策略忽视了侵略性行为产生的根源，放逐了这些最需要得到坚实的学习基础、人道的学校环境以及积极的同辈关系帮助的学生。”①

解决上述问题的首要举措，就是通过强有力的行政干预，充分运用国家政体执行力强的优势，坚决刹住能力分班的教育歪风，回归教育内在规律的康庄大道。

2. 恢复升留级制度，为每年10%的学困生提供“原地踏步”“查漏补缺”的机会

心理学家卡罗尔有一个基本看法：就某门特定学科来说，学生的能力都是呈正态分布的，因此，假如学生在相同时间里接受相同的教学，那么其成绩也就势必呈正态分布。但是，如果学习时间和教学方式因人因地而异，那么这种正态分布就会改变。据此，他认为，学生的学习虽有快慢之分，但只要给予充裕的时间，几乎每个学生都能学会各项教学内容。可见，卡罗尔模式是在强调两点：（1）任何学生，只要有足够的时间，就能完成任何学习课业；（2）在现实生活中，学生的学习水平之所以参差不齐，就某个学生来看，是因为该生所需要的学习时间量与实际上所花费的时间量不等同。在此基础上，卡罗尔进一步提出上述两点之间的函数关系式（其中 f 是系数）：

$$\text{学习水平} = f\frac{\text{实际的学习时间}}{\text{必要的学习时间}}$$ ②

卡罗尔的研究为建立正常的升留级制度提供了充分的理论根据。新中国成立后的17年的教育实践经验已证明，建立中小学升留级制度，能够为每个学年产生的10%左右的学困生提供原地踏步、及时查漏补缺的机会，一般经过一年的重读之后，多数都能进入学业平均水平的行列之中。这就是我们教育界在20世纪80年代初提出并风行一时的“段段清”教学策略。

---

① 珍妮·H. 巴兰坦：《教育社会学：一种系统分析法（第5版）》，朱志勇、范晓慧主译，江苏教育出版社，2005，第172页。

② 李建刚：《现代教学的理论与实践》，第333—334页。

3. 加强中学生学习方法与学习策略的指导，提升元认知能力水平

由于智力要素的发展进程在小学毕业前后（12 岁）大局已定，因此，中学生学业水平的差异，说到底主要源于学习方法、学习策略、自我监控、反馈调节、时间管理等元认知能力的差异。若要真正缩小中学生学业水平的负向分化面，就必须在学法指导、提升元认知核心素养方面下足功夫。

4. 引导学困生家长克服自身的焦虑情绪，接纳孩子的不完美现状

面对学业挫败的孩子，情绪最焦虑的自然是他们的父母。许多父母的第一反应基本上是批评、说教、训斥甚至打骂，“牛不喝水强摁头”，结果必然事与愿违，不仅不能解决孩子学业落后的问题，而且激化了亲子矛盾，加剧了孩子的挫败体验。所以，学校有必要对学困生的家长进行专项培训，引导他们理解孩子学业挫败的主要成因，克服自身追求绝对完美的倾向，接纳自己孩子学习上的挫败事实，在孩子最痛苦、焦虑的危急时刻，给孩子以心理的支持和情感的抚慰，帮助他们摆脱消极情绪的困扰，鼓励他们做一个心理健康的人，激励他们树立正确的人生观、价值观和学习观，找到自己未来生涯发展的方向，充满自信地走好自己的人生道路。

5. 增强对学困生的人文关怀，消除他们内心的无助感和绝望感

美国社会学家珍妮・H. 巴兰坦深刻地指出：学生自我概念、家庭环境、教师期望、学校氛围和其他许多因素共同作用而影响着学生成绩。目前，最重要的影响因素是学生的无作为感，即绝望感以及认为教师不关心他们学习成绩的感觉。对于这些感觉的形成，学校氛围中的教师和同学们的态度起着重要的作用。[①] 阻止学生辍学的主要方案是关注最易受伤害人群、消除产生冷漠与疏远的根源、提高学生的自尊心与成功率。提高学校教学质量、减少学困生分化面的最重要的条件，是教师和其他员工的态度和行为，而不是图书馆规模等物质条件。[②]

---

① 珍妮・H. 巴兰坦：《教育社会学：一种系统分析法（第 5 版）》，第 177—178 页。

② 罗伯特・G. 欧文斯：《教育组织行为学（第 7 版）》，第 167 页。

6. 与家长配合，妥善处理学生迷恋手机的问题

首先，对学生使用手机要持一种同理心，而不应站在对立的立场上动辄训斥甚至激化矛盾。学生使用手机有各种具体的情况：一是交友的需要，学生如果不通过手机与同学交流，就会在群体中被同伴边缘化，特别是进入青春期的中学生，同伴关系永远是高于一切的，他宁可得罪老师和家长，也不愿意去得罪自己的同学。如果不理解这一点，教师和家长就无法与学生产生共同语言，沟通的大门就被关闭了。二是查找资料的需要，尽管有时候学生会假借学习名义玩网络游戏，但还是不能排除查找资料的可能性。三是排遣学业挫败后内心焦虑的需要，也就是说，根本的问题大多出在学业的失败上。在这种情况下，教师和家长绝不能操之过急，因为这样可能会点燃高危事件的导火索。特别是家长，一定要牢记“两害相权取其轻”这一根本原则，牢记孩子的身心健康永远是第一位的。孩子的生命正值灿若夏花之时，来日方长，不要因为孩子一时的挫败就对孩子的前途失去信心，甚至由于自己的口无遮拦而引发高危事件。

其次，对于真正因为学业失败导致的迷恋手机行为，教师和家长要想方设法帮助孩子解决实际困难。比如，共同分析探讨提升学业成绩的方法措施，帮助孩子改善师生关系或亲子关系，而且对学业上的困难要从预防着手，不要等到孩子的学习困难叠加到千疮百孔的程度才重视。

再次，青少年迷恋手机除了学业挫败之外，另一个重要原因是家庭关系出现了严重的问题。比如，父母关系恶化甚至正在闹离婚，孩子缺少温暖、内心缺乏安全感，此时他们根本就无心向学，只能通过手机排解内心的焦虑和痛苦。所以，问题从表面看出在孩子身上，实则却在父母之间、亲子之间的关系上。真正应该改变的，或者首先应该改变的，是家庭关系问题，特别要处理好夫妻之间的婚姻危机。

最后，教师要提醒家长以身作则。要求孩子不迷恋手机，家长自己就应该把手机搁置起来，只作为一种通信工具。同时，当孩子因为娱乐消遣或人际联络的需要使用手机时，家长应该有所陪伴、指导和全程参与。

300 多年前，捷克教育家夸美纽斯写下了一段精彩的教育名言：

> 天上的太阳给了我们一个教训。在初春的时候，植物还很幼小娇嫩，那时太阳并不灼烤它们，它只给它们温暖，逐渐使它们变强壮，不到它们完全长大并结了果实与种子的时候，不把它的全部热力放射出来。园丁也按同样的原则办事，他不把修剪的剪子用到没有成熟的植物身上。同样，一个音乐家不会用他的拳头或用一根棍棒去击他的七弦琴，他也不会因为琴声不谐便把它摔到墙上，而是根据科学的原则去工作，为它调弦，把它整理好。我们要把爱好学问之心灌输到学生的心灵中，应当采取这种熟练与同情的方法，其他别的做法都只能使他们的惰性变成嫌恶，兴趣索然变成全然愚笨而已。[①]

愿我们每一位教师都能记住这位大教育家的教诲，用初春太阳般的温暖，用园丁对待弱苗的仁慈，用音乐家对待琴弦的爱心，去关怀每一位学困生，呵护和扶持他们走出阴霾，走向充满希望的明天！

① 夸美纽斯:《大教学论》，傅任敢译，教育科学出版社，1999，第 199 页。

第
九
讲

亲子关系发展变化五阶段及父母的应对策略

父母应该如何面对变化动荡的亲子关系，是不少家长深感苦恼的难题。其实，亲子之间出现矛盾冲突，其主要原因并非家长缺少与孩子沟通交流的方法技巧，而是父母对孩子成长规律的不了解，因而造成了一系列的“误判”和“误打误撞”。所以，要处理好家庭中不断变化的亲子关系，父母首先要读懂孩子。

一、认识亲子关系发展变化的五个阶段

从婴儿出生开始，直至长大后进入小学、初中、高中，家庭里的亲子关系日渐复杂，往往一直处于动态变化、矛盾迭出的格局中，并主要表现为五个发展阶段中的五种矛盾形态：

1. 学前6年：亲子关系主要表现为“依恋—分离”的矛盾

亲子关系，特别是母子关系，在婴幼儿时期就决定了孩子人格发展的早期基础。0～3 岁的孩子与母亲的关系必定内化为人生体验，进而影响其一生的人际表现。母子关系是儿童一生所有关系的原型。这一关系非常强烈，包含了儿童与世界的许多互动，并且决定了儿童对外在世界的回应方式。[①] 在母子互动中，儿童的体验是被尊重的、被支持的、令

① 谢尔登·卡什丹:《客体关系心理治疗：理论、实务与案例》，第 4 页。

人愉快和感到安全的，还是被剥夺的、被支配的、令人沮丧和感到焦虑的，不仅影响儿童感知世界的方式，而且会成为今后处理客体关系中所有事情的模板。①

在生命最初的几个月里，依恋关系还没有形成。一般说来，依恋关系要等到婴儿出生6个月后才能得到充分的发展。在这段时间里，如果妈妈足够可靠，让孩子相信妈妈是“可信赖”的，那么安全依恋的关系就会出现，这样就会让孩子感到安全和舒适，因为他知道当他需要时，是可以向妈妈求助的。若是妈妈经常无法跟孩子保持同步，或者保持了太频繁的同步，安全的依恋关系就会受到损害。总的说来，不管是哪一种类型的母子依恋关系，都会影响孩子整个童年期和青春期，甚至一直持续到成年。

随着孩子运动能力的发展，他们开始爬行或者学步，也会产生一种全新的意识，即跟爸爸妈妈分离到底意味着什么。爬行是幼儿实践与母亲分离的尝试，是心理诞生的真正开始。客体关系理论认为，儿童成熟的过程就是从对母亲的共生依恋状态，转向实现稳定的自主认同的过程。从学习爬行开始到3岁左右，婴幼儿进入了“分离—个体化”阶段。当儿童大摇大摆地走来走去，几乎是得意地展现他的独立时，自体的扩张以及分离的感觉便会成为核心。对母亲的依赖性需要与离开母亲走向“自主—个体化”的需要，成为儿童在这一阶段的主要心理冲突。而母亲对孩子“走向分离”的理解、鼓励和情感情绪的支持，是化解这一心理危机的关键，并能帮助儿童建立起母亲是可以信任的、安全可靠的内部表象。假如这一阶段的母子关系中，母亲是严厉的、拒绝的、控制欲极强和过度约束的，或是不切实际、无条件满足的，那么一个可以信赖的、稳定的母亲的内部表象就无法建立起来，儿童就永远无法发展出自主的自体感，最终会导致长大后与主要客体关系（特别是与母亲的关系）的破裂和心理疾病的发生。②

① 谢尔登·卡什丹：《客体关系心理治疗：理论、实务与案例》，第16页。
② 同上书，第14—15页。

以上我们根据奥地利精神分析学家克莱因的客体关系理论，对儿童0～3岁“前恋母期”亲子关系（特别是母子关系）“依恋—分离”这对矛盾做了分析。而进入4～6岁这一阶段，即弗洛伊德所说的“恋母期”之后，亲子关系（特别是母子关系）同样显现了“依恋—分离”这一无法回避的矛盾冲突。

儿童“恋母期”的俄狄浦斯情结是在孩子4岁左右时的小脑袋瓜儿和身体中真实存在过的亲身体验，而那时候，父母正是孩子欲望的客体。这些携带着俄狄浦斯情结的孩子，快乐却又完全天真无邪，他们“性化”他们的父母，把自己的幻想引领到这些欲望中的客体身上。然而，这并不存在成年人世界中的那些性意识与非道德行为，也不存在羞耻心。真实存在的却是，俄狄浦斯情结时期的小孩“幸福地摇摆于他的欲望之间，更关键的是这些孩子在欲望的快乐和害怕中举棋不定。他们仿佛害怕着某些危险。……因为欲望而兴奋，因为幻想而幸福并且焦虑，孩子开始迷失，接着这些印象越来越模糊。俄狄浦斯情结的骤变是一种令人难以忍受的长期的折磨。它折磨着孩子并摇摆在情欲的快乐与害怕之间：既存在着狂热的欲望，又害怕欲火熄灭”[①]。

面对这样一种内心冲突又无所适从的快乐和焦虑，俄狄浦斯情结中的孩子，无论是男孩还是女孩，都会试着去“学会疏导溢出的欲望”[②]，压抑着那些旺盛的冲动和焦虑，开始自发地摆脱对父母带有性幻想的依恋，追求并获得新鲜而合理的欲望客体。“如此则逐渐地开始发掘自己的羞耻心，产生罪恶感，感知道德准则，并且奠定他（她）的男性或者女性生命中性的身份。”[③] 在此阶段，如果异性别父母能注意避免与孩子过于亲密的身体接触，而同性别父母能为孩子展示出男性（或女性）足够好的性别形象，那么至6岁前后，多数孩子会顺利度过这一危机时期，走出那种带有性幻想色彩的依恋情结，完成自己与异性别父母在欲求上

---

① 简·大卫·纳索：《俄狄浦斯情结：精神分析最关键的概念》，第3—4页。
② 同上书，第5页。
③ 同上书，第4页。

的分离。但是，也确有一部分孩子，由于父母对这一发展过程的无知或疏忽，或因自己的心理需求而对孩子勒紧情感的绳索，而带来孩子延续到青春期甚至成年期的罪恶感和心理冲突，造成进入青春期后的亲子关系疏远，甚至是神经症或者性偏差等心理疾病出现。

总之，进入幼儿园后的3年，即4～6岁，幼儿与母亲进一步分离，并逐渐融入同龄伙伴的群体，开始走出社会化发展道路的第一步。特别是到了幼儿园大班，这种母子分离的趋势变得愈加明显。如美国儿童心理学家路易丝·埃姆斯所说，“典型的6岁孩子，是一个小小的矛盾体，集两个极端于一身。他最大的苦恼是既依赖妈妈，又想离开妈妈，期盼走向独立，所以6岁是孩子与母亲真正开始分离的起点”[①]。

0～6岁的亲子关系主要表现为“依恋—分离”的矛盾。

2. 小学低段和中段：亲子关系主要表现为“立规—违规”的矛盾

一方面，小学一至四年级，亲子关系的发展总体上处在相对稳定的时期，但矛盾和冲突依然会不时地冒出来。儿童进入小学，就是跨进了社会的大门，所接触的环境远比在幼儿园时要复杂得多，所参与的学校生活和社会生活也大多是集体性、群体性的活动。因此，建立规则意识对小学中低年段的学生来说尤为重要。

另一方面，儿童参与社会活动要遵守的规则，有的来自学校，有的来自家庭。儿童与同龄人交往的方式，最早发生在家庭中。父母通常会给孩子“立规矩”，规定孩子第一次外出的时间，规定孩子可以接触什么样的同伴，等等。但由于家庭的文化环境、价值观念和教育方法的不同，父母建立的规则内容及其合理性也各不相同。由此，因儿童一次次“违规”而引发的亲子冲突便会屡屡发生。但由于这一阶段的亲子关系仍是一种“绝对强势PK绝对弱势”的关系，亲子之间因“立规—违规”矛盾造成的冲突，往往是以子女的屈从而恢复暂时的平衡。

① 路易丝·埃姆斯、弗兰西斯·伊尔克:《你的6岁孩子》，玉冰译，江西科学技术出版社，2012，第35页。

3. 小学高段：亲子关系主要表现为“唠叨—反唠叨”的矛盾

在小学高年级，儿童开始进入“前青春期”，他们摆脱父母的控制、渴望自主独立的意识明显增强；此时，父母才会突然发觉孩子与自己渐去渐远，内心不免倍感焦虑，于是家长（特别是母亲）往往采用说教唠叨的办法来加强对孩子的掌控，结果引起了孩子的厌烦和反感。因此，这一阶段的亲子关系突出地表现为“唠叨—反唠叨”的矛盾。

4. 初中阶段：亲子关系主要表现为“控制—反控制”的矛盾

进入初中后，青少年学生的自我意识空前高涨，他们的自尊、自主的需要往往得不到父母的理解和满足，于是，亲子冲突不断加剧，亲子沟通出现了严重障碍。此时，家长开始觉察到自己的唠叨已经失去了效用，而孩子在父母面前则变得越来越不可理解，于是家长便采取严厉训斥、明察暗访、刨根问底、窥探隐私等手段，试图了解和控制孩子的变化趋势，结果肯定是事与愿违，导致亲子间的恶性互动频发。因此，这一阶段的亲子关系突出地表现为“控制—反控制”的矛盾。

5. 高中阶段：亲子关系主要表现为“软压力—反压力”的矛盾

到了高中，由于子女远离父母的成长趋势，再加上自己孩子不尽如人意的学业表现，所以有些父母内心变得焦虑万分。他们以往反复使用过的唠叨、控制、体罚、说教等手段均已失去了作用，于是家长便会放低身姿，企图通过“亲情感化”或者是“情感示弱”，对孩子变相施加压力，结果反倒造成许多“误判误撞”和孩子的强烈反弹。不难发现，此阶段的亲子矛盾不是升格为“热战”，就是降格为“冷战”。但无论是“热战”还是“冷战”，都是父母自感失控，却还想继续施加压力来逼迫孩子好好读书的无奈之举。因此，这一阶段的亲子关系往往表现为“父母示弱—孩子示强”，即“软压力—反压力”的矛盾。

从上述亲子关系发展变化的五个阶段中，不难看出：亲子关系发展变化的动态轨迹，是从婴幼儿时期与父母相处时的“依恋需求”，发展到少年期渴望独立自主的“分离需求”，最后走向青春期与父母互动时，“逆袭”为从孩子的“分离需求”到父母的“反向依恋需求”，这样一个各自角色转向反面的“完型循环”。总体上看，“依恋→分离”是个体从小到大发展成长的一种驱动力。如果这种驱动力受到父母“反向依恋需求”的阻碍，变成一种父母竭力阻止孩子走向分离的“未完成事件”，就会带来病态的亲子关系，严重妨碍儿童青少年人格的健康发展，甚至会演化成突发性的家庭危机事件。

那么，家长应该如何调整好自己的心态、认知和方法，来处理好自己与孩子之间的这种变化中的亲子关系呢？

二、确立家长看待亲子关系的两大基本观念

亲子关系当然是双方的问题。若是从孩子的角度来说，随着每一个发展阶段带来的变化，孩子需要不断增长自己与父母沟通的技能技巧，并且同样需要学会对父母的理解、共情与换位思考。这是一个走向成熟的过程，对于成长中的孩子来说，这个过程不可能自发地完成，而肯定需要有学校教育辅导工作的介入和引导。

若是从家长的角度来说，在孩子进入小学、中学后，父母则要明确认识并树立处理亲子关系的两大基本观念：

1. 要明确认识到亲子关系总的发展走势，是子女对父母必定要“从依恋走向分离”

“依恋—分离”的矛盾是从婴儿期开始一直贯穿孩子整个成长过程的。处理亲子关系最大的障碍，并不是“子女离不开父母”，而是“父母离不开子女”；不是“子女害怕自己远离父母而去”，而是“父母害怕子女远离自己而去”。不看透这一问题的实质，亲子关系就会处于反复的震荡中。

2. 要明确认识到不同时期的亲子矛盾，其根源基本上在于家长自身教养方式的失误

心理学认为，绝大多数的亲子矛盾，都是在孩子生命早期，在他们与父母的互动中，由于父母（特别是母亲）缺少养育经验，或者父母传承了上一代养育自己时的错误模式而衍生出来的后果。只有家长认真反思自己养育过程中的各种失误，理解“错不在孩子，而在父母自身”，并

学会根据孩子的需要去调整自己的养育方式，才是走出亲子矛盾困境的正途。

三、家长在处理亲子关系时，要防止五个“误判”

通过上述对家庭亲子关系实质的分析，我建议：家长必须充分了解孩子在不同发展阶段的年龄特点，避免对子女的反常行为表现做出种种误判。同时，必须将应对策略的重点放在父母自身的心理调适和教育方法的改变上。具体说来，要特别注意亲子关系的四个变化节点，防止出现五个“误判”：

1. 不要将小学低段孩子的“违规”行为，误判为孩子的“不听教诲”，进而对他们采取强制甚至是粗暴的教育手段

其实，有些孩子“不听话”的背后，往往是家庭中的“关系”出了问题。父母首先应该做的，是要认真反思家庭中夫妻关系（或是亲子关系）出现了何种问题，并做出相应的调整。当然，对于在小学低段就读的孩子来说，建立规则意识是一件重要的事情。但规则的制定必须合乎孩子的年龄特点，并且要合情合理，不能强制孩子服从。有“威严”并不是要“凶狠”，家长要令孩子敬畏，而不是让他害怕。[①] 儿童心理学告诉我们：“认为规则和价值观必须通过外在的说教、奖励以及惩罚才能灌输给儿童的观点已经过时。规则和价值观必须从儿童的内部建构或产生，才能成为儿童自己的。”[②]

2. 不要将小学高段之后孩子不愿听父母“唠叨”和“絮烦”的行为，误判为孩子“逆反”的表现，进而加剧父母内心的焦虑，并转化为更加令孩子反感的喋喋不休的说教

动辄指责孩子“叛逆”，实际上是父母对孩子成长规律的误读和误

---

① 罗宝鸿:《规矩和自由：蒙台梭利专家帮你教出自律又快乐的孩子》，北京理工大学出版社，2018，第 189 页。

② 菲尔茨等:《0—8 岁儿童纪律教育：给教师和家长的心理学建议（第 6 版）》，蔡菡译，中国轻工业出版社，2015，推荐序。

判。家长不要以偏概全地用“叛逆”二字来简单解读亲子之间的矛盾和冲突。

首先，我们对“叛逆”这个概念要做一个分析。什么是“叛逆”？“叛逆”是对权威的反抗。那么，为什么会有反抗？因为“有压迫才有反抗”。没有压迫，哪有反抗？没有压力，哪有反压力？其实，许多青少年对父母的反抗，正是因为父母的管教过于严厉；不懂得成长中的孩子在心理上出现的巨大变化，还在用管教小学生的办法来管教进入中学的孩子，这就必定会引起孩子的反感。如果父母对自己的孩子进入青春期后的年龄特点有充分的理解，能够用尊重、平等的态度处理孩子的问题，孩子就不会出现所谓的“叛逆”行为。

其次，从心理学的角度来说，“叛逆”这个概念是不严谨甚至是不科学的。成年人眼里看到的孩子的所谓“叛逆”，其实是进入青春期后的青少年在成长中的一种必然趋势。青少年到了 12 岁前后，自我意识迅速增强，他们要求人格的独立自主，要求能与父母平等相处，要求能受到父母对自己的高度尊重。而某些大众心理学刊物却喜欢使用青少年进入“叛逆期”这样一种说辞，这已受到许多心理学家的批评。而且，“叛逆期”这个概念容易对青少年起到一种负面的暗示作用，让他们误以为好像只要一进入青春期，自己就肯定要“叛逆”似的，结果就使得一些有心理偏差的孩子找到了自己不良行为的“合理化”借口。总之，孩子在青春期出现不听话或者顶撞父母的行为，并非“叛逆”的表现，而是年龄特点所致。

总而言之，“逆反”是成年人对孩子成长过程中某个阶段贴上的错误标签。真实的情况是，随着孩子进入“前青春期”，自我意识、独立意识、自主意识、成人意识迅速增长，而父母却还把他们当成不懂事的孩子进行管教，这就必然会引起孩子强烈的心理反弹。正如我国著名精神分析学家曾奇峰所说：“在一切冲突中，经常的情形是，冲突的一方把责任完全推给冲突的另一方。逆反心理这四个字，几乎就是为了这个目的而发明的。随着孩子的身心发育和知识的增加，要求独立的愿望就越来越强烈。对于这种要求，经常的情况是父母没有做好足够的心理准备。”

3. 不要将初中阶段孩子不与父母沟通的行为，误判为孩子“故意封闭自我”

孩子进入青春期后，自尊需求大大提升。他们觉得，如果让同龄伙伴发现自己还像一个幼稚的小学生一样，对父母言听计从，是一件非常没有面子的事情。因为自己已经长大，应该像一个大人那样去和父母平等交流，而不能再使用过去小孩子的话语体系，仰视着父母去和他们进行对话。但是，如何能像一个成年人那样去和父母沟通，他们却还没有学会相关的社会技能。换言之，旧的一套“话语体系”已经不能用了，而新的一套“话语体系”却还没有形成。在这种情况下，他们唯一可采取的策略，就是把嘴巴闭起来。理解了这一点，父母们就不会盲目焦虑，而能持一种理解、包容和耐心等待的态度来面对孩子。一般说来，只要父母不采取指责、猜疑、强制性干预等错误的做法，那么两年左右，少男少女们就能顺利地完成亲子沟通“话语体系”的转换过程，并可避免许多因父母误判误撞而造成的激烈冲突。

对于青少年在这一个阶段的独特表现，美国心理学家埃里克森曾有一个生动形象的比喻。他说，年轻人就像杂技场上的空中飞人，在充满活力的运动中，他必须松开可靠地抓着童年的双手，伸长手臂去握紧成年。在屏息的片刻，他依靠的是过去和未来的关联，是他必须离开的那些人们的可信赖性和那些将要接受他的人们的期待。[①] 可想而知，对杂技演员来说，这是一个高难度的动作，充满了危机和挑战。

所以，面对青少年进入青春期后不与父母沟通的现象，家长可以保持冷静的态度，对孩子的变化表示理解、尊重和同理心；不必担心、焦虑、恐慌、猜疑，以为孩子和自己“不一条心”了，更不能窥探孩子的隐私，刨根问底，开抽屉、翻床铺、偷看手机信息等。家长只需保持一颗平常心，在家里营造一种温馨安全的气氛，夫妻之间经常谈论一些孩子感兴趣的话题；若是和孩子对同一个话题有兴趣的话，就用一种尊重、

---

① 詹姆斯·O. 卢格：《人生发展心理学（原著第三版）》，陈德民、周国强、罗汉等译，学林出版社，1996，第608页。

平等、商讨的语气和孩子对话，并且尽可能多听少说，那么，耐心等待两年左右的时间，等孩子熟悉了成人世界说话交流的游戏规则之后，他们自然就会开口了。

4. 不要将高中阶段孩子在学业上表现出来的某些懈怠行为，误判为“学习态度不端正”“不知上进”或者“对不起父母的养育之恩”

一部分高中生学业上的困难甚至挫败，是由多方面的复杂因素造成的，他们表面上的懈怠、厌学、网络迷恋或谈情说爱等等，是他们在应试教育战场上屡战屡败后的自我喘息，好似一个精疲力竭败退下来的伤兵，在极其无助的恶劣环境下，对淌血的伤口进行的自我舔舐。而父母对他们充分的理解、共情、包容、信任、支持和鼓励，是帮助他们恢复元气、重获信心和力量的最大精神源泉。

5. 不要把孩子在整个中小学阶段与家长发生的各种矛盾，归结为孩子“不懂感恩”

在相当长的一段时间里，很多学校和家庭在处理亲子关系的思路上出现了偏误。由于前面提到的家长对亲子矛盾本质的种种误解，以及校方举办的“家长学校”工作思路受到传统德育理念和某些形式主义风气的影响，涉及亲子关系的家庭教育重点被定位到了“感恩教育”上。

显然，所谓“感恩教育”，其潜台词就是“子女不懂感恩”；对孩子进行“感恩教育”的实质，其实是反映了家庭等级关系中强势一方的价值需求，却完全忽略了孩子内心深处的感受和需求。我们知道，感激是平等的人之间因为仁慈和善行而引起的情感，而感恩则与此不同，感恩是一种存在不平等的情感。[①] 那么，由此设计出来的主题教育，就很难被学生从心里认同。但长期以来，中小学的“感恩教育”，其声势之大却是有目共睹的。一些学校重金请来的“感恩教育大师”，自身并无多少从事中小学教育的经验，只是将书刊网络上搜集的古今名人轶事堆砌在一起，居高临下地进行说教。他们使用煽情催泪的言辞、炫目刺耳的声光效果，现场营造压倒性的群体氛围，使心智尚未成熟的儿童青少年拜倒

① 高德胜：《我们需要怎样的感恩教育》，《现代教学》2017 年第 15 期。

在“感恩教育”的道德高地下。这种教育上的误导至今在一些地方还没有被人们完全认清。

须知，亲子矛盾的本质，说到底是成年人与未成年人之间的矛盾；成年人与未成年人之间如果出现了矛盾，谁应该主动承担起化解矛盾的责任呢？答案是不言自明的。因为成年人的生活经验、处理人际矛盾的方法技巧，都比尚未成熟的孩子要高出许多倍。但是，一顶“不懂感恩”的大帽子抓在家长的手里，就把亲子矛盾的全部责任推到了孩子头上；而真正应该反思和调适的责任主体却毫无自省之心。这不仅是对亲子矛盾本质的严重误判，而且会对家庭关系中弱势一方的孩子造成精神上的隐性伤害。

四、家长应该如何应对变化中的亲子关系

无论是当教师，还是做家长，最重要的不是教育方法，而是教育理念。理念对了，正确的方法便会“应念而生”；理念错了，方法就成了一种不能落地的“空中表演”，在心理学上也被称作“技术主义”。当前，国内家庭教育首要的问题并不是缺少方法，而是家长不懂孩子，因此，在家庭中屡屡制造出形形色色的心理问题和行为问题。

1. 改变自己的教养方式以适应孩子自我意识的发展

亲子关系发展变化的根本原因是孩子的自我意识在不断变化。成长中的孩子看待自己、看待父母的眼光和认知水平年年都在改变，这就像他们的身高、体重年年都在改变一样。但是，有一个有意思的现象：父母只看到了孩子身体上的变化，年年忙不迭地为孩子更换衣服和鞋子，却往往忽视了孩子心理上的巨大变化，全然没有意识到应该如何改变自己的行为和语言去适应孩子的成长，并且伴随孩子的成长而不断调整自己的角色定位和应对措施。

所以，正确的做法应该是在孩子成长的每个关键阶段，父母要按照孩子的年龄特点为他们提供必要的心理环境，在不同阶段改变自己以适应孩子自我意识的变化。包括：

（1）在孩子 0～3 岁期间，与孩子建立起亲密的亲子依恋。

（2）在 4～6 岁期间，在给予孩子足够关爱的同时，避免与异性别子女有过于亲密的肢体上的接触，并为孩子树立“阳刚之气的父亲”或“温柔贤惠的母亲”的性别榜样。

（3）在小学一至四年级，注重培养孩子的良好行为习惯，树立孩子的规则意识，同时注意采用“正向关注、放大优点、发现例外、及时强化”的聚焦改变行为塑造技巧，避免一味地指责、批评孩子的违规行为。

（4）在小学五六年级，注意用父母自身的人格示范去引导孩子的个性发展，用尊重、平等的态度与孩子对话，尽力克制自己唠叨说教的欲望。

（5）在初中阶段，与孩子相处时严守“高度尊重、适度要求、适时引导”的原则，不刨根问底、不明察暗访、不窥探隐私、不动孩子的物品、不逼迫孩子开口说话，而是顺其自然，冷静观察，耐心地等待孩子自我成长。

（6）在高中阶段，充分理解孩子面对的巨大压力，只做“减法”，不做“加法”，尊重孩子的主观意愿和自我选择，给孩子以充分的信任、支持，做好孩子的“后勤保障”工作，把家庭打造成一个可以让孩子得到充分休憩和精神补给的港湾。

2. 克服十种错误的家教方式

（1）放任自流。有的家长对孩子身上出现的各种不良行为，抱着一种“树大自然直”的想法，认为“小孩子有这样或那样的毛病很正常，长大了就好了”，对老师反映的孩子的在校问题不以为然，轻描淡写地数落几句就算了，导致孩子的不良行为持续发酵，问题久拖无解，甚至严重干扰学校的班级管理和教学秩序。有的家长忙于事业，对孩子缺乏生活照顾和情感关怀，等到孩子学业荒废、行为失范之后才追悔莫及。

（2）强势控制。有的家长，特别是一些母亲，对子女严厉管教、强势控制，并且自以为教育有方，不允许孩子有半点违背自己的意愿。这样，到孩子进入青春初期（10～12 岁）时，要么孩子因长期受压抑而形成唯唯诺诺、畏首畏尾的回避型、依赖型人格，要么将引起孩子的激烈反叛与对抗，最后引发一系列亲子矛盾，甚至酿成无法挽回的悲剧。

（3）不留情面。有的家长不懂得再小的孩子也有自尊心，也在乎自己的“脸面”，批评教育孩子时不注意场合和分寸，在大庭广众之下大声训斥、口无遮拦，严重地伤害了孩子稚嫩、脆弱的心灵。在学校生活中，“自暴自弃”、“破罐子破摔”、“软硬不吃”、防卫心理极强的儿童或青少年往往出自这样的家庭。

（4）唠叨絮烦。有的家长，特别是母亲，喜欢用说教来处理孩子成长过程中出现的各种问题。小到吃饭、穿衣、洗脸、刷牙，大到写作业、看电视、玩手机、交朋友，事无巨细，一概絮絮叨叨、婆婆妈妈、反反复复、没完没了。家长也许觉得“不唠叨不放心，越唠叨越放心”，殊不知孩子的感觉是“你越唠叨我越心烦，你越唠叨我越反感”，最后孩子索性将房门一关，耳机一戴，那么亲子沟通的大门也就紧紧关闭了。

（5）明察暗访。有的家长在孩子进入青春期后，感觉孩子离自己越来越远，自己也越来越难以读懂孩子的心思，又唯恐孩子在外结交不良的朋友，或者担心孩子早恋，于是就采用明察暗访的手段来打探孩子的秘密。例如，偷看日记或手机信息，翻找抽屉、床铺里藏着的言情小说或情书，甚至在孩子外出时暗中“盯梢儿”。父母自以为手法高明，却早已被孩子抓住把柄，结果闹得家中鸡飞狗跳，交替上演“热战”“冷战”。

（6）体罚责骂。有的家长笃信“棍棒底下出孝子”“打是疼、骂是爱”的陈腐教育观念，对孩子动辄殴打、羞辱或采用其他惩罚手段，结果严重伤害了孩子的身心健康，破坏了孩子的自我形象及自我概念，并习得了以虐待的方式对待他人，尤其是弱小个体，成为校园霸凌行为的主角，甚至走上违法犯罪的道路。

（7）毫无底线。有的家长对孩子的缺点视而不见，对孩子在物质方面提出的不合理要求无底线地予以满足，对孩子在校内外的违纪行为百般辩解、纵容包庇，甚至动辄上访投诉，激化家校矛盾，从而使自己的孩子成为学校管理的“烫手山芋”，为孩子今后的人生发展埋下了隐患。

（8）苛求完美。有的家长在教育孩子的过程中，不了解孩子的年龄特点和心理需求，一味按照自己主观设定的目标“严格训练”孩子，从小学开始，就对孩子的学习成绩施加高要求、高期待、高压力，处处透露着家长内心的焦虑，不允许孩子在学业上有丝毫的闪失。其结果往往事与愿违，或者严重挫伤了孩子的自信心和进取心，让孩子产生严重的厌学情绪；或者让孩子从小内化了父母“追求绝对完美”的要求，不顾身心健康地拼命读书，容不得自己的成绩稍稍落后于他人，最后在激烈的“升学竞争”中患上焦虑症、强迫症、抑郁症等多种心理疾病，甚至酿成自残、自虐、自杀等高危事件。

（9）家庭内斗。有的家庭中父母不和，甚至家庭破裂，这必然直接殃及孩子。夫妻离异前，家庭内斗无休无止，孩子被父母当成出气筒，整日惶恐不安；夫妻离异后，孩子置于被父母其中一方抛弃或隔离的状态中，甚至被父母当作与另一方争斗的工具，从而使孩子失去了安全感和归属感。亲情的“虐待”会使孩子觉得自己是没有价值的，或者误认为正是因为自己的存在才使得父母分道扬镳，因而陷入深深的内疚与自责之中。无数的事实证明，因家庭破裂导致孩子产生严重的心理障碍和行为问题，是一种大概率事件。

（10）情感忽略。有的家长只关注孩子的学习成绩，对孩子的情感需要一概视而不见。如果长期得不到父母情感的滋润和家庭的温暖，也得不到父母的理解、支持和引导，就会导致孩子心田干涸、情感冷漠、自怜自恋，为孩子的人格健全发展蒙上浓重的阴影。

3. 学会十种正确的教子秘诀

（1）尊重孩子。家长的教育责任就是陪伴和引导孩子进行自我发展，而自我发展往往存在着不确定性，既有发展的机遇又有发展的危机。因此，家长需要在“自主”和“管束”之间保持最佳的平衡。“自主”的前提是给孩子设立底线，“管束”的前提是给孩子充分的尊重。尊重孩子的独立人格，一言一行都把孩子当作大人一样来尊重，就能促进孩子心理的健康发展，提升亲子关系的质量。

（2）耐心倾听。一旦亲子间引出了一个话题，比如，孩子在学校里受到了老师的批评，那么家长就要学会倾听，并设身处地从他的角度着想。家长越是了解孩子行为的缘由，就越能给他机会发泄不满，表达担忧或希望，也就越能在解决问题的同时帮助孩子成长。“不要以为你知道孩子的想法和感受。而且即便你知道，也要让孩子自己说出来。家长要学会倾听，让孩子说出自己想说的话。对于你问的问题，如果孩子光是点头或简单地表示肯定或否定，就无法帮助他掌握解决问题的更好技能。”①

（3）充分共情。在家长对孩子的教育过程中，孩子最不能接受的，就是家长对自己的遭遇经历和内心感受的误判或误解。如果家长能传递给孩子一个很有同理心的信息，让他知道家长完全读懂了自己的委屈和懊恼，那么孩子也会在对话中表露出对家长的信任和遵从。如果孩子被误解，失望的心情就会让他变得非常愤怒，产生对立情绪，甚至会失去向好的意愿而一蹶不振。

（4）民主平等。亲子关系是一种等级关系，是养育与被养育、控制与被控制、强势与弱势、成年人与未成年人之间的关系，因此，家长很容易犯“等级主义”的错误，甚至由此引发一系列的亲子矛盾。为了克服亲子之间这种天然的等级差异，父母必须时时提醒自己：要放低姿态，与孩子平等对话，认真听取孩子的想法，不把自己的观点强加给孩子；在包括中考、高考填报志愿等人生重大问题上，要充分征求孩子的意见；当亲子之间出现意见分歧时，家长在耐心表明自己的观点后，应让孩子独立思考、自主决定，并教育其为自己的决定承担责任。

（5）包容挫败。人的一生难免会遇到各种坎坷，甚至是失败，所以古语才说：“岂能尽如人意，但求无愧我心。”基于无数案例给我带来的思考，我曾教我的孙子用毛笔写下三句话：第一句是“力求上进”，我说“这是你做人应有的态度”；第二句是“一丝不苟”，我说“这是你做事应有的态度”；第三句是“不求绝对完美”，我说“这是你面对失误、挫败时应有的态度”。我还专门把这三句话刻成了书法闲章送给孙子，希

① 斯坦利·格林斯潘：《培养孩子的安全感》，张东宾译，华夏出版社，2015，第97页。

望他能记住老一辈对他的期待之心和包容之心。

（6）注重养成。家庭教育必须设立清楚、始终如一的行为界限，并在日常生活中认真落实和养成。养成教育成功的关键，在于行为界限设定的合理性和分寸感。所谓“合理性”，是指抓大放小，不要面面俱到，让孩子无所适从；所谓“分寸感”，是指顾及孩子的年龄特点，不以成年人的标准去要求孩子做力所不能及的事情。一个典型的例子就是学钢琴。我们都知道，并非每个人都适合学钢琴，学钢琴的孩子要符合某些条件，如对手指、乐感等方面的要求，最好还有家庭文化的传承与熏陶。有一个 4 岁的儿童，因为先天、后天的条件并非很好，对学钢琴产生了强烈的畏难情绪。他的家长以“绝不可让孩子养成在困难面前退缩的不良习惯”为由，强制孩子必须继续坚持，却没考虑到 4 岁孩子前额叶的意志力（调控功能）发展远未达到成年人的高度。结果，在家长的持续打骂、逼迫下，孩子最终坚决“罢课”，并从此对所有的学习任务都失去了兴趣。所以，养成教育要想获得成功，一定要注意：行为界限的设定必须合情合理。

（7）正向关注。家长在教育孩子的过程中，要注意学习和运用积极心理学的基本原理及辅导技术，挖掘孩子的优点和长处，关注孩子点点滴滴的进步。要正向关注孩子的积极因素，并给予及时的肯定与强化，也就是俗话说的“哪壶开了提哪壶，哪壶不开不提哪壶”；绝不能负向关注孩子，拿着放大镜找孩子的毛病和不足，也就是俗话说的“哪壶不开提哪壶，哪壶开了没看见”。

（8）正面示范。古人说：“身教重于言教。”其本意是对“身教”的强调，这完全正确。但客观地说，“身教、言教并重”更准确，或者说家长绝不可低估“言教”（此处指语言范式，而不是指“说教”）的影响力。一个孩子从出生开始，最先接触到的就是父母的“言教”，即受到父母的讲话方式、讲话内容和讲话风格的影响。至于父母为人处世的态度、行为方式和价值观念的表露，幼儿在大多数情况下是看不到、听不到、难以理解的。概而言之，对于幼儿来说，父母“言教”的影响大于“身教”。如果一个孩子出生之后，每天耳濡目染的是父母不文明的语言和行为，家里充斥着争吵、攻击、谩骂，是父母以自我为中心来待人、接物、处事和评论社会现象的话语体系，那么这个孩子在2～4岁就必定会表现出明显的攻击性语言、攻击性行为和明显的自我中心意识，心理学上称之为“社会参照”。他与周围的孩子将难以友好相处，并且在今后上幼儿园、进学校读书的社会化发展过程中，遭遇重重困难。反之，如果一个孩子出生之后，每天看到的是父母之间相敬如宾、和睦温馨的行为举止，听到的是父母之间充满“真诚、善意、美感”的文明语言，那么，在这个孩子今后的人生道路上，大概率会有可以陪伴和引领他人格健康发展的好父母。

（9）家风良好。家风的实质是家族成员的一种稳定的整体修养水平。家风对子女的影响是极为深远的。因此，从孩子出生开始，家长就应该为他们的健康成长营造高品位的家庭文化氛围，尤其要提高整个家庭的文化修养、艺术修养、道德修养。祖辈和父辈对知识孜孜不倦的追求，对事业兢兢业业的责任意识，对文学、艺术、竞技运动等的兴趣爱好，对生活中各种荣辱得失“不以物喜、不以己悲”的豁达态度等，都对孩子构建积极正向的世界观、人生观、价值观产生着“大象无形”“大美无言”的深刻影响。

（10）家校协同。在教育孩子的问题上，家校之间难免会发生一些矛盾。比如，有时老师会向家长反映孩子在校的一些问题，引起家长的不快；有时家长会对老师处理问题的方式表示不满，同样会引起老师的不快；有时在处理孩子一些比较严重的行为问题时，校方和家长之间可能会出现较大的分歧，从而引发家校之间的负性互动。在面对这些情况时，家长一定要自觉配合学校的教育措施，维护学校管理制度和老师的威信，协调对策，相向而行，绝不可在一些细枝末节上与校方纠缠不休，甚至激化矛盾。

4. 尝试亲子沟通四步谈话法

（1）倾听——目的是帮助孩子宣泄情绪。和孩子沟通时，一定要先处理情绪，后处理问题；而处理孩子情绪之前，请先处理好家长自己的情绪。帮助孩子处理情绪的最好办法，就是认真倾听，家长要多听少说，对孩子的各种想法甚至是“荒谬”的想法都“照单全收”，并充分表达自己对孩子的理解和共情。只有这样，才能打开与孩子沟通的大门。

（2）梳理——目的是帮助孩子理清思路。在沟通大门打开后，家长要抱着价值中立的态度，和孩子共同回顾亲子之间的各种矛盾和误解，多做自我批评，并在不动声色之间，帮助孩子梳理矛盾产生的各种客观情境，按照社会心理学的“不犯归因错误”的原理，做到“先归因于情境，再归因于个人”，这样才能消除孩子的自我防卫心理。

（3）讨论——目的是帮助孩子拓展功能。孩子是成长中的个体，他们的社会化发展还正在“进行时”，所以才有哲人说：“年轻人犯错误，上帝都能原谅他。”而亲子之间的讨论正是为了帮助孩子改善他的社会功能，让他学到更多的应对复杂情境的技能技巧。同时，也可以帮助家长更好地认识到自己处理亲子关系的“盲区”，加深对孩子的理解，纠正自己以前没有觉察到的错误言行。

（4）练习——目的是帮助亲子双方改善行为。当走出了亲子双方的认知误区后，还要创设案例情境，使亲子双方通过应对问题情境的模拟练习，提高双方处理亲子矛盾的方法和艺术，各自改善自己的语言行为方式。

5. 在孩子成长的全过程中，家长千万不可有完美主义倾向

无数事实证明，家长的绝对完美主义是孩子健康成长的大敌。因为家长追求孩子的“绝对完美”，所以才会对孩子有不切实际的高期待；因为家长追求孩子的“绝对完美”，所以才给孩子从小埋下了内化完美主义标准的种子；因为家长追求孩子的“绝对完美”，所以亲子之间才爆发了一次又一次的激烈冲突；因为家长追求孩子的“绝对完美”，所以家长和孩子才会有无穷的高焦虑；因为家长追求孩子的“绝对完美”，所以孩子才无法接受自己一点点的“不完美”，甚至丧失了自信心；因为家长追求孩子的“绝对完美”，所以孩子才付出了牺牲身心健康的沉重代价，患上了焦虑症、抑郁症、强迫症甚至精神分裂症；因为家长追求孩子的“绝对完美”，所以才酿成了一个又一个无可挽回的惨痛悲剧，家长也追悔莫及！

很多家长到了最后关头，才大彻大悟，明白了自己的所谓“爱孩子”，实际是“爱自己”，爱自己的面子，爱自己的虚荣。而有的孩子因为自觉对不起父母的这种所谓的“爱”，付出了青春和生命！

那些潜意识中还在不断追求“绝对完美”的家长，在越来越难处理的亲子关系面前，难道还不该清醒吗？

只要父母能够读懂孩子成长过程中的基本规律，预见到由此带来的亲子关系中必然出现的重大转折点，转变自己头脑中不科学的教育理念，采取尊重、理解、共情的态度去和孩子进行平等交流与沟通，那么，健康融洽的家庭氛围就能逐渐形成，亲子之间的误解、矛盾、冲突就会大大减少，家庭高危事件就能得到有效的防范，孩子就能保持一种充满安全感、归属感的阳光心态，去迎接前进道路上可能遇到的各种艰难、曲折和挑战！

第十讲

努力将中小学生的“发展危机”变为“成长转机”

大千世界，芸芸众生，身为家长、教师或心理辅导工作者，最关心的一件事就是孩子的教育。那么，什么是“教育”呢？我认为，教育就是一种传承、一种引领，是前辈对后辈、老一代对新一代、已知者对未知者、先知者对后知者的一种引领。既然是传承、引领，那么引领者就应该走在被引领者的前面。这就好比当向导，如果不是走在队伍的前面，而是跑到队尾去了，等到前面喊：“有人坠崖了！有人摔伤了！”向导才跑上前去说：“你们走错路了，赶紧拐回来往那边走！”那么，他就不是在做向导，而是在做“补救”。“补救”就是“打补丁”，“打补丁”是一定会留下痕迹的。这就又好比救火，火可以被扑灭，但是火燎过的地方必然一片焦黑，一定会留下痕迹。

由此看来，无论是从事心理辅导或者班主任工作，还是作为中小学生的家长，最重要的并不是育人的技巧，而是育人的理念。这个理念，就是指怎样看待学生，怎样看待他们的成长与发展，怎样看待他们遇到的各种心理问题和行为问题。理念不同，看法和判断就不同，采取的处理办法也不同，当然效果也就大相径庭。所以，真正的教育一定要“始于理解”，真正的教育一定要“以心为本”，真正的教育一定要“走在孩子发展的前面”。

那么，教育如何才能走在孩子发展的前面呢？说到这里，就不能不提到一位杰出的心理学家，他就是埃里克·H. 埃里克森。是他，第一次提出了要重视青少年成长过程中必然会遇到的若干“发展危机”。

一、埃里克森的警示：重视青少年的发展危机

埃里克森强调人的发展变化是贯穿一生的。他认为，人的一生要经过八个发展阶段，每个阶段的独特发展任务对应着个体必须应对的危机。这些危机不是灾难，而是契机，是一个人变脆弱或者增加潜力的转折点。个体的危机解决得越圆满，其发展也会越健全。①

埃里克森在《同一性：青少年与危机》中，第一次把二战时期针对受到战争创伤的军人提出来的“同一性危机”概念，应用到充满内心冲突和混乱感的青少年身上，并对这个概念重新做了解释：“‘危机’一词已不再含有灾祸临头的意思，这种看法曾经有一个时期似乎成为理解这个词的障碍。它现在已被承认是指一个必要的转折点，一个决定性的时刻。在这一时刻中，发展必须向一方或另一方前进，安排生长、恢复和进一步分化的各种资源。”②

埃里克森根据其自身人生经验及多年从事心理治疗的观察所见，在1950年提出了解释人生全程发展的著名的心理社会发展期理论，简称“人生发展八段论”（见表1）。

表1　埃里克森心理社会发展期理论要点一览表③

期别	年龄	发展危机	发展顺利者的心理特征	发展不顺利者的心理特征
1	0～1岁	信任vs不信任	对人信任，有安全感	面对新环境时焦虑不安
2	1～3岁	自主行动vs羞怯怀疑	能按社会要求表现出目的性行为	缺乏信心，行动畏首畏尾

① 约翰·桑特洛克：《青少年心理学（第11版）》，第44页。

② 埃里克·H. 埃里克森：《同一性：青少年与危机》，孙名之译，浙江教育出版社，1998，第2页。

③ 张春兴：《教育心理学：三化取向的理论与实践》，第129页。

（续表）

期别	年龄	发展危机	发展顺利者的心理特征	发展不顺利者的心理特征
3	3~6岁	自动自发vs退缩愧疚	主动好奇，行动有方向，开始有责任感	畏惧退缩，缺少自我价值感
4	6岁至青春期	勤奋进取vs自贬自卑	具有求学、做事、待人的基本能力	缺乏生活基本能力，充满失败感
5	青年期	自我统合vs角色混乱	有了明确的自我观念与自我追寻的方向	生活无目的、无方向，时而感到彷徨迷失
6	成年期	友爱亲密vs孤僻疏离	与人相处有亲密感	与社会疏离，时常感到寂寞、孤独
7	中年期	精力充沛vs颓废迟滞	热爱家庭，关心社会，有责任心和义务感	不关心别人和社会，缺少生活意义
8	老年期	完美无缺vs悲观失望	随心所欲，安享天年	悔恨旧事，徒呼奈何

对于“人生发展八段论”，埃里克森有两个独到的观点：

其一，任何一个时期的身心发展，其顺利与否均与前一（或前面各个）时期的发展有关；前一（或前面各个）时期的顺利发展，将发挥良好的基础作用，有助于后一时期的发展。

其二，将人生的每一时期，均视为一个“危机与转机”的关键期，意思是指人生的每一时期各有其特定的问题或困难。困难解决之前，心理危机将继续存在；困难解决，危机化解，危机变为转机，人就会顺利地继续发展。由此观之，“危机系因发展而产生，是正常现象，故而又称发展危机，也称常性危机。有些人之所以行为异常，那是由于发展危机不能适时化解，相继累积，结果阻碍甚至丧失了个人的适应能力所致”[①]。

正因为如此，个人对各发展阶段特定任务的解决的顺利与否，都会

① 张春兴：《现代心理学：现代人研究自身问题的科学》，上海人民出版社，1994，第386—387页。

对个人未来生活中的具体行为模式产生相应的良好或不良影响，因而积极主张在每一阶段都应重视家庭和社会对儿童和青少年的教育作用。[①]

在埃里克森的心理社会发展期理论中，除去与基础教育没有直接关系的“成年期”“中年期”“老年期”之外，真正值得人们关注的是前五个时期个体的发展危机：

（1）0～1岁期间，个体是否较好地解决了“信任”还是“不信任”的危机。

（2）1～3岁期间，个体是否较好地解决了“自主行动”还是“羞怯怀疑”的危机。

（3）3～6岁（大致为幼儿园阶段）期间，个体是否较好地解决了“自动自发”还是“退缩愧疚”的危机。

（4）6岁至青春期（大致为小学阶段）期间，个体是否较好地解决了“勤奋进取”还是“自贬自卑”的危机。

（5）青年期（大致为初中、高中阶段）期间，个体是否较好地解决了“自我统合”还是“角色混乱”的危机。

上述五个发展阶段中，前三个阶段（0～6岁）的学前家庭教育过程中的发展性问题，本书第二讲已经做了较为详细的说明，下面我们着重谈谈第四、五个阶段的发展性危机。

二、小学阶段学生的发展性危机

根据埃里克森的心理社会发展期理论，在整个小学阶段，小学生的最重要的发展性主题是能否养成和保持一种勤奋、积极、进取的学习与生活态度。埃里克森认为，这是有关自我成长的一个最具决定性的阶段，许多人对工作和学习的态度、习惯可以追溯到该阶段的勤奋感养成上。我国20世纪五六十年代盛行于小学校园里的一句口号“好好学习，天天向上”，恰好概括了这个年龄段的小学生最为重要的发展性任务。

---

① 埃里克·H. 埃里克森：《同一性：青少年与危机》，中文版译序。

“天天向上”本来是一切生物求生存、求发展的本能，当然更是人类与生俱来的一种特质。我们只要稍稍留意一下刚刚进入小学一年级的孩子们，就不难发现：哪一位小朋友的脸上不是洋溢着对新学校、新生活的兴奋与期待？哪一位小朋友的小脑袋瓜儿里想的不是“我要早日戴上红领巾”？哪一位小朋友不是认真而又天真地向父母承诺“好好学习，听老师的话”？这完全可以证明“人之初，性本善”，或者至少是“人之初，性向善”吧？可是，过了6年之后，我们再来看看这些当年充满童真的孩子，看看他们到底发生了哪些变化，会惊讶地发现，6年后依然保持“天天向上”的孩子固然还有不少，但不可否认确实也有一些孩子的脸上已经写着自卑与无奈，有一些孩子的眼睛里已经褪去了憧憬未来的光彩，有一些孩子的神态近乎麻木与冷漠，有少数孩子甚至已经被他们的老师和家长斥责为“玩世不恭”和“刀枪不入”。这到底是因为什么？

用埃里克森的观点来分析，小学生从入校求学开始，第一次接受社会赋予并期望他们完成的社会任务。为了完成这些任务，不至于落后于众多的同伴，他们必须勤奋地学习，但同时又难免伴随着害怕失败的自卑情绪。这种勤奋感与自卑感的矛盾构成了该阶段的发展危机。小学阶段的个体如果在学习上不断取得成就，包括在其他活动中经常受到成人的夸奖和鼓励，那么他们就会懂得通过“勤奋学习”便能取得成功，他们在学习上就会变得越来越勤奋。但如果他们在学业上屡遭失败，在日常活动中又常遭教师、家长和同学的批评，那么他们就会觉得自己无能，于是便强化了自卑感。

从当前的教育状况来看，正是家庭和学校过分关注知识教学，才使许多小学生经历了太多学业失败的痛苦体验，才导致这些孩子的自卑自贬、消极沮丧。所以，如何使小学生在6年学习期间，无论其分数高低或名次先后，始终能保持一种旺盛的求知欲和上进心，始终能对生活充满兴趣和自信，是最重要的发展性主题。如果错过了这一发展的关键期，学生进入初中之后就会遇到更为严峻的发展危机。

小学班主任、心理教师和小学生家长，在实施班级管理、心理辅导和家庭教育的过程中，必须高瞻远瞩、通观全局，针对小学阶段这样一个核心的发展主题，在长达6年的时间里，分为三段来实施主动干预、主动引领。

1. 小学低段（一、二年级）要重点抓好的发展性任务及关键点

（1）帮助孩子们尽快完成从幼儿园到小学的转变与适应，特别是要树立起“令行禁止”的规则意识。

（2）在入学之初就注意培养他们良好的行为习惯、学习习惯和生活习惯，使孩子们能受益终身。

2. 小学中段（三、四年级）要重点抓好的发展性任务及关键点

（1）在孩子们智力发展的第二个高峰期，抓好学习辅导，努力促进孩子们智力（特别是思维能力和想象能力）的发展。

（2）满足孩子们正在迅速扩大的交友和被同伴接受的社会性需求，并帮助他们处理好已经出现微妙变化的师生关系和亲子关系，使他们获得成长中必不可少的亲密感和安全感。

3. 小学高段（五、六年级）要重点抓好的发展性任务及关键点

（1）依据高年级孩子在以往知识经验的积累、智力活动的锻炼和大脑功能的发展等方面的良好基础，进一步培养他们对事物本质属性和内部联系进行初步抽象概括和归类记忆的能力，为向初中学习平稳过渡做好准备。

（2）高度关注这个年龄段孩子们的性格发展，使他们在面临这样一个非常矛盾、变化无常和严重失衡的性格发展关键期时，能够得到正确的引导和帮助，以促进他们的性格朝着积极的方向健康发展。

小学三个学段完成发展性任务的操作要点，可参见本书第三讲和第四讲。

综上所述，小学阶段的基本任务是要解决孩子可能出现的“进取或不进取、有能力或无能力”的发展危机、发展态势问题。小学班主任、心理教师和小学生家长，在履行各自的教育或辅导职责时，必须牢牢抓住这样一条小学生心理发展的主线。如果抓得及时，抓得准，抓得牢，抓得好，“危机”就化为“转机”，孩子就健康成长发展了；如果抓得不及时，抓得不准，抓得不牢，抓得不好，“危机”就必定会给孩子中学阶段的发展带来难以克服的障碍。

三、中学阶段学生的发展性危机

埃里克森在心理社会发展期理论中所说的第五个时期，正是个体进入青春期之后接受初中和高中教育的阶段。埃里克森认为，这一阶段是人生发展八段中最重要的时期，可以说是人格发展历程中关键中的关键。这个时期的个体所面临的发展性危机，主要是“自我统合”与“角色混乱”两极之间的矛盾。

“自我统合”，也称“自我同一性”“自我同一感”，是一种个人自我一致的心理感受，是一种关于“我是谁”“我在社会上应占什么样的地位”“我将来准备成为什么样的人”“我怎样努力成为理想中的人”等一连串的感觉。

埃里克森指出，个体在青春期发育开始后，由于身心两方面都产生了很大的变化，便开始从以下六个层面去思考关于“自我”的问题：（1）我有何身体特征？（2）我的父母（老师）对我有何期望？（3）我以往的成败经验如何？（4）我现在有什么问题（如学业成就与人际关系）？（5）我的现实环境有何条件与限制？（6）我希望自己将来如何？个体将上述六个问题的思考结果统而合一，然后用来回答“我是谁”与“我将走向何方”这两大问题，这样的过程就是自我统合的过程。[①]

对于身心迅猛发展而又缺乏生活经验的中学生来说，自我统合绝非易事。因年龄、能力、经验、家庭背景等因素的不同，每个人都会有不同的统合状态，多数中学生在这一时期都不能顺畅无阻地达到自我统合的理想境界。由此可见，或多或少的自我统合危机，对于一般的中学生而言是无法避免的，努力实现自我统合是个体进入中学教育阶段自我了解和自我追寻的必经历程。

① 张春兴：《教育心理学：三化取向的理论与实践》，第132—133页。

进入青春期后个体的统合危机如果得不到及时化解，当事人将难免走向“角色混乱”，以至于阻碍以后的发展。因为一个成熟而心理健康的个体，通常都会对“自我”有一个清晰而持续的概念，他对自己的看法应该是基本上统一的；反之，如果一个个体对自我的认知和评价不能达到基本的一致，缺乏一个清晰和完整的自我概念，他就可能受到“统合性危机”的折磨，失去对生活的自信心、价值感和充实感，迷失前进的方向，经常莫名其妙地感到“空虚”“困惑”“迷茫”“烦恼”，难以正确地应对复杂的社会生活和成长中的种种具体问题。这种情况最容易出现在自我发展还不完善的中学生人群中，特别是高中生人群中。

在中学生这个年龄段，个体必须为自己的未来做出选择和准备，所以中学生的发展危机自然就比较突出。当代的中学生是在不连续的多元文化中成长的，在自我追寻中，他们感受到的多半是困惑和迷失。来自教师、同学、家长和内心（主体意识）对这一阶段“客体自我”种种表现的不同评价（“主体的我”与“客体的我”之间出现的错位，“过去的我”与“今天的我”之间出现的裂痕，“理想的我”与“现实的我”之间逐渐拉开的距离），往往使得他们对“我到底是一个怎样的人”产生怀疑、动摇与迷惑。

将上述中学生心理发展的三对矛盾归结到一点来说，就是“自我统合”与“角色混乱”两极之间的矛盾。因此，这一阶段中学生心理发展的中心任务是发展自我同一性，建立新的自我同一感。

中学班主任、心理教师和中学生家长，一定要紧紧抓住这个年龄段的学生在不同时期遇到的不同的社会适应性问题，预防在先，主动引领，帮助他们化解可能出现的同一性危机，推动他们形成新的自我同一感。具体来说，初中阶段和高中阶段又有重点各异的发展性任务和关键点。

1. 初中阶段必须抓好的发展性任务及关键点

（1）初一年级应该把握的关键点。

一是入学适应性辅导。要帮助学生完成从小学业已形成的学习习惯、学习方法、学习策略向适应初中学习特点、学习规律的转变，这个转变完成得越快、越顺利，学生的学业发展就越顺畅，自我同一感就越强。

二是根据初一学生进入青春期后独立意识和成人感的迅速发展所带来的诸多人际矛盾，开展自我意识辅导。要帮助他们克服正处于高峰状态的“自我中心”意识，正确处理好亲子关系、师生关系和同伴关系，这三种关系处理得越好，学生的自我同一感也就越强。

（2）初二年级应该把握的关键点。

一是根据初二学习难度加大、学习成绩出现“两极分化”趋势的严峻现实，大力开展学习心理（元认知）辅导（参见本书第五讲）。要加强学习方法、学习策略、学习自我监控的指导，尽可能减少由于学习障碍和学业失败给学生带来的困惑、迷茫、自卑和自我挫败感，预防学生在这一关键时期人格发展最容易出现的“角色混乱”。

二是根据初二学生在性生理发育上已经基本达到成人水平以及在性心理发育上普遍出现的相关特征，突出青春期性心理辅导特别是异性交往辅导（参见本书第七讲），以引导他们更好地悦纳自我，恰当地展示自我，满足这个年龄段普遍出现的渴望与异性交往的正当需要，并预防由于同异性“交往过密”、失却分寸而带来的与社会期望之间发生的尖锐冲突及引发的消极情绪体验。

（3）初三年级应该把握的关键点。

一是继续进行元认知学习辅导，同时开展抗挫折辅导，以帮助学生用更强的耐挫力和更切合实际的目标期望来面对即将到来的人生发展道路上的第一次重大考验。

二是在整个学年中，围绕着“自我统合 vs 角色混乱”这一核心，有计划、分步骤地抓好中考前心理辅导与报考志愿的指导。如果忽视这一点，或者只是到考前才做蜻蜓点水式的辅导，那么中考就会成为困扰许多学生长达几个月甚至一个学年的令人焦虑的压力源，并引发他们在自我统合过程中的各种危机。

2. 高中阶段必须抓好的发展性任务及关键点

（1）高一年级应该把握的关键点。

一是入学适应性辅导，这主要是指自我定位的调整，使其“各适其性、各安其所”，包括进入重点高中就读的学生在“高手如林”的新的竞争环境中如何做出恰当的自我评估和自我期待，以适应新的学习环境对自己提出的挑战，也包括进入一般高中和职业高中就读的学生如何调整原来“高不成低不就”的心态，逐步接纳“适合自己的才是最好的”这样一种价值观念，来适应可以说是完全陌生的学校生活。同时，还要加强高中阶段的元认知辅导，帮助他们学会时间管理，在学习过程中提高“质疑探究”“系统整合”的能力。

二是引导学生在一个新的、充满竞争的人际环境中，学会与人合作、和谐共处的交往技巧，处理好因学习竞争、情感纠葛、自尊水平降低带来的种种人际矛盾。

（2）高二年级应该把握的关键点。

一是因新课改实施的“选课走班”制度，以及事实上的按学业水平分班所形成的两极分化现象，可能给相当一部分学困生造成严重的挫败感、厌学情绪及自我的迷失，其中一部分人便会采取逃避态度，他们或逃避到卿卿我我的情感世界中聊以相慰，或逃避到网络游戏的虚拟世界中自我麻醉，或逃离学校，躲到家中一方小天地里与世隔绝、自我放逐，违心去做一只“痛苦的鸵鸟”。因此，在高二应特别注意加强学习心理的调适和理性情绪的辅导，帮助学生矫正不合理的认知，调整自己的学习情绪，制订适度的学习目标，增强学习的计划性及自我控制能力，进一步发掘自己的学习潜能，努力实现自己的人生价值。

二是对学生进行爱情、婚姻问题的价值引导，帮助他们树立正确的爱情观、择偶观、婚姻观，拓展性地构建健康的性生理、性心理、性伦理、性法理的基本认知架构。“对处于该阶段的青少年而言，他们正在经历着一种危机——积极探索价值、理念和信仰时所遇到的危机。他们的承诺要么处于缺失的状态，要么处于仅仅被加以模糊定义的状态”[1]——在他们对待恋爱与婚姻的问题上尤其如此。所以，教师和家长应该引导他们处理好青春期恋情与完成学业目标之间难以完全平衡的矛盾，并预防学生在这一敏感问题上与家长、学校、社会的期望发生激烈的碰撞、对抗以及可能出现的危机。

（3）高三年级应该把握的关键点。

一是面对临近的升学与就业的人生十字路口，协助学生清楚地认识自我，明了自己的特质、需求、背景与价值感，确认何种层次的学校或何种方向的人生道路是真正适合自己并能实现自我的，用整体的观念来做出自己的生涯选择。

二是抓好高考的考前心理辅导，调整考前、考中、考后的心态，加强生命意义和积极世界观、人生观、价值观的教育，防止考试焦虑和其他负面情绪体验的产生。

上述中学阶段 6 个学年的发展性主题是就整体而言的，也是就一般规律而言的。不管哪一个学年的发展性危机没有预防好或处理好，都会引起中学生的社会适应困难和内心的重重矛盾，出现比较严重的同一性危机，并给他们下一个阶段（特别是进入大学后）的发展留下难以消除的阴影。

在这样一条充满艰难险阻的发展道路上，中学的班主任、心理教师和中学生家长理应起到重要的导向作用。如果我们能从大处着眼、小处着手，引领学生主动地去适应外部环境的变化，促进自我同一感的整合，并进一步寻求自我的发展，那么这种适应环境能力的形成不仅会提高他们的自尊，而且也会减轻他们的压力。当青少年运用适应技能解决问题时，其结果通常是，正面的自我评估以及自尊增加了。当青少年学会了调适策略，他们也就学会了现实地、坦诚地面对问题。[2] 但假若班主任、心理教师和家长对这一阶段学生发展的路径指向模糊不清，甚至

① 乔斯·B. 阿什福德、克雷格·温斯顿·雷克劳尔、凯西·L. 洛蒂：《人类行为与社会环境：生物学、心理学与社会学视角（第二版）》，王宏亮、李艳红、林虹译，中国人民大学出版社，2005，第 451 页。

② 同上书，第 450 页。

毫无觉知，尽管看到学生出现各种反常行为，心里也焦虑万分，却找不到其发展受阻的“路段”及障碍所在，那么就会错失矫正偏差的关键时机，甚至导致一个年轻生命误入歧途。

四、努力将中小学生面临的“发展危机”变为“成长转机”

埃里克森的“人生发展八段论”，是当今最广泛地被使用和接受的理论。该理论的每一个阶段都代表着个体成长过程中会遇到的一个挑战[①]，既有其阶段性，又有其连续性，因此对中小学生而言，具有重大的教育心理学意义；同时，他的“同一性危机”理论对于班主任、心理教师和广大家长用发展的、动态的眼光来分析中小学生心理问题和问题行为的成因，也有着重要的应用价值。为了帮助青少年将面临的“发展危机”化为“成长转机”，我们至少应该做好以下五个方面的工作：

1. 教育与辅导应该着眼于发展的关键期，重在抓好“发展危机”的预防

埃里克森特别重视儿童、青少年发展的关键期，强调个体在成长中的某一段时期，其成熟程度应该适合某种行为的发展；如果错失发展或学习的机会，其损失甚至可能是一生都无法弥补的。因此，我们在实施班级管理、心理辅导或家庭教育时，切忌“头痛医头，脚痛医脚”，而应从发展和预防的角度做出通盘考虑和安排，把握每一个阶段对孩子未来有重大影响的关键期问题，让教育走在学生发展危机出现的前面，防患于未然，将问题变为促进孩子成长的“转机”，才能收到较好的效果。

2. 中小学生化“发展危机”为“成长转机”，要有一个具有执行力功能的载体，并有一个连贯的主题

埃里克森认为，人格的发展是一个既有连续性又有阶段性的过程，在每一个阶段都有一对由“自我”与“社会期望”构成的冲突。我们知道

---

① 罗伯特·J. 斯滕伯格：《心理学：探索人类的心灵（第三版）》，李锐等译，江苏教育出版社，2005，第 473 页。

了这些规律，就应该坚持在中小学各个年级（包括应试任务最为繁重的中小学毕业年级）持续地开设发展性心育活动课。因为从某种意义上说，毕业年级周遭环境压力愈大，个体因难以适应而出现发展障碍和危机的概率也就愈大。只有确保心育活动课的阶梯性和连贯性，才能给予中小学生以系统的、具体的帮助，使他们能完成每个阶段的发展任务，顺利地度过一个又一个危机。

3. 中小学生的"发展危机"在我国国情下均与学业成败有密切联系

个体成长的前五个时期的发展危机，无一不与认知学习（包括婴幼儿的认知学习）成功或失败所带来的快乐或痛苦经验有关。所以，当前社会、学校、家庭过分重视知识教学而造成不少学生失败经验过多的事实，可以说是现行教育体制中最有改善空间之处，也是目前中小学生心理问题及问题行为屡屡出现的主要原因。正因为如此，在新课改的背景下，如何认真实施"分层教学""分类作业""小组合作学习"，是促使学业受挫学生走向"成长转机"的切入点，且亟须深入研究和大胆实践。

4. 对于中小学生所表现出来的心理问题或问题行为，绝不可以做孤立的、割断成长线索的分析和处理

我们应该全面了解和考察当事人的家庭背景、求学历程和曾经发生过的重大生活事件，细心发掘当事人成长经历中曲折的生命故事，体察各个发展阶段受阻环节遗留给他们的重大影响，由此方可把握当事人认知、情感、行为中发生变异的奥秘所在。

5. 教育是发展的助力，也可能是发展的阻力①

适当的教育环境可以培养中小学生的适应能力，并帮助他们化解其面对的危机；不适当的教育环境则无法提升学生的适应能力，甚至可能会使学生养成不良的习惯，或者令个体受到或明显或隐蔽的伤害，而造成更多的发展危机。因此，在分析中小学生心理问题或问题行为成因时，要特别注意他们曾经直接接触过的教育者（包括教师和家长）的教育方式给他们心理发展留下的印迹。如果对当事人以往的成长足迹乃至各种

① 张春兴:《教育心理学：三化取向的理论与实践》，第 138 页。

细节没有足够的了解，就很难对某一个具体的个体做出正确的评估和分析，也很难有针对性地从“师源性”和“亲源性”两大方面发现发展性障碍的源头，并尽可能地加以必要的补救与矫正，使其面临的“发展危机”有转变为“成长转机”的可能。

第十一讲

关注学生的基本心理需要

遂古之初，谁传道之？
上下未形，何由考之？
冥昭瞢暗，谁能极之？
冯翼惟象，何以识之？
明明暗暗，惟时何为？
阴阳三合，何本何化？

上面引用了屈原的《天问》开篇的几句话，大意是说：在远古初期，是谁把天道的规律传给我们祖先的？天地上下尚未成形之前，从哪里才能找到它们的源头？宇宙混沌一片明暗不分，又有谁能够探究其初始的根本？大气弥漫朦胧无物，凭什么才能看清它的真相？日月星辰周而复始，究竟是谁在推动它的运行？阴阳参合而生万物，它们的本源到底何在，又是怎么发展到今天这个样子的？

屈原的《天问》其实反映了古代先民探究大自然奥秘的一种求索精神。其实，世间万事万物都是有规律可循的。有时我们做工作不见成效，有些事情甚至多年来难以突破，久拖不决，这并非我们的能力不够，而是我们探究问题的思路出现了偏差。比如说：

学生为什么上课发呆？

学生为什么不肯完成作业？

学生为什么上自习时说话、做小动作？

学生为什么逃学？

学生为什么对老师不肯讲真话？

学生为什么总是与老师作对？

学生为什么打架甚至打群架？

学生为什么痴迷网络？

学生为什么小小年纪谈恋爱？

学生为什么轻生自杀？

…………

还有很多很多的“为什么”。

这些问题困扰教师多年，但似乎总是得不到有效的破解，那么问题到底出在哪里？我认为，说到底还是我们分析、研究学生偏差行为的思路陷入了僵化的模式。

那么，作为教师，特别是班主任，当我们遇到学生各种心理或行为问题时，一般会怎么去分析、处理呢？

一、处理学生心理与行为问题的三种思路

要想了解学生，走进学生的心灵世界，并妥善地处理好学生的各种心理和行为问题，真的不是一件容易的事情。每位教师（包括每位家长）个人的成长经历不同，对生活的体验、对人性的理解也就不同，看问题的视角也自然因人而异，由此带来对一个学生心灵的解读方式和思路的诸多差异。

不同的思路，会带来不同的处理结果。让我们先来看一个案例，这是一位初中心理教师发给我的求助信：

我们学校有这么一个男孩子，他现在读初二，身上的缺点很多，说脏话，破坏欲强，爱捉弄人，自我约束力差，缺乏责任感……翻开他的作业本，字迹潦草，质量低下，本子上满是

叉叉，经常不能完成作业，漏做，忘做……与孩子家长联系，结果发现其父母因忙于生意，早在小学就将他全盘托付给了老师，对孩子的情况一问三不知。

班里的同学对他的评价几乎都是缺点：1. 以自我为中心（比如，上课画“三八线”，同学“越界”了，他就说；而他“越界”了，就说没有“三八线”了）；2. 上课吃东西；3. 爱讲脏话（很恶心）；4. 讲粗话；5. 爱欺负人，没大没小；6. 两面人，老师面前一套，同学面前一套；7. 上课不认真，自言自语或找他人说话；等等。

前段时间我和这个孩子谈了谈。问到关于他家庭情况的时候，他说：“我爸爸是个粗人，是在码头工作的，有的时候会和别人打架。妈妈没有工作，在家里，所以经常是由妈妈管我。后来因为爸爸妈妈忙，所以我一直住在老师家，初一也是住在老师家里。”当问及他的学习情况时，他说：“小时候我的学习成绩还可以，但是到了初中，我觉得各科都好难。我怕吃苦，成绩就下来了，虽然家里还请了一个英语家教。”这是我和他的第一次谈话，他在我面前表现得非常好，什么话都和我说，并且也表现得非常尊敬老师，根本不像他班主任所说的那么令人讨厌。

后来我又去找了他的班主任，班主任说：“是啊，你不知道，他在老师面前都装得很好。前一段时间，上生物课，老师讲：‘人在排尿的时候会释放热量。’他就大声说：‘老师，那你在排尿的时候是不是也释放热量啊？’”这个孩子总喜欢说一些很难听的话。

班主任还说：“这个孩子的报复心和破坏心很强，以前有一位老师批评了他，他竟然把502胶水粘到老师的衣服上。还有一次，他把老师电脑上的计算机作业删掉了很多，只剩下几个人的。这个孩子总以搞破坏为自己的乐趣。”

当老师把他找过去谈话的时候，他表现出很听话、很悔恨的样子，可是回到班级以后，就又和从前一样了，所以班主任真是拿他没办法。

面对诸如此类的案例，不同的教师（或家长）一般会有三种不同的分析问题的思路。

1. 德育论的分析和处理思路

如果从传统的理论视角出发，可能会从下面四个维度去探讨：

（1）道德认知维度——认为学生的问题是由道德认知有错误而导致的，所以要反复给他们讲道理，即“晓之以理”。比如，认为亲子关系搞不好、孩子顶撞父母，是因为孩子“不懂感恩”，加强“感恩教育”才能改变孩子；学生高危事件频发，是因为自杀的学生“不懂得尊重生命、珍惜生命”，加强“生命教育”才是消除高危事件的根本之道；等等。

（2）道德情感维度——认为学生的问题是由道德情感匮乏造成的，所以要努力激发他们的积极情感，即“动之以情”。例如，在“感恩教育”中，往往会听到一些“大师”的煽情演说、号召：“孩子们！现在请你站起来去拥抱你的父母，对他们说‘爸爸妈妈我爱你’吧！”于是，全场呈现亲子相拥而泣，孩子声泪俱下地表态自己一定要如何如何的感人场面，并以此作为“教育效果良好”的例证。

（3）道德意志维度——认为学生的问题是由道德意志薄弱而导致的，因此要对他们进行“挫折教育”，磨炼他们的意志，让他们在挫折面前能“持之以恒”。例如，当前各种教育媒体都在反复呼吁学校和家庭：要加强对学生的抗挫教育，培养他们顽强的意志，以改变他们厌学、逃学、迷恋网络的行为。

（4）道德行为维度——认为学生的问题是由未能养成良好的行为习惯导致的，因此要为他们树立良好的道德榜样，加强道德行为的“养成教育”，即“导之以行”。

应该说，传统德育理论面对学生各种心理和行为问题，提倡“晓之以理、动之以情、持之以恒、导之以行”的应对思路，在有些时候是有一定效果的，但在有些时候也会陷入形式主义、教条主义的误区。

2. 教育学的分析和处理思路

教育学认为，教育的本质是为了促进人的社会化发展，即促进人的社会成熟度，使新生儿能够从一个生物性的人逐渐变成一个社会性的人，从一个幼稚的人逐渐变成一个成熟的人。学校教育和家庭教育所做的一切，说到底都是为了促进儿童、青少年的社会化发展。在这个过程中，不管我们的学生（孩子）的发展是顺利还是不顺利，起到关键性作用的是三大因素，即遗传、环境、教育。

（1）遗传因素——包括智力遗传因素的影响、气质遗传因素的影响、性格遗传因素的影响和人格遗传因素的影响。智力和气质是可以遗传的，这一点毫无争议。那么，性格和人格难道也可以遗传吗？这个问题在学术界争论了许多年。美国心理学家纽鲍尔通过长期的实验研究发现：每个生命都源于不同的基因组合，使得每个人都成为大自然的新实验。谁会想到，害羞可能受到遗传的影响？某些饮食失调的疾病、强迫性行为的倾向、愈演愈烈的生理与心理疾病，也是遗传惹的祸？谁会想到，人类特性中最高尚的、感同身受的同情心，竟然也受到生物学的影响？[①]纽鲍尔强调，其实每个孩子对世界的反应都受到天生性格的影响，但人们往往不愿意相信基因对性格有极为重要的影响力。[②]至于人格的遗传性，我们可以读一读美国心理学家范德在《人格谜题》这本书中的一段话："研究者认真地提出'行为遗传学的第一法则'：所有东西（一定程度上）都是遗传的。并非所有人格来源于经验，其中一些来源于基因。"[③]联系到上面的案例，我们从这位初中生的身上，是否可以看到他父母在性格方面对他的影响？

（2）环境因素——"现实环境的意义非常重要，它会影响我们的感知以及我们所做的事情，决定我们如何与他人互动，并且对我们能否成

① 彼得·B. 纽鲍尔、亚历山大·纽鲍尔：《自然的指印：遗传在性格中扮演的角色》，赵永芬译，中信出版社，2003，前言。

② 同上。

③ 大卫·C. 范德：《人格谜题（第 4 版）》，第 234 页。

功地实现目标产生很大的影响。”[①]“教育学里也提出，儿童适应他生活和行动于其中的环境就是任何教育的最终目标。”[②]上面这个案例中，个体的家庭环境存在着许多对个体成长不利的因素，这是毋庸置疑的。但更值得注意的还有两个环境因素：一个是他在班级中被群体排斥的问题；另一个是他从小学一年级到初中一年级，在长达7年的时间里被寄养在班主任家里。这两个特殊的成长环境对个体带来的深刻影响是值得深思的。

（3）教育因素——教育学认为，儿童、青少年不可能一生下来就具备娴熟的应对社会环境的技能、技巧，良好的社会适应能力和良好的行为习惯要靠家庭和学校的教育来传授。所以，无论是家长还是教师，都要关注和反思我们司空见惯的教育理念和教育方式。像上面的案例中，除了家庭教育因素之外，班主任对个体的许多评价和采取的教育措施，有时候恰恰对个体的行为改变起到了阻碍的作用。

3. 心理学的分析和处理思路

心理学的分析思路认为，中小学生在成长过程中经常会面临四对矛盾，这四对矛盾如果得不到有效的处理和化解，个体就会出现各种异常心理和偏差行为。

（1）人的基本心理需要与需要缺失的矛盾。

在人的自我成长早期阶段，基本需求满足对于健康自我的形成尤为关键。如果个体从幼儿阶段到青春期的基本需求都能够得到合理满足，那么绝大多数儿童、青少年都能发展成为心理健康的正常人。“如果人的基本需求不能够得到合理满足，人的社会化发展就会受到抑制，人的自我成长就会受到遏制或扭曲，人的生理或心理就会出现各种不良症状，最终以基本需求症候群的形式表现出来。”[③]

---

① 马乔里·J. 科斯特尔尼克等：《0—12岁儿童社会性发展：理论与技巧（第八版）》，第21页。

② 列夫·谢苗诺维奇·维果茨基：《教育心理学》，龚浩然、许高渝、潘绍典、刘华山译，浙江教育出版社，2003，第276页。

③ 李晓明：《人的基本需求与自我成长》，中国财富出版社，2012，第6页。

（2）人生发展关键期与关键期发展受阻的矛盾。

我们在前面已经介绍了埃里克森的人生发展关键期理论。这一理论认为，生长是一个日复一日渐进的过程，但生命过程中相继的各部分都表现出各自不同的特点，从而可以称之为成长时期的各个发展阶段。①成长中的儿童为了从一个生活阶段进入另一个生活阶段，就必须解决一系列问题，这又被称作“发展任务”。如果儿童在完成每项任务时都能取得成功，那么他们就会得到快乐并为社会所承认。这些成功还为完成今后的任务打下牢固的基础。然而，未能完成任务的儿童可能会感到不快乐，不会得到社会的承认并在完成今后的任务时会遇到困难。②后一种情况又称为“关键期发展受阻”。

（3）个体成长趋势与环境限制的矛盾。

个体成长趋势主要表现在三个方面：一是进入青春期的孩子自我意识发展进入了第二个高峰，他们出现了强烈的自主意识、独立意识、成人意识，总想要摆脱家长对自己的控制；二是由于性的萌动激发了他们对异性的兴趣，渴望与异性建立更为密切的关系；三是他们把建立与同龄人的友谊看得远比家庭亲情重要，希望通过各种渠道（如使用手机或外出）来扩大自己的交友范围。这三大方面其实都是青少年成长中的正常现象和必然趋势。而在当下的社会文化背景下，学校和家庭当然会对他们做出种种约束甚至限制，这同样也是一种必然的现象。但是，当学校和家庭等外部环境对青少年的约束和限制超出了某个极限时，就必然引发激烈的矛盾冲突，并给青少年带来一系列心理和行为问题。

（4）青少年的理想自我与现实自我的矛盾。

人的思维总是指向未来的，儿童和青少年更是这样。他们的脑袋里总是天马行空，也许一天到晚想着：我3年之后会怎样？ 5年之后我是谁？ 10年之后我在哪里？ 20年之后我是否能成就一番事业？……我们

① 中央教育科学研究所比较教育研究室编译《人的发展》，教育科学出版社，1989，第6页。

② 同上书，第455—456页。

将这称为“理想自我”。但是，他们当下遇到的实际问题却常常是“理想很丰满，现实很骨感”，这就是我们说的“理想自我与现实自我的矛盾”。一般来讲，理想自我与现实自我总是有差距的，但如果这种差距过大，就会给青少年带来严重的心理冲突甚至是心理危机。近年来频频发生的校园高危事件，问题往往都出在这对矛盾上面。

心理学的分析还有其他不同的视角，“四对矛盾”之说只是我的一孔之见。另外，前面讲到的德育思路、教育学思路，其实都与心理学的原理有交叉，并非截然对立。但总体思路不同，应对策略和效果还是有差别的。

“四对矛盾”在这里不可能全面展开论述，下面我们重点说说“人的基本心理需要与需要缺失的矛盾”。

二、深入理解马斯洛的需要层次理论

马斯洛的需要层次理论是很多教师在以往的学历教育或专业培训中就接触过的，但是对这一理论的深入理解并不能单单停留在心理学教科书的层面。

那么，什么是“基本需要”呢？马斯洛说：“它们是人类天性中固有的东西，文化不能扼杀它们，只能抑制它们。”它们“不是丑恶的，而是中性的或者是良好的”。[①]

一个特性如果符合下述情况就可视为一种基本需要：

（1）缺少它引起疾病。

（2）有了它免于疾病。

（3）恢复它治愈疾病。

（4）在某种非常复杂的、自由选择的情况下，丧失它的人宁愿寻求它，而不是寻求其他的满足。

（5）在一个健康人身上，它处于静止的、低潮的或不起作用的状

---

① 秦龙：《马斯洛与健康心理学》，内蒙古人民出版社，1998，第83页。

态中。[①]

马斯洛把这种天性中固有的、中性的或者良好的基本需要，从低级到高级排列为五个层次：

马斯洛的需要层次理论

马斯洛认为，人的需要是分层次的，低一级需要如果得不到满足，那么“他对其他东西会毫无兴趣”；而如果低一级需要得到了满足，那么高一级的需要就会立刻出现；而当高一级的需要也得到了满足，新的更高一级的需要就又会出现。以此类推。我们所说的人类基本需要组织在一个有相对优势关系的等级体系中就是这个意思。[②]

下面，我们对人的这五个层次的基本需要，结合中小学生的具体情况做一个较为具体的探讨。

1. 生理的需要

生理的需要，即“食色，性也”。马斯洛说：“如果一个人极度饥饿，那么，除了食物外，他对其他东西会毫无兴趣。他梦见的是食物，记忆的是食物，想到的是食物。他只对食物发生感情，只感觉到食物，而且也只需要食物…… 这样的人真可谓单靠面包为生。”[③]

在生存需要基本上得到满足的现代文明社会，能进入中小学读书的

① 秦龙:《马斯洛与健康心理学》，第 83 页。

② 弗兰克 · G. 戈布尔:《第三思潮：马斯洛心理学》，吕明、陈红雯译，上海译文出版社，2001，第 41—42 页。

③ 秦龙:《马斯洛与健康心理学》，第 84 页。

孩子，可以认为他们在最低层次的需要方面已经没有大的问题；即便其中还有极少数的困难家庭，也有国家提供的最低生活保障以及社会公益组织的救助。那么，按照马斯洛的观点，就会依次出现下面四个更高一个层次的需要。

2. 安全的需要

学生入学后，首先出现的是安全的需要。在这一点上，我们必须同时考察一个人的早期生活经验，因为在人的早年生活中，尤其是在出生后的最初两年里个体的安全需要得到满足是很重要的。正如马斯洛所说："在幼年时期就得到安全感，变得坚强的人，在以后的生活中无论遇到何种威胁，他们往往仍旧能保持安全感和坚强性格。"① 从这个意义上说，孩子的安全感首先源于家庭中早年良好的亲子关系。

长大后，当一个小学生或中学生进入学校，他首先关注的也是这个班的老师"对我好不好"，他"凶不凶"，他会不会"当着全班同学的面骂我"，他会不会"罚站""罚抄作业"，会不会"把我赶出教室"，等等，这实际上就是学生的一种安全需要。按照马斯洛的说法，儿童需要的是一个可以预料的世界。儿童喜欢统一、公平及一定的规律。缺乏这些因素时，他就会变得焦虑不安。这一点关系到儿童的适应性能不能得到正常的发展。当然，安全需要普遍存在于人的各个年龄阶段，但在儿童身上则表现得更为明显。儿童需要各种生活常规，否则就会焦虑。父母争吵、离婚或意外事件的干扰，都会给儿童带来不安，影响他们健康成长。在学校里，教师的苛责、同学的冷落和秩序的混乱等，均可使学生感到安全受到威胁。②

3. 爱与归属的需要

如果安全的需要得到了满足，那么一个学生对爱与归属的需要就出现了。例如，他希望融入自己所在的集体，成为其中受欢迎的一员；希望有知心朋友，能和同学保持友好的关系；渴望得到老师、同学的关

---

① 弗兰克·G. 戈布尔：《第三思潮：马斯洛心理学》，第49页。

② 车文博：《人本主义心理学大师论评》，首都师范大学出版社，2010，第162页。

爱。这种需要如果得到满足，学生就会产生良好的归属感，感到集体的温暖，否则便会引起孤独感和爱的缺失感。而孤独感、疏远感、背叛感，甚至是复仇感，正是归属的需要没有得到满足的指标。[①] 此时，他必然会趋向于加入一个能接纳他的、境遇与自己比较相似的“小团体”，与他们同气相求，来表达自己的不满、敌对与反叛。那么，攻击性、破坏性行为发生的可能性就大大增加了。

缺乏爱，就会抑制成长以及潜力的发展，整个世界就会陷入敌意和猜忌之中。马斯洛说：“爱的饥饿是一种缺乏症，就像缺乏盐或缺少维生素一样……我们需要碘和维生素 C，这一点对于每个人来说都是毋庸置疑的。我提醒你们，我们需要爱的证据与此完全是属于同一类型的。”[②] 很多心理学者也认为，爱与归属的需要遭受挫折是心理失调的主要原因，对于成长中的心灵脆弱的中小学生来说尤其是这样。

值得注意的一个问题是，中小学生对爱的需要比较能够被我们所理解，也能够引起教师和家长的重视，所以“没有爱就没有教育”这句话才会成为教师和家长熟记的名言。但是，中小学生对归属的需要却常常被我们所忽略，而对于那些有心理问题和行为问题的学生来说，因为被教师或其他同学的家长视为“近墨者黑”的诱因而不被同伴团体所接纳，并带来归属感的严重缺失，恰恰是他们的问题的最重要成因之一。特别是在中小学阶段，如果一个学生被自己所属的班级同学所排斥，或者是处于被“边缘化”的地位，那就必定会导致一系列的心理问题，甚至会出现严重的对抗行为。那些不被同伴接纳或是遭到拒绝的儿童通常都是高危儿童，这些高危儿童更有可能辍学、有违法乱纪行为，在青春期和成年期出现情绪和心理问题。[③] 我们甚至可以认为，忽略中小学生归属感的需求，甚至采取无所顾忌的粗暴方式，把一个学生排斥于现实群体

① 理查德 · A. 施穆克、帕特里夏 · A. 施穆克：《班级中的群体化过程（第八版）》，廖珊、郭建鹏等译，中国轻工业出版社，2006，第 46—47 页。

② 弗兰克 · G. 戈布尔：《第三思潮：马斯洛心理学》，第 44 页。

③ 罗伯特 · 斯莱文：《教育心理学：理论与实践（第 7 版）》，姚梅林等译，人民邮电出版社，2004，第 64 页。

或虚拟群体之外（例如，赶出教室、赶出家门、踢出“网课钉钉群”等），是教师和家长万万不可触碰的一条“高压线”。

4. 自尊的需要

如果一个学生能够从学校和家庭中得到足够的爱和归属感，那么他就会立即出现自尊的需要。

什么叫“自尊”？自尊就是一个人的自我价值。我们每个人都渴求一种生存的尊严。我们对自己的认识在很大程度上取决于他人对我们的看法。我们的自我感觉和自我认同完全受制于周围的人对我们的评价。如果我们进了一间屋子，人们甚至不屑于瞥上我们一眼，或者当我们告诉他们某某事情时，他们马上表现出不耐烦，那么我们很可能会对自己产生怀疑，觉得自己一无是处。①

在这里，我想用最通俗的语言来表述“自尊”，那就是一个学生在班级里能活得有头、有脸、有面子、有掌声、有荣誉、有奖状、有鼓励、有赞美、有责任、有担当、有贡献、有价值、有力量、有能力、有位置、有用处、有存在感和必不可少②，而不是悄无声息，像空气一样看不见、摸不着地默默存在。而且，这样一种想在群体中活得“有头、有脸、有面子”的想法，不仅仅是那些学习在班里排在前几位的同学才有的，是每一位学生，包括学习成绩在整个年级里排在倒数第一位的学生都有的。对教师而言，这就是一件比较复杂、需要高度重视并认真动脑子去创设各种条件的事情了。

（1）要给你的学生（或你的孩子）“留面子”。俗话说，“人要脸，树要皮”，而且人的脸面比树皮要“薄”得多，是绝对经不起伤害的。师生关系、亲子关系都是一种等级关系，作为教师和家长，要时时提醒自己不要在公众场合居高临下地批评自己的学生或孩子。当家长在他人面前数落孩子的种种“不争气”的表现时，或者当教师在教室里当众批评

---

① 阿兰·德波顿：《身份的焦虑》，陈广兴、南治国译，上海译文出版社，2007，第7—8页。

② 亚伯拉罕·马斯洛：《动机与人格（第三版）》，许金声等译，中国人民大学出版社，2007，第28页。

一个学生时，即使话讲得十分有道理，这个孩子或学生也会感到自己的“面子”被“撕破”了，他就会立即启动本能的“自我防御”机制，竖起自己心理上的“盾牌”，甚至产生一种莫名的愤怒和冲动，从而不仅使家长和教师的批评教育效果“归零”，而且很可能酿成无可挽回的恶性事件。

美国心理学家希瑞尔指出：“在人类个体发展的阶段中，再没有比自我功能脆弱的青少年时期更容易因公共羞辱和同伴诋毁更疯狂的了。”① 但愿我们的家长和老师都能记住这个振聋发聩的警告。

（2）要营造一种积极的班级（或家庭）氛围，时时为你的学生（或孩子）提供正向反馈。哪怕是一点点微小的长处和进步，都不要忽略，而要加以适度的放大，做出积极的评价，使其得到彰显，从而让学生（或孩子）感受到自己的价值。因为个人的自我价值认同“往往取决于他人的反应。这种标签式的过程，乃源于‘镜中我’，即其自我概念的形成依赖他人与自己的关系”②。换句话说，一个人自尊需要的满足不仅取决于自己对自我价值的认可，更取决于他人对自我价值的认可，即能得到他人对自己的重视和尊重。所以，教师和家长都要寻找机会肯定孩子们的成就和独特性，而不要只是期望。当你很快地肯定一个学生在潜力或成熟方面取得的任何进步时，他就会受到鼓舞；当你要求过多，并且急于求成时，你就会让他丧失信心。③

（3）要搭建多种平台，给不同水平的学生提供展示自己价值的机会。一个学生得到他人重视或尊重的资本来自两个方面：“一是凭借自己的先天素质或天赋非常自然、轻松地取得的成就；二是基于自己后天努力所取得的成就。相对而言，通过后天努力取得成就而受到他人尊敬更能给人带来满足感。”④ 但是，对于班级中学习成绩或行为表现居于后进

---

① 希瑞尔：《解读自杀心理》，聂晶译，中国轻工业出版社，2007，第 27 页。

② 查尔斯 · H. 扎斯特罗、卡伦 · K. 柯斯特 – 阿什曼：《人类行为与社会环境（第六版）》，师海玲、孙岳等译，中国人民大学出版社，2006，第 258 页。

③ 简 · 尼尔森、琳 · 洛特、斯蒂芬 · 格伦：《教室里的正面管教》，梁帅译，北京联合出版公司，2014，第 92 页。

④ 李晓明：《人的基本需求与自我成长》，第 49 页。

地位的学生而言，这就是一个难题。所以，教师对这部分学生的自尊需要的满足要给予高度的重视。要全面观察、深入了解这些学生不被他人注意的优势和正向资源，创设多元化的评价与展示平台，让他们的一技之长能够在大众面前得到展示。

综上所述，自尊的需要包括两个方面：一是希望得到别人的尊重，如得到关心、承认、赏识、赞许、支持和拥护等，由此产生认可、威信、地位等情感；二是个人对自己的尊重，由此产生胜任、自信、自强、自足等情感。这两种情感通常都产生于对社会有益的活动之中。因此，自尊是努力的结果，是赢得的回馈。①“一个具有足够自尊的人总是更有信心、更有能力，也更有效率。然而，当他缺乏自尊时，他就感到自卑、无望，从而可能导致绝望和神经症行为。”②

5. 自我实现的需要

自我实现是指实现一个人最高的发展潜能，也就是人本主义心理学所说的“本人才能的充分发挥”③。“马斯洛把自我实现置于人的需要层次的顶端。这意味着，在自我实现的需要可能满足之前，必须首先满足诸如安全之类更基本的生命延续的需要。”④

由此可见，当一个学生对“安全”“爱与归属”“自尊”的需要得到合理满足之后，自我实现的需要就立即出现了，这个学生才可能有学习的动力和上进的愿望，他的全部潜在能力才有可能被激发出来。

换言之，当一个学生在课堂上趴着睡觉不听课，也不做作业的时候，当一个学生表现出其他明显的厌学情绪和厌学行为的时候，或者说当一个学生没有产生“为实现自己生命的意义和价值而努力学习”的最高需要时，我们无须对他进行更多的“学习目的、学习动机”的教育，因为他的问题并非出在不懂得“为何学习”上，而是出在他的人性需要结构中，处于中间层次的三个需要，即“安全”“爱与归属”“自尊”的

---

① 车文博：《人本主义心理学大师论评》，第163页。
② 弗兰克·G. 戈布尔：《第三思潮：马斯洛心理学》，第45页。
③ 中央教育科学研究所比较教育研究室编译《人的发展》，第275页。
④ 同上书，第277页。

需要尚未得到满足。因此，我们的干预思路就是要往“他的中间层次需要是否出现了问题”这方面去探查。例如，亲子关系的恶化、父母的离异、同伴的歧视和排斥、师生之间的矛盾、学业上的屡战屡败等，这些问题假若没有得到妥善的解决，他怎么可能出现“为实现自己生命的意义和价值去努力读书”的强烈动机呢？

所以，马斯洛才说：“如果没有已经获得满足的低级本性做基础，人的高级本性就是不可想象的；发展人的高级本性的最好方法，是首先实现和满足人的低级本性。”①

总而言之，人的心理健康水平的维持，主要是以人的中间层次的需要，即对“安全”“爱与归属”“自尊”的需要得到满足为前提的。一个学生在家庭中以及在校期间能否具有安全感，能否得到家庭、教师、团体的接纳，能否得到父母、教师、同学的关爱和尊重，决定着这个学生的人格能否健全地发展。如果一个学生满足自身基本需要的愿望被漠视、被压抑，或者满足自身基本需要的机会被剥夺，或者满足自身基本需要的行动不断遭受挫折，那么这个学生的行为便可能出现异常，甚至会产生极端化的反社会行为，走上犯罪的道路。

三、处理好师生之间或亲子之间心理需要的矛盾

马斯洛提出的五个层次的心理需要，不仅是每一个中小学生之所必需，也是每一位教师和家长都必需的。但问题的复杂性在于，有些时候，师生之间、亲子之间在同一种需要上会产生矛盾。在这方面，有两类矛盾的出现频次是比较高的，一类是师生双方的自尊需要方面都受到伤害的矛盾，另一类是亲子双方在“爱”的需要方面都面临缺失的矛盾。由此又会引发两种值得注意的倾向：

1. 教师把“高等级的尊严”置于“低等级的尊严”之上

自尊不仅是学生的心理需要，也是教师的心理需要。问题在于，在

① A. H. 马斯洛：《存在心理学探索》，李文湉译，云南人民出版社，1987，第158页。

某些场合，学生的自尊可能被教师伤害了，而教师的自尊也可能被学生伤害了，此时该怎么处理？比如下面这个案例：

> 某高三借读生在数学课上因为对老师的评价不满，小声嘟囔着骂了老师，而老师则走过去把一摞作业本狠狠摔到了学生脸上，该生立即站起来对老师当胸就是一拳，老师踉踉跄跄倒退着躺倒在后面的课桌上，全班学生哄堂大笑。老师满脸通红地站起来，冲出教室，跑到教导处要求将这名学生开除。

这个案例中，师生双方的自尊都受到了对方的伤害，如果学校按照老师的要求将这位借读生开除，那么当事学生肯定不服气，在场目睹全过程的其他学生也肯定有想法；如果让这位当事学生当众做检讨，那么老师当时也有错，要不要也做检讨？如果学生检讨而老师不做检讨，那么全班可能会舆论哗然；如果老师也在全班面前做检讨，那么老师的自尊会不会再次受到伤害？由此可见，这样的处理方式只会使师生双方的矛盾的死结愈系愈紧。

美国奥伯林学院校长罗伯特·W. 福勒在《尊严的提升》中提出了“等级主义”这个概念。他说，我们的社会处处充满了等级，学校也是一个等级社会。等级本身并不一定就是问题，问题不在于等级本身，而在于等级的滥用。我们主张“尊严面前人人平等”，我们尊重等级但不要等级主义，把高等级的尊严凌驾于低等级的尊严之上的行为才会产生等级主义。只有当人们滥用权力来贬低地位比他们低的人的时候，才播下侮辱的种子。长此以往，侮辱转化为愤慨，备感刺痛的受害者可能渴望报复。结果，相对温和的沉默抗议者有之，激烈的杀人报复者也有之。[①]

福勒论述了“高等级的尊严凌驾于低等级的尊严之上”可能带来的严重后果，而这种维护自尊的不平等性也是学校教育中并不少见的现象，尽管其表现的形式各不相同。所以，处理上面这个案例的前提是，

---

① 罗伯特·W. 福勒:《尊严的提升》，张关林译，上海人民出版社，2008，导言。

作为教师首先要能意识到“等级主义”的危害性，并对维护学生的自尊需要具有较强的自觉性。而从操作层面上说，则要注意几个要点：（1）不可公开处理师生双方都有失误的课堂突发事件，因为公开处理等同于“公开叫号”，双方为了维护各自的自尊，可能会使问题陷于僵局；（2）应在隐秘的场合下，师生双方平等沟通；（3）作为教师应主动迈出第一步，因为强者主动“伸手”是强者的风度，而弱者主动“伸手”可能意味着羞辱；（4）处理矛盾的过程宜粗不宜细；（5）矛盾化解后，可用一种象征性的行为方式，在公开场合对全班学生发出暗示性的正面信息。

2. 父母把自己“爱的需要”置于孩子“三大基本需要”之上

从接触到的大量案例中，我感觉令人非常担忧的一点是，中小学生对“安全”“爱与归属”“自尊”需要的满足，在部分学生家庭里存在着严重的问题。有为数不少的学生感到自己的家庭没有温暖、关爱、人情味、理解和谅解，只有责骂、侮辱、冲突、争吵、冷漠、苛求、婚姻危机和家庭暴力，充满沉闷、死寂、压抑、危机四伏、令人窒息的气氛，一些父母甚至把自己的孩子作为自己与配偶“争斗”的“筹码”。在这种家庭氛围中成长起来的孩子，内心深藏着恐惧、不安、孤独、自卑、疑虑，甚至是仇恨，这会直接影响他们的日常生活、学业进步和情感发展，有可能会导致他们的人格发生扭曲，其中的少数人则可能出现比较严重的心理疾病。

很明显，生活在这样的家庭里，无论是父母还是孩子，都是不快乐、不幸福的。有不少的父母因为家庭没有满足自己对“爱与归属”的心理需要而选择了离婚，这是可以理解的。而且，说不定这些父母离异之后，也会重新找到自己所期盼的“爱与归属”。但是，这些父母没有想到的更为严重的问题，是父母的离异对孩子来说则无异于“雪上加霜”，在孩子中间层次需要的缺失方面造成了更大的伤害。也就是说，父母离异尽管有一千种一万种的无奈，但说到底，还是把自己的“爱的需要”置于孩子的“三大基本需求”之上了；他们对离异后孩子将会出现怎样令人痛心的种种异常心理和异常行为，是没有足够的心理准备的。而等到他们发现自己当初的草率之举彻底改变了孩子的正常人生道路时，就悔之晚矣！

当然，我不是绝对化地反对遭遇不幸婚姻的父母走上离异之路，因为“家家都有一本难念的经”，而且这毕竟是各自的权利和选择。但如果这些父母在心里能把孩子对“安全”“爱与归属”“自尊”这三大基本心理需要的渴望，放在自己对“爱的需要”的不满足或渴望之上，那么面对再严重的婚姻危机，也可能还会有几种更为理智、考虑更为长远、对孩子更为有益的选择路径吧！

四、给教师和家长的四点特别提示

1. 理解人性需求，方能减少对孩子的“误判”

真正的教育应该“以心为本”。时时处处考虑学生的内心感受和内心需要，才能与学生心心相通。如果只考虑教师或家长的内心感受，而不考虑学生的内心感受，教育要“以心为本”就是一句空话。

把握了学生的人性特点与基本心理需要，再复杂的问题也会变得简单和明晰起来；反之，本来是简单的问题也会被教师或者家长人为地复杂化。问题一旦被复杂化，那么不仅学生的成长可能被扭曲，而且教师或家长自身也就没有幸福感可言了。我们教师的职业生涯会变得很无奈、很痛苦、很没有乐趣，我们家长与孩子的关系会变得很紧张、很冷漠、很没有温情。

所以，若是想要有效处理学生的心理问题与行为问题，根本举措在于教师和家长要理解人性，读懂学生的基本心理需要，尽可能地减少“误判”。有时候，学生的问题看起来似乎很复杂，某些表现甚至非常出格、匪夷所思，让教师和家长都感到焦头烂额、无从下手。但如果我们能沿着一种正确的思路，去揭开学生表面那层张扬、坚硬的外壳，就会发现其实他们的内心深处包裹的是极其脆弱的人性需要——唯恐被否定、被排斥、被边缘化，唯恐失去尊严、失去朋友、失去父母的关爱。

2. 任何教育的成功，关键都在于“建立信任关系”

任何与“心”有关的教育，其成功与否的关键都在于双方之间是否建立了信任和安全的人际关系。学校教育、家庭教育和学生“问题解决”的前提与第一要务，也是“建立信任关系”。

对师生之间、亲子之间建立“信任关系”影响最不好的，是教师和家长的情绪失控和言语失控。而教师、家长之所以会出现情绪和言语失控，根本原因不一定是其情绪调节能力不强，而是教师或家长对问题行为的“误判”，而“误判”必定激起学生或孩子更强烈的反弹，于是引发师生之间、亲子之间的恶性互动与恶性循环，甚至将事情弄到不可收拾的地步，而这又进一步增强了教师的职业挫败感和家长的教育无助感，于是又会激发教师、家长一再的情绪失控等。

3. 父母的主要责任，在于维护良好家庭关系的稳定与和睦

就家庭教育而言，家庭是满足孩子“安全”“爱与归属”“自尊”三大心理需要最重要的基地和最根本的保障。不管孩子在学校里或在社会上遇到什么样的困难，只要家庭内部是完整的、和睦的、稳定的，只要家庭是充满亲情、关爱、理解和对孩子无条件接纳的，那么孩子就不会出现严重的心理问题和行为问题。家庭是孩子人生道路上歇脚、疗伤和调神养心最可靠的大后方，是孩子情感能源最重要的补给地，是孩子不断上进、成就自我、实现梦想最强大的精神支柱。因此，父母最大的责任并非一天到晚监管孩子学习，而是努力耕耘好家庭关系、家庭亲情这块孩子灵魂植根的沃土。

亲子沟通的秘诀也并不只是语言的技巧，亲子之间只有同处在人性需求的“频道”里才能产生“共振”。所以，家长要把自己主要的关注点放在孩子人性需求的中间层次上，时时检索、反思自己的一言一行是否有利于满足孩子的“安全”“爱与归属”“自尊”需要，这三个最重要的“穴位”打通了，亲子沟通的情感“脉络”就畅通了。

4. 师生沟通的成效，在于与学生“人性相通、平等对话”

就学校教育而言，师生双方在人性的基本需求上是完全相同的，所以师生之间应该是人与人平等相处的关系，在出现师生矛盾时不应激化为“敌对关系”“对手关系”“谈判关系”，不存在谁“战胜”谁的问题，不存在一定是“哪个赢哪个输”的问题，不存在“谁压倒谁”的问题。如果教师站在一种居高临下的等级主义立场上，是无论如何也解决不好问题的。

师生关系也不是一个简单的“以理服人”或“以情感人”的问题。有时候，我们教师讲的道理十分充分，甚至可以把学生讲到“理屈词穷”“哑口无言”的地步，但为什么学生还是无动于衷，甚至“依然故我”？因为他们的价值观与我们教师的价值观不在一个层面上。我们教师看重的是成绩、纪律、道德、社会法规，而学生看重的是安全、尊严、面子、同伴关系、友情亲情。如果这些最基本的需要没有得到满足，他们是无法考虑更高层次的价值观念的。

一部科幻电影中说：“人类与猿猴的基因只有百分之三的不同，但正是因为这一点点不同，我们人类才有爱因斯坦、莫扎特，还有现代歌星。”由此我联想到：一个优秀的人民教师与一个传统的“教书匠”之间的差别或许只有百分之一的不同，这个百分之一可能就是对学生成长规律的透彻理解和对学生内心深处人性需求的深切共情。但就是这一点点理念上的差异，却能给我们的事业带来明天的希望，给我们的学生带来人生的幸福，给我们自己带来成功的快乐！

第十二讲

校园危机干预的重点是“处境不利的学生”

一、对青少年高危事件的两大误解

美国心理学家希瑞尔在《解读自杀心理》中说：“人们之所以自杀，是因为他们看不到解决自身痛苦的希望存在。……无论个体是否存在精神疾病，只要他所体验到的巨大情绪痛苦被知觉为无法逃避的、无穷无尽的和不可容忍的，任何人都会产生引发自杀的绝望感。”

自杀的孩子往往是被误解的。可怜十几岁的花一样的生命，不仅瞬间凋零，而且还要在脱离躯壳的灵魂背后拖上一条长长的阴影，这是何等的残酷与无情？但是多年来，面对自杀的中小学生，却时不时冒出一些欠妥的说辞，最常见的偏见或误解有两种：

1. 认为自杀的青少年“抗挫折能力差”

这种看法忽略了一个最基本的立足点，就是我们到底是从成年人的角度出发来看问题，还是从青少年的角度出发来看问题。须知人的抗挫折能力并不是靠单纯的“挫折教育”来提升的，而是与年龄的增长及大脑功能区的成熟度密切相关的。它涉及遭遇挫折时个体产生的负面情绪强度（主要由杏仁核区域负责），以及大脑对这种负面情绪的管控、调节力度（主要由前额叶区域负责）。人的杏仁核在婴幼儿期就开始快速发展，而前额叶属于大脑皮层中最高级的神经功能区域，它的成熟过程更复杂、更漫长，一般要到 22～24 岁才能发育完全。所以，当遇到外界刺激时，青少年的脑和成人的脑反应模式完全不同。成人会更多地通过前额叶而较少通过杏仁核来做出反应，因此，他们对外界的反应会更加理智；而青少年则恰恰相反，他们主要依靠杏仁核来做出反应，因此会对刺激表现得非常情绪化①。当代脑科学研究告诉我们，要求青少年能像成年人那样具有顽强的抵御挫折的能力，是不切实际的。

2. 认为自杀的青少年“不懂得热爱生命”

2005年前后，全国中小学普遍开展了大规模的“生命教育”，一直延续至今，其目的不言而喻。“生命教育”是一个完整的理论体系，而且也是非常必要的；但若用“生命教育”来防止青少年自我伤害现象，其中就隐含着一个基本的假设，那就是认为青少年的自杀行为是由于这些孩子对生命的“不热爱、不尊重、不珍惜”造成的。事实上，这一判断是经不起检验的。因为你若是与有自杀意念的学生谈生命的珍贵，他一定会反问你：“我怎么不知道生命的珍贵？我怎么不知道生命属于我且只有一次？我怎么不知道我还年轻、来日方长？可你哪里会知道，我现在的处境是生不如死啊！”也就是说，“生不如死”才是他当下对生命的真切体验。而“生命教育”在全国开展多年，青少年自杀现象并未因此呈下降趋势，也恰恰说明这一判断在思路上出了偏差。

其实，从100多年前法国社会学家涂尔干的名著《自杀论》，到当代美国心理学家希瑞尔的《解读自杀心理》等，都对自杀问题有过相当严谨的、多角度的研究。有一位精神分析学家就曾明确指出：“几乎每个实例中，自杀都是由痛苦引起的，一种特殊的心理痛苦，我把它称为‘心理创伤’。此外，这种创伤源于心理需求受挫或扭曲。”②所以，今天我们研究中小学危机干预问题，绝不能离开心理学、社会学已有的科学结论，去做一些主观臆断的，甚至是带有偏见的推想，因为这样只会导致我们偏离正确的干预轨道，浪费大量的时间和资源，不仅于事无补，而

① 范斯坦：《探索青少年脑的奥秘》，北京师范大学“认知神经科学与学习”国家重点实验室脑科学与教育应用研究中心译，中国轻工业出版社，2006，第11页。

② 托马斯·乔伊纳：《为什么要自杀》，曹梦琰、潘千译，中国致公出版社，2015，第31页。

且会因为我们的误判而无法发现并阻止更多令人痛心的“意外”。

二、校园危机干预亟待调整思路

1. 危机干预的重点要从“危机后”转向“危机前”

当前的校园危机干预往往是在触目惊心的事件发生后才启动紧急应对预案的，“启动预案”这四个字屡屡见诸媒体平台，恰恰证明了我们的危机干预是“马后炮”。不言而喻，这种危机干预实际上是在干预那些“危机事件主角”周边相关的人员，而主角则“斯人已逝”矣！这类“马后炮”式的危机干预，关注的是如何处置有关师生的应激反应，如何应对社会舆论和媒体，如何“摆平”亲属可能出现的过激行为和过度诉求，等等。这些工作当然是必要的和重要的，但不容置疑的是，真正应该干预的重点是那条已经消逝而本来不应该消逝的鲜活的生命！这说明我们的危机干预思路必须加以调整，要痛定思痛。但遗憾的是，一些学校往往在危机出现时手忙脚乱，危机过后也会在一段时间里重视心理健康教育，可一旦风平浪静了，就会渐渐失去警觉，有的地方甚至出现惨烈事件在同一学校一再上演的悲剧。

2. 危机干预的预警范围要从“数字”扩大到“人”

当前各级教育行政部门非常重视校园危机的预警工作，心理教师每年开学初就把工作重点放在有关心理量表的测试、统计、分析上，工作量极大且又繁杂，为此他们付出了艰辛的努力，也发挥了很重要的作用。但我们也发现，有一些危机个案并非在开学初的心理测查中所能发现的，他们的问题其实是在求学的过程中逐步形成并累积起来的。这些隐性的危机个案，一开始并不会立即进入心理教师的视野，但个案的心理暗流却时不时地会在任课教师的眼皮底下涌动。所以，在某些时候，心理教师是“不接触”而“不知情”，而任课教师是“常接触”而“情不知”，潜在的危机就慢慢发酵了。

我不是说心理测查可有可无，必要的筛查工作还是要做的，至少可以帮助我们掌握一个数据统计上的概念，并且向各级行政部门提供必要的参数。但现在的问题是心理筛查工作在有些地区出于"谨慎规避责任"的动机，被层层加码、人为放大了：有的地区和学校不仅在新生入学时进行心理筛查，而且每年在每个年级都搞心理筛查，有的学校甚至每个学期都要搞心理筛查，还有的地方连小学一二年级的学生也要搞心理筛查。结果弄得学校花费了大量的时间、精力、物力、财力，心理教师忙于统计分析，逐级上报数据，通报班主任，约谈家长和"重点人员"，签订安全责任承诺书，基本上要两个多月时间才能消停下来。但效果怎么样呢？不少心理教师暗中叫苦不迭，说："查出的高危学生大多没有出现极端事件，出现极端事件的学生基本上没有查出来。"

这是为什么呢？细想一下，原因其实很简单：一是我们做危机筛查的工具主要就是那么几份量表，如 MHT 量表、SCL–90 量表和 PHQ–9 量表等，因为年年做，甚至每学期做，学生早已熟知量表的内容，填写问卷时轻车熟路，无须认真思考；二是真正有自杀意图的学生往往是深思熟虑的，因为自杀通常也需要思考，有时甚至是慎重的计划和演练[①]，下定决心自杀的人是不会轻易暴露自己的真实意图的，他们在填写测查问卷时，会刻意隐瞒自己的真实感受和想法；三是有一些学生确实有焦虑、抑郁等负面情绪，但他们并未真正想过要结束自己的生命，他们有时做出自残自虐的举动只是为了向他人求助，还有一些学生则是为了虚张声势，在填写问卷时制造想要自杀的虚假信息，以便向家长和老师施加压力，谋求逃课、逃学、逃避作业和考试，从而达到"因病获益"的目的；四是有些学生的高危事件属于"青少年冲动型自杀"，而冲动型自杀往往是受突发事件的刺激，一时激愤所致，这类"怒发冲冠，一跃而下"的高危举动是很难在常规的心理测查中反映出来的；五是从统计学的角度而言，一种问卷测查在运用到大规模人群样本中时，统计数据的信度是比较高的，但在应用到一个小样本人群或者具体个体身上时，它的效力就会大打折扣了。鉴于上述种种因素的影响，心理测查数据的信度是不稳定的，我们的确需要它们，但我们不可盲目地依赖它们。

---

① 希瑞尔:《解读自杀心理》，第 11 页。

由此可见，危机预警工作绝不可停留在心理测查的数字上，而应树立“全员危机预防”意识，把预警的雷达扫描范围扩大到一个个具体的“人”。正如瑞典心理学家乔斯所指出的，“慢性生活事件的叠加没有出现特别致命的影响，因此，在自杀预防方面，应将注意力集中在降低负性生活事件在心理上的累积效应”①。

3. 危机干预的发力点要从“个体干预”延伸到“系统干预”

学生的心理问题说到底是一个关系问题，而关系的错位一定是在某个系统的互动中产生的，不可能孤立存在。所以，高危个体的背后实际是系统中的某个成长环境出了问题，他在系统的互动中往往处在“处境不利”的地位。干预的发力点如果只指向高危个体，不延伸到问题背后的成长环境系统，那么就无法有效地控制高危事件的滋生。还是乔斯说得好：“自杀危险的增加是多种因素共同影响所致，而非单一因素的独特作用。因此，对自杀因素的研究主要不在于识别独立的危险因素，而更多地应在于澄清危险因素间彼此影响的机制。”②

三、校园危机干预的重点是“处境不利的学生”

前文提到的在成长环境系统中居于“处境不利”地位的学生，只是与大多数发展顺利的学生相比较而言的。他们并不都是先天不足或后天不努力，而只是社会比较的产物。这也许是学校、社会或家庭没有为他们提供一个更公平、更适当的环境或舞台，使他们丧失了许多发展的机会；也许是缺少必要的心理支持系统，长期被教师的忽视或被家长的失望、愤怒和指责所包围；也许是遭到了同伴的鄙视、嘲笑或群体的排斥、漠视；等等。这些行为有意或无意地使他们受到了伤害，出现了潜在的危机。这些学生往往会表现出更多的防卫心理和行为问题（敏感、多疑、

① 沃瑟曼主编《自杀：一种不必要的死亡》，李鸣等译，中国轻工业出版社，2003，第34页。

② 同上。

捣乱、富有攻击性等），也往往会误读社会性线索，做出不当的侵犯性反应。如果发现不及时或发现后处理不当，他们很容易转化为校园高危事件的主角。因此，他们才是校园危机干预的重点所在。

学校中“处境不利的学生”主要包括以下四种类型：

（一）学业挫败导致处境不利

1. 基本特征

这里所说的“学业挫败”，不仅是一种学习成绩明显低下的客观表现，而且更是一种当事人情感情绪上明显遭遇挫败的主观感受。他们当中，有的人是学业确实遭受挫败，且环境压力很大；有的人是学业并未遭受挫败，但因定位不当、力不从心，且环境压力很大，因而深陷泥淖不能自拔；还有的人是学业相当优秀，但因未达到预期目标，因而深感自我挫败。在行为和情绪反应上，他们的表现特征往往如下：

（1）焦虑与抑郁。低自尊和无价值感会导致低水平的慢性抑郁，而当学业失败引发的愤怒指向自我内部时，会导致自残、自虐等较高水平的抑郁。

（2）社会性孤立。因学业问题引起的师生关系、亲子关系问题，使他们体验到更多的孤独感和很强烈的压迫感。

（3）违纪问题。消极的自我概念和情绪困扰容易转化为直接的行为问题。

（4）自杀倾向。这是负面情绪积累到极端状态时的必然趋势。

2. 教师的应对策略

（1）不要犯“基本的归因错误”。人们在考察别人的行为时，总是倾向于把当事人的成功归于外因，而把当事人的失败归于内因。这就是“观察者效应”，又称“基本的归因错误”或“归因偏差”。许多教师在考查学生学业挫败原因时，往往首先归因于学生缺乏努力或性格有缺陷，其次便是家庭和同伴的影响，而很少考虑自己的教学方法是否恰当、是否对学生关心不够等。这种“归因偏差”对调动学生的积极性、改善他们的学习状况十分不利。

（2）要准确理解学生的内心世界，减少对学生问题行为表象的误判，这可以有效防止因学生学业挫败引发师生之间的恶性互动。

（3）要多给予情感的抚慰。学业挫败的学生往往在课堂上听不懂，因而被任课老师批评，或被同学嘲笑，回家后还会遭受家长痛斥，这就使他们的自信心和自尊心受到沉重打击，行为上表现得越来越冷漠甚至是自暴自弃。此时，教师若能及时给予学生情感的抚慰，给予他们极大的心理支持，必定能缓解他们的焦虑，并使其重拾信心。

（4）要给学业挫败的学生以同样程度的关注。哪怕他们有着诸多的困难，要提高成绩也绝非易事，但教师的态度、表情、语气等方面也绝不可以有丝毫的冷漠、懈怠和忽视。

（5）对于未达到自己理想目标、出现严重情绪困扰的尖子生，要格外警惕。如果识别、干预不及时，其中一些人就会出现焦虑症、抑郁症、强迫症、癔症甚至是精神分裂症。对这样的学生一定要求助专业人员，从认知行为层面挖掉其背后深层次的完美主义的“根子”。

（二）同伴交往障碍导致处境不利

1. 基本成因

（1）被同伴排斥。被同龄人排斥会使青少年更具有攻击性和破坏性，产生更多的适应性上的问题，并表现出许多无效的、不成熟的行为，如退缩、自卑和焦虑，容易体验到挫折感和其他的情绪障碍，在班级里表现出较少的群体参与性和更多的孤独感。

（2）遭受校园欺凌，特别是受到反复、持续、故意的伤害。包括直接的人身欺凌，如殴打、捆绑、敲诈勒索等；直接的言语欺凌，如辱骂、恐吓、讽刺、起外号等；以及间接的欺凌，如借助第三方实施的攻击、造谣、离间、网络流言蜚语和社会排斥（孤立）等。

1983 年，挪威的三名中学生不堪忍受学校里其他同学的欺负而相继自杀，这一事件引起了挪威政府与社会的震惊和关注，并最终引起全欧洲范围内对该问题的大规模研究。

2. 行为特征

受欺凌的学生往往注意力分散、不自信、无安全感、成绩下降、不愿意到学校上学，而低自尊、缺乏自信、无自我价值感是受欺凌者的典型心理特征。他们一般都不敢向家长或老师反映真实情况，因为怕受到欺凌者更多的报复，结果往往被不明真相的家长、老师加以批评、责备，得不到理解与支持。受欺凌的学生只好把这些伤害深深埋在心底，这便进一步影响了课堂学习，导致成绩下降并进入恶性循环。此时他们的情绪反应会比较激烈，容易产生心理挫折感，并为抑郁、焦虑所困扰。国内外许多研究结果都表明，受欺凌者有更强烈的抑郁症状，他们感到孤独、焦虑，甚至会有自杀意念。因此，班级中受欺凌的学生往往是高危人群，教师务必保持高度警觉。

3. 教师的应对策略

（1）要在班会课上进行发展性、预防性的心理辅导，对学生进行同伴交往的社会技能训练。

（2）要认真整肃班风，确立班级规范，强有力地树立正气，旗帜鲜明地引导“求真、扬善、塑美”的良好班风。

（3）要对班级中的欺凌现象持“零容忍”的态度，对无辜受到欺负的学生要及时发现、及时给予心灵上的抚慰和支持。

（三）师生关系紧张导致处境不利

1. 师生关系的基本性质是“等级关系”

师生关系是一种“教育与被教育”“管理与被管理”的关系。美国社会心理学家丹·克莱门特·劳蒂认为，“教师拥有掌管学生的权力”[①]，而且这种权力很少受到有效的监督。因此，说到底，师生关系是一种“等级关系”，是一种师生之间非自愿的、非选择性的、带有强制性建构的关系，是一对天然的矛盾关系，如果处理不当，很容易发生冲突。这是问题的一方面。

教师职业是一个高度个体化的职业，教师在教育教学过程中受到的职业规范方面的督导是相当少的。教师的大部分工作时间都是在其他成年人（包括学校领导、同事、家长等）的视野之外度过的，教师的工

① 丹·克莱门特·劳蒂：《学校教师的社会学研究》，饶从满、于兰、单联成等译，人民教育出版社，2011，第55页。

作场所是半封闭的，教师的工作对象大部分是社会化发展尚未完善的儿童、青少年，所以教师的工作过程往往带有随意性和非制约性。一些教师缺少对自我的自觉约束，容易冲动、吼叫、发脾气、拍桌子、扔物品、肆意发泄情绪，甚至暴力体罚。这一职业特点极容易使师生关系中的等级性、突发性冲突爆发，而且越是面对低年龄段学生的教师，其往往会表现得越强势，从而导致弱势一方的学生备感压抑。这种不对等、不公平的负面情感情绪的积压一旦达到极点，就会引爆突发性危机。

2. 师生矛盾会给学生带来巨大的压力

对教师来说，师生关系好坏是事关教育、教学工作成败得失的“生命线”。对学生而言，师生关系如果出现恶化，则会触碰个人成长的“高压线”，一旦“触电”，给尚未成年的学生带来的精神压力和伤害是无以复加的，往往导致学生心理压力急剧增加，影响学生人格的健全发展，在特殊情况下（如受个人气质、个性因素的影响）则会演变成高危事件。教育蓝皮书《中国教育发展报告（2014）》公布了2013年抽样调查的79例中小学生自杀案例，其中有14例是教师处理学生问题时言行失当造成的。[①]

3. 教师的应对策略

（1）要加强教师的情绪自我管理。师生关系的恶化往往是具体问题情境诱发的，并突出地反映在教师的情绪失控上。因此，这里对教师提出情绪自我管理的三大原则：一是“基本原则”，先处理情绪，后处理事情；二是“变通原则”，先稳定大局，再处理情绪，最后处理事情；三是“自律原则”，牢记师生矛盾说到底是成年人与未成年人的矛盾，成年人在未成年人面前应表现得更为大度和成熟。

（2）要特别注意克服教师的完美主义倾向。某些优秀的教师惯于追求绝对完美，在班级管理上容不得“眼睛里进一粒沙子”。因此，在处理具体问题时，其要求往往整齐划一甚至更加苛刻，总是说一不二，缺

① 杨东平主编，黄胜利、邓峰副主编：《中国教育发展报告（2014）》，社会科学文献出版社，2014，第175—190页。

乏弹性；在态度上、言语上透着一种强势，缺少一些人性化的理解、接纳和包容，常常会因个别学生的不良表现而引发强烈的焦虑情绪，结果一不小心就会在师生关系上“擦枪走火”。由此引发的高危事件并不少见。

（3）必须引导全体教师学习师生沟通的艺术，克服过去习以为常的命令、控制、指挥、警告、威胁、训诫、说教、讽刺、挖苦、揶揄、随意的批评指责、不愿意积极聆听等错误做法，代之以真诚、接纳、尊重、同感、倾听等理念、方法与技巧。

（四）亲子关系障碍导致处境不利

1. 父母离异给孩子带来的严重伤害

父母离异普遍会使子女的情感、情绪出现消极反应，极易产生强烈的愤怒、恐惧、抑郁等负面情绪。这些孩子比其他儿童、青少年更容易怨恨父母和迁怒他人；他们对成人怀有敌意，对谁都不信任，自我封闭，不愿与他人进行情感交流。而父母离异后如果再婚，这些孩子就更会担心被唯一的亲人遗弃。年龄越小的孩子，这种恐惧心理越强烈。这种源于不安全感的恐惧在弥散之后，就容易转化为较长时期的沮丧和消沉，使他们对周围的人和事失去兴趣，对未来感到悲观绝望。大量的证据表明，父母离异不仅会遏制儿童的情绪情感、性格、智力和社会性的良好发展，而且还可能导致精神异常、心理变态和行为异常。[①] 他们的内心充满着负性情感的张力，如果此时家庭内部的人际关系没有得到改善，也没有得到外部的及时援助，就很容易因为周边环境中一些微小的火花引发高危事件。

2. 不当的家庭教育方式引发亲子冲突

最突出的有两种情况：

（1）家长的高期待、高压力、高焦虑、高管控，导致亲子关系恶化。

（2）隔代抚养或重组家庭，因父母疏于照管、亲子感情淡漠，在

---

① 郑信军：《聚焦处境不利学生：社会性发展研究的对象关注》，浙江大学出版社，2007，第187页。

孩子出现学习与行为问题之后，父母走向另一极端，导致亲子关系恶化。

3. 教师的应对策略

（1）由于此类处境不利的学生的危机根源主要在于家庭，所以教师首先要打消顾虑，采取积极介入的态度，联系家庭等有关各方，共商教育大计，让监护人承担起责任。介入的主要策略应该是“求共识”“促联络”“做指导”，教师应该扮演的角色是“家庭教育指导专家”，而不是具体的“家庭矛盾调解人”。

（2）在校内对离异家庭子女给予更多的关注和关爱，对他们的不利处境多理解、多倾听、多予以心理上的支持，鼓励其他同学多和他们交朋友，关心他们生活、学习上的具体困难并给予帮助，给他们以情感需求的补偿。

四、对校园危机干预的再思考

1. 校园危机干预的独特性在于“可预防”

因天灾人祸导致的社会性危机事件往往具有突发性，多数情况下是难以抗拒或不可抗拒的。因此，干预的重点应放在危机后相关人员的应激反应和社会稳定上。而校园危机大多数是有征兆的、渐进的，是有一个积累与演变的过程的，因此是可以预见和预防的。校园危机干预不能完全套用社会性危机干预的模式，而应该以预防为主，重在危机发生前的察微知著、未雨绸缪。

2. 校园危机的发生是有一定规律的

除了因人际冲突引发的校园危机有其突发性和冲动性之外，多数校园危机的范围是有限的、可控的，发生的时间和环境是有规律可循的（特别是在每学期开学第一个月，以及重大考试的前后）。只要能把握青少年成长的规律及各个年龄段的特点，详细地了解相关学生的成长背景和现实的行为表现与情绪反应，再注意学校工作的运作规律，就完全可以做到及时干预。

3. 个人的高危特征一般会通过“最初的危机行为”释放信号

青少年最初的危机行为，往往包括一些不太严重但节律频繁的自我伤害行为，这些行为通常会发展成某些异常行为，学校和教师必须对此持有高度的警惕意识。

4. 心理辅导室是校园危机干预的“地震监测站”

我们知道，地震不可能每天都发生，但地震监测站绝不能有一天的关门歇业。学校心理辅导室也是如此，必须每天按时开放，认真接待学生来访。绝不可为了应付上级检查而搞形式主义。辅导教师必须认真对待与学生的每一次简短的会面，因为这可能是你在危机发生前唯一的预警和干预机会。同时，班主任也必须从“对学生生命负责”的高度出发，支持和鼓励自己的学生（包括与自己有矛盾的学生）到心理辅导室寻求帮助，绝不可用暗示、讽刺、施压等方式对学生的求助行为设置障碍，甚至公开加以阻拦。

5. 要认真办好家长学校，提高家庭教育的科学水平

生命教育的首要对象应该是家长。学校必须让家长高度警觉起来，真正地尊重和珍爱孩子的生命，切莫将分数和“家长的面子”置于孩子的宝贵生命之上。

第十三讲

心育活动课的“八个误区”和“八种困惑”

心育活动课是学校心理健康教育的“主渠道”，但在其20多年的实施过程中，暴露出来的操作误区还是比较多的。这并不奇怪，毕竟相对于传统教育方式而言，它还是新事物。不过令人奇怪的是，许多早在20多年前就被提出来，并且在理论和实践层面已经得到了较好解决的问题，近几年又被提了出来。当然，一方面，这从某个角度再次说明了这些问题的重要性和业内对其的关注度；另一方面，它也反映了这20多年来，我们的心理教师队伍处于很不稳定的状态，“以老带新”“代代传承”的骨干队伍未能形成规模。最重要的是，它还警示我们：由于各地开展心育工作的不平衡，心育活动课的理论推广与实践操作训练在相当广的区域范围内还很薄弱。

关于这方面，我已用专著的形式对其理论探索和实践经验做了系统的总结，有兴趣的读者可以搜索这方面的信息，本书中就不赘述了。在这一讲里，我只对提高心育活动课的实效性谈一些看法。概括起来说，大概有“八个误区”和“八种困惑”需要解决。

一、心育活动课实施中的“八个误区”

所谓“误区”，就是一种“误解”“偏误”“误入歧途”，它多与心理教师的认知偏差和实践经验欠缺有着直接的关系，而并非有意为之。所以，只要解释清楚了，纠正过来应该是不难的。

1. 活动理念出现偏移

心育活动课在实践操作层面存在的大多数问题，都与活动理念出现偏移有直接关系，但实事求是地说，出现问题的主要责任并不在一线教师身上。因为要每一位心理教师对每一节心育活动课的主题和理念都把握得比较准确，是有难度的。因此，要从宏观上为一线教师拿出课程规划和相关的活动参考资料，并且保持相对的稳定性和权威性，让一线教师心中有一个“标准”。

要想把握好心育活动课的活动理念，关键是要吃透两个方面的内容：

（1）要对中小学生的年龄特点有准确的理解。心育活动课的基本功能是发展性和预防性的，它的主题要跟着学生的年龄特点和成长足迹走，而不是跟着形势变化走。中小学生的年龄特点和心理发展是有规律的，它不像德育课程那样要紧跟社会形势的变化，必须审时度势。正因为人的成长发展有其相对稳定的规律，所以发展心理学这门心理学分支学科才能形成一个相对稳定的理论体系。从 1882 年德国心理学家普莱尔出版的《儿童心理》被公认为第一部科学的、系统的儿童心理学著作算起，到 40 多年前去世的皮亚杰，再到当代最有影响力的发展心理学家斯滕伯格、加德纳等一大批杰出人物的研究成果，都用大量的实验证明了发展心理学 100 多年来的科学性与稳定性。所以，要想把握好心育活动课的活动理念，就要把握好儿童、青少年的成长规律，读透发展心理学。如果我们对中小学生的年龄特点和心理发展规律的认知只停留在教科书上，那是远远不够的。

（2）要对我们本土的学校运作规律和教育现状有切实的理解。中小学生的心理发展障碍，与他们的生存环境有着直接的关联。我们如果对学校里每天发生的事情及其波及范围（比如对学生本人及家庭关系的影响）了如指掌，并且对学校不同学段的运作规律有现实的把握，那么我们对学生在每个年龄段可能遇到的发展障碍就会有准确的预判。

将上面两点弄清楚了，我们开课就不会“两眼一抹黑”，心育活动课的发展性功能和预防性功能就能得到有效发挥，心育活动课每一个主题的活动理念也就不会发生偏移了。

2. 要么气氛沉闷，要么秩序混乱

出现课堂气氛沉闷或秩序混乱的主要原因：

（1）团体动力没有很好地得到启动与激活。

（2）教师的课堂调控、组织能力比较薄弱。

（3）活动主题脱离学生实际的需要，或者是学生不感兴趣的。

（4）活动设计形式不够新颖。

（5）团体活动的设计缺少结构化。

（6）课堂活动节奏拖沓。

（7）团体凝聚力不够。

（8）教师的亲和力与人格魅力不足以聚拢人气。

（9）班级原有基础薄弱，班风欠佳。

上述课堂气氛沉闷或秩序混乱的原因中，普遍存在两个核心问题：

（1）心育活动课既是一种团体活动，又是一种课堂形态。我们知道，只要是课堂，就需要课堂管理，而课堂管理是对教师有能力和技巧要求的。从这个意义上说，心理教师首先是一个“教师”，首先要过好“教师关”，然后才有可能当好一个“会上心育活动课”的心理教师。

（2）如果心理教师没有强烈的专业动机，没有一种想通过自己设计的辅导活动来帮助学生应对在成长中遭遇的各种困惑的专业冲动，或者没有一种为某个活动环节的设计日思夜想、茶饭不思、夜以继日、辗转反侧的“着迷”，那么在活动实施过程中，团体动力就难以被激活，活动现场出现磕磕绊绊、阻力重重、进展迟缓、气氛沉闷、彼此防范、关系疏离等现象，也就毫不奇怪了。

因此，当心育活动课上出现团体动力僵滞的时候，教师切不可责怪学生，而应认真分析并反思教师辅导行为中的失误之处，认真吸取教训，积极加以调整和改进。

3. “调侃之风”时有抬头

课堂“调侃”可能是针对活动主题、讨论话题、活动素材，甚至是对辅导教师个人因素（不重视、不信任、不接纳、不欣赏）的一种抗拒，是团体运作过程中的一种阻抗形式。

团体队员在团体中有点幽默感，偶尔开开玩笑，可以作为团体的润滑剂，能够适当缓解紧张的气氛，是有益于团体发展的。但如果有人在团体中常常用开玩笑的方式来面对严肃的课题，就可能是一种防卫行为了。例如，借由让大家发笑而除去考虑问题时的痛苦，或借由自己的幽默而引起他人的注意。清华大学樊富珉教授也强调，每个人或多或少都喜欢在团体中表现自己，以引起他人的重视，这无可非议。但是，当这种情况过分时，会引起他人的反感。当他们的言行给团体带来很大的破坏，若不及时处理，则会产生不良后果，轻者团体凝聚力减弱，重者使团体解体。①

相关研究表明，在心育活动课中，健康的调侃可以为团体成员带来快乐，而不健康的调侃则是一种传染病，会很快削弱团体凝聚力。两者之间的界限是显而易见的。

如果学生在课堂上跑来跑去，回答问题嘻嘻哈哈且充满调侃意味，这并不是辅导氛围良好的标志。真正良好的辅导氛围应该是充满真诚、安全、尊重，学生高度专注、活而有序，团体成员会被所讨论的话题深深吸引。当学生围绕主题认真思考和讨论时，也可能会在发言中出现一两句智慧的调侃，但那是和人人都可以感觉到的“调侃成风”的不健康课堂氛围完全不同的。

学生对话题讨论的真情投入和表达的精彩迭出，主要来源于同龄人之间的思想碰撞，这需要非常好的团体氛围。所以，心育活动课应该严格遵循团体动力学的运作规律。如果一个辅导教师对团体运作的内在规律掉以轻心，那么尽管学生表现出了一种热热闹闹的团体表象，但作为一个团体，学生依然没有感觉到其内部应该涌动的活力、能量和心灵的凝聚力。

那么，应该如何处理不健康的调侃之风呢？主要对策如下：

（1）重在预防。充分运用团体动力“起、承、转、合”的运作规

---

① 樊富珉:《团体心理咨询》，高等教育出版社，2005，第170页。

律[1]，有步骤地推动团体张力不断上扬，营造健康、开放、活而不乱的团体氛围。

（2）提高教师自身的组织、调控能力，及时发现不健康的调侃之风并加以引导。有经验的教师应该对可能破坏团体氛围的调侃保持敏锐的洞察力，并及时做出反应。及时处理调侃的苗头并不等于板起脸“叫停”，而是重在及时提醒，它需要教师的教育机智，这与教师保持接纳的辅导态度并不矛盾。

（3）建立团体规范。心理学家及社会学家已发现，人们需要一些纪律才会有安宁、幸福的感觉，才可能使团体活动在热闹而又有秩序的教室中进行，从而在活动中促进有效的学习。

4. 对“结构化”活动设计抱有畏难情绪

有些心理教师觉得“结构化”活动设计太难了，想不出多少活动来，因此总想一个活动做到底。这个问题的出现，实质上是没有将大团体辅导与小团体咨询加以区分。

我们有不少心理教师，在高校里接受的基本都是团体咨询的训练。在团体咨询中，因为关注的重点在团体中的每一个成员身上，所以活动较少，有时候甚至是一个活动做到底，重在深入分享。例如，美国心理学家罗杰斯就不主张使用活动，而是以团体中的每一个成员为中心来展开互动，这样的团体一般就是“非结构化”的。但是，“大多数学者仍然认为，在团体中刻意安排一些活动具有正向的功能，通过这些活动的安排可以列出团体发展所需的主题和思考，使团体产生效能”[2]。显然，将主题、活动、思考、分享列入设计方案的团体，就是“结构化”或者是“半结构化”的团体。

“结构化的团体辅导与咨询”需要事先做好充分的计划和准备，并安排一系列有固定程序的活动。在这类团体中，团体领导者的身份易辨

① 钟志农：《探寻学生心灵成长“路线图”：中小学心育活动课程开发指南团体》，教育科学出版社，2012，第256页。

② 赵芳：《团体社会工作：理论 · 实务》，知识产权出版社、中国水利水电出版社，2005，第252页。

认、角色明确，而且经常采用较多的引导技术，促进团体成员的互动。这类团体的优点是在初始阶段就能增加团体成员的合作，降低参加者的焦虑，容易聚焦。心育活动课就属于“结构化的团体辅导与咨询”，比较适合青少年。

“非结构化的团体辅导与咨询”不安排有程序的固定活动，领导者配合成员的需要，根据团体动力的发展状况及成员彼此的互动关系来决定团体的目标、过程及运作程序。领导者的主要任务是催化、支持团体成员，常常以“非指导”的方式来进行。这类团体一般适合年龄较长、心智成熟、表达能力较强的人。[①] 经验证明，只有心智成熟的成年人才有可能围绕一个活动步步深入地走进自己的心灵隐秘之处，而这样的深入分享绝非短短40分钟的时间就可以完成的。

美国心理咨询师戴维·卡普兹等人的研究也表明，结构化的儿童团体训练比非结构化的效果更好。一个结构化的（但是灵活的）团体环境能够为儿童提供安全感，给予其指引，同时自由地探索并表达自我，创造无威胁的气氛。[②] 由此可见，学校的心育活动课按结构化的团体辅导来操作是比较妥当的。当然，也要注意防止另一种倾向，就是樊富珉所说的，在团体中一个活动接着一个活动去带领，却忽略了团体本身的目标。活动只是团体的催化剂，是手段不是目的；团体的重点不是做完活动，而是对活动引发的感受等的讨论。[③]

5.“聚焦”于个别学生的个别问题

任何心育活动课都必须聚焦于中心问题。辅导教师必须明确辅导主题及理念，在活动中将辅导的焦点放在中心问题上，防止因界定不清、似是而非而出现辅导理念的错位或辅导主题的偏移。[④]

心育活动课上的“聚焦”与个别辅导或小团体咨询中的“聚焦”是有

---

① 樊富珉:《团体心理咨询》，第17页。

② 戴维·卡普兹:《团体咨询方法：培训师手册》，孙时进等译，中国轻工业出版社，2008，第52页。

③ 樊富珉:《团体心理咨询》，第206—207页。

④ 钟志农:《心理辅导活动课操作实务》，宁波出版社，2007，第296页。

区别的。个别辅导或小团体咨询中之所以“聚焦”是因其关注点在个人，而发展性的心育活动课则应以“共性问题”为中心。正如美国心理学家雅各布斯所说的那样：如果团体活动的目标是咨询或个人成长，那么聚焦在一个人身上是合适的；如果团体活动的目标是讨论、分享或者完成一个任务，那么聚焦在一个人身上是不合适的。[①]

心育活动课上的“聚焦中心”与“焦点解决”也是有区别的。当然，“焦点解决”技术的许多基本理念与心育活动课是相通的。例如，正向引导、例外问句、赞美处理、传递信任的眼光、不教导当事人如何做并相信当事人解决问题的能力、对来访者出现“小改变”的肯定与探究等等，这些都是心育活动课上经常采用的理念和技巧。但是，作为一种个案辅导的专门技术，“焦点解决短期咨询”还有它自身的特殊要求。

当然，心育活动课和任何形式的团体辅导一样，在实施过程中也都要聚焦于某个焦点。“领导者有责任确保焦点围绕团体的目标。知道如何建立、固定、转移和深化焦点对一个好的领导者而言是绝对必要的。”[②]

6. 以为“价值中立”不可逾越

“价值中立”这一原则多年来一直困扰着广大的心理教师，而且在这一问题上的混乱看法也由来已久。有些教师对“价值中立”原则只是道听途说，误以为“价值中立”是人本主义心理学的基本原则，却没有对“价值中立”学说从理论源头认真做过探究，这就难免会造成很多误解。所以，我们强调：教育从根本上来说就是有价值指向的，学校教育中不可能有绝对的价值中立；人本主义心理学价值观的主要特点就是反对“价值中立说”和“无关说”；等等。有关这方面的系统论述，建议大家看一看车文博所著的《人本主义心理学》第九章[③]。

即使在心理辅导与治疗的实践领域，“价值中立”也只是一种咨询过

① 伊德·E.雅各布斯、罗伯特·L.马森、赖利·L.哈维尔:《团体咨询：策略与技巧(第五版)》，赵芳、杨静慧、许芸译，高等教育出版社，2009，第141页。

② 同上书，第137页。

③ 车文博:《人本主义心理学》，浙江教育出版社，2003，第397—430页。

程中的谈话技术（即我们常说的“执中”），我们不可将其奉为不可逾越的“红线”。美国存在主义心理治疗师欧文·亚隆就说过：“任何限制团体治疗师灵活性的规范，都会降低治疗师的治疗效果。我曾见过一些治疗师因为固守着必须永远保持全然匿名与中立，或全然诚实和透明的信念，反而寸步难行。”①

人本主义心理学家马斯洛说过：“一旦拒斥了价值观，心理学就将被削弱，将不能得到充分发展，这样它就会使人类陷于超自然主义或道德相对论。”他还认为，一旦放弃了价值观，那么等待着社会的将是埃希曼、希特勒之流和原子弹之类的东西。②

所以，“价值中立”是手段，不是目的；“价值中立”不等于放弃必要的“价值引导”，“价值引导”不等于粗暴的“价值干预”。在学校心育活动课上，如果死守“价值中立”，放弃对学生的“价值引导”，将使心育活动课脱离学校教育的总目标，并使心理辅导教师自身陷入被动的境地。

7. 心育活动课的游戏化倾向

游戏只是心育活动课中的一种重要形式，但不是唯一的形式。单从游戏中去“讨生活”，就必然严重脱离儿童、青少年活生生的现实生活。中小学生的现实生活是丰富多彩的，他们面临的实际问题和成长需要也是形形色色的。因此，心育活动课的主题和素材必须把准学生现实生活的脉搏，不能只把目光投向从各种社会团体咨询培训中学来的游戏活动。

清华大学李松蔚教授说过：“在很多地方，团体工作已经沦为了‘做游戏’‘搞活动’的代名词。领导者仅仅凭借着几个精彩的活动，就可以让一群人玩得热闹、聊得开心。但是热闹开心过后，收获却不大，没有

① 欧文·亚隆、默林·莱兹克兹：《团体心理治疗：理论与实践（第五版）》，李敏、李鸣译，中国轻工业出版社，2010，第168页。

② 弗兰克·G. 戈布尔：《第三思潮：马斯洛心理学》，第100页。

什么值得回味的体悟和持续的改变。”[①] 这是对团体辅导游戏化倾向的一针见血的批评。

所有的游戏一开始都是新鲜的，但所有的游戏用滥了之后都是令人生厌的。学校心育活动课素材的不竭源泉蕴藏于学生鲜活的生命活动之中，我们必须深入学生的生活，去感受班级团体日常运作规律的原生态，去了解学生班级生活、宿舍生活、课外生活中的生命故事，方可挖掘和提炼出有声有色有创意的心育活动课的活动素材。

8. 操作过程中的六个“不等式”

多年前，我在广东某地评课时，曾概括了心育活动课操作过程中出现的六个“不等式”，具体如下：

（1）预设>生成。

具体表现：教师上课照背教案预设的台词、教案中预设学生答案、刻意诱导学生的回答向老师主观预设的答案靠拢并对号入座等。

（2）控制>引导。

具体表现：封闭式设问、指定组长或指定发言人、匆忙否定学生意见、设计不留空白、教学小结脱离学生分享内容、牵强附会等。

（3）活动>分享。

具体表现：为游戏而游戏、不注重学生感受、仓促结束、分享内容没有情感体验基础、言不由衷、浅尝辄止、脱离学生认知水平、盲目拔高等。

（4）细节设计>通盘考虑。

具体表现：辅导理念思考不透彻、活动选择与主题风马牛不相及、关注某个游戏的细节而不考虑与活动全局的匹配性或合理性等。

（5）切口宽度>开掘深度。

具体表现：一节课上想解决许多问题、高中心育活动设计低龄化、

① 詹妮斯·L. 迪露西亚瓦克、黛博拉·A. 格里提、辛西亚·R. 卡伦娜、玛丽亚·T. 丽娃:《团体咨询与团体治疗指南》，李松蔚、鲁小华、贾烜等译，机械工业出版社，2014，译者序。

教师设问不够精心导致学生分享思想深度不够等。

（6）教师动能>学生动能。

具体表现：教师滔滔不绝而学生心不在焉、教师活动总量远远超出学生活动总量、团体动力僵滞不前、学生表情漠然、讨论时顾左右而言他等。

上述六个“不等式”应该引起教师的高度重视，而解决之道则是努力将这六个“不等号”的方向改变，课上操作时经常提醒自己，课后反思时认真检核自己的课堂语言及课堂行为，久而久之定能奏效。

二、心育活动课实施中的“八种困惑”

除了上面论及的“八个误区”，多年的心育课程探索实践也给我留下了许多问题和困惑。有的教师在心育的路上走了许久，感觉一开始目标好像还很明确，但是路走多了，遇到路人质疑的目光也多了，于是反倒犹豫起来，时时回头观望，担心自己的路是不是走错了。其实，日常生活中也常有这种现象：即使有人给我们指了路，但心里还总是放不下，于是左顾右盼，逢人就要打听，脚下的步子便也慢了下来。

心育课程从一开始就是这样，在不停地“问路”和路人的“质疑”声中艰难前行。下面我们接着谈谈心育活动课的“八种困惑”。

1. 心育活动课带有思政课色彩怎么办

最大的争议就是心育活动课与思政课的界限。其实两者的分界并不难辨识，除了课程的功能、性质、内容大不相同之外，值得注意的还有以下四点：

（1）思政课更强调认知，教材中要求牢记的基本观点、是非界限、法律法规一点也马虎不得；心育活动课更强调情感体验，更多地关注心灵深处的感受。

（2）思政课更强调主流的社会价值标准，思政课教师不能保持价值中立；心育活动课尊重多元的价值观，注重“讲真话”，允许“讲错话”，但同时又不放弃必要的价值引导。

（3）思政课也在“嫁接”心育活动课的某些团体活动形式，但它的课程性质使其不可能完全采用团体辅导的专业技术；心育活动课的团体辅导技巧性要求明显更高一些，更加注重倾听、接纳、执中、共情、重述、情感反映等辅导技巧。

（4）思政课允许有更多的灌输色彩；心育活动课“重体验，不重认知”，要求将认知性成分的内容尽可能减下来。

当然，我们还可以列出一些相异之处，但以上四条已经可以明确地表明两者的区别所在了。

需要再次强调的是，学校开展心理健康教育，在注意到心育和德育各有其内在规律，不能混为一谈的同时，也没有必要非得把这两件事搞得“泾渭分明”。这不是说可以不顾两者的区别，也不是不主张要提高心育活动课的专业化水平，而是说在中小学现实教育环境中，要接纳心育和德育从内容到形式都有交叉这一事实。今后的发展趋势也许是两者的相似之处越来越多，但思政课与心育活动课永远不可能相互取代。

2. 心育活动课带有主题班会色彩怎么办

首先应该肯定，如果主题班会课越来越像心育活动课，那么这是一个可喜的现象，说明班主任也在努力改革班会活动的形式和内容。有的班主任干脆把自己的主题班会称为“心理主题班会”，这就更使得两者之间的界限开始变得模糊起来。

但是，心育活动课的团体辅导性质和它采用的团体辅导技术却是主题班会难以完全克隆的。如果哪一天，有哪一位班主任上了一节完全团体辅导化的主题班会课，那么就无须争论它到底属于哪一种教育形式了，也就是说，叫它什么课都行。

如果心育活动课越上越像传统的主题班会课，那么唯一可行的办法就是继续对教师加强团体辅导理论和技术的培训。

3. 是否可以用带领小团体的方法来上心育活动课

“小团体辅导”即“小组辅导”，以问题“同质”的学生为辅导对象，小组的规模一般控制在 8～12 人；心育活动课则以整个班级的同龄学生为对象，即使在活动中需要再划分小组，那么较合适的小组规模是

4～6人。

但是，小组辅导要解决的往往是同类学生面临的适应性甚至是障碍性的问题，常常需要一个比较长的时段来分步解决；又由于小组辅导属于“同质建组”（注意是“建组”而不是“编组”），成员可能来自不同班级，甚至不同年级。因此，构建关系、增强小组凝聚力是每个小组团体初始阶段必经的过程，一般要经过2～3个单位时间（每次小团体辅导为1小时左右）方可完成。但心育活动课是同班、同龄段学生的组合，解决的是共同的发展性问题，同时又受到课时的严格限制，必须在一节课内解决一个小切口的主题，所以在分组的问题上既要富于变化，在操作上又不能过于复杂，不能像带小团体那样慢慢来，这是一个总的前提。有的专职心理教师上心育活动课时，用一节课来编组，再用一节课来增强小组凝聚力，然后再慢慢切入正题。这实际上是一种带小团体的办法，在实际操作中是很难被兼任心育活动课教师的班主任所接受的。

当然，心育活动课也有一个构建关系和营造氛围的问题，但也要服从于“在一节课内解决一个小切口的主题”这一总的原则，不可能像小团体辅导那样慢慢来。比如，小团体辅导一般都会搞一个“团体取名”的活动，有时起个名字就要花很多时间；心育活动课上也会有“给自己的小组命名”这样的活动，但它必须从简、从快，甚至可以省略。

再有，小组辅导的团体一旦形成，就是基本稳定的，在团体的任务结束之前不可能重组；但心育活动课的分组应该是尽可能富有变化的。不仅每节心育活动课都要根据主题的需要采取不同的分组方式，就是在同一节课上，也应尽可能变换分组的形式，以便使每一个学生都能够最大限度地与更多的同学进行交流，使团体动力的效力发挥到最佳水平。

总的来说，作为“小团体”的小组团体辅导（国外又称“团体咨询”）与作为“大团体”的心育活动课（国外又称“团体指导”）有着各自不同的性质、特点、功能、对象和内在运作规律。我们可以借鉴但不能完全采用小组团体辅导的模式与规律开展心育活动课，反之亦然。

由于目前许多师范院校心理专业对学生的团体辅导训练偏重于如何带小团体，而对中小学最急需的“大团体辅导”的带领技术缺少研究和培训，因此造成了毕业生进入中小学后的许多不适应，应该引起有关部门的重视。

4. 如何看待心理辅导课的预设与生成

关键是“预设”什么、“生成”什么。“预设”的是教师的辅导目标、设计思路、活动安排、辅导素材和引导性问题；“生成”的则并非“答案”（心育活动课没有所谓的“标准答案”），而是学生现场的感受、争论的观点、生动的案例和意料之外的辅导素材。

心育活动课面对的是充满动感的学生个体和交互影响的班级群体，辅导现场的心态千变万化。教师必须灵活把握辅导活动的发展势头，不可刻板依照原定设计行事。

我们既要防止漠视现场学生的反应，死守“预设”的活动环节、辅导素材和引导性问题不变，把课上得“有板有眼”、毫无生机，也要防止事先没有明确的辅导目标，或者现场明显偏离预设的辅导目标、辅导思路、辅导设计和时间计划，或者习惯于“贴着来访者的思路走”，盯住个别学生不放，将关注重点从整个团体倾斜到个别学生身上，造成“脚踩西瓜皮，滑到哪里算哪里”的现象。

总之，不能用“预设”反对“生成”，也不能用“生成”反对“预设”。

5. 活动过程中涉及学生隐私怎么办

团体辅导尽管有其独特的魅力和对个体成长的巨大影响力，但又有其潜在的“毁损性”力量，那就是在团体中非常容易对某个成员造成伤害。我国心理学家杨极东指出，团体是帮助个人的主要因素，但是团体辅导对个人可能造成的伤害，虽然不是有意的，但也必须要注意。团体辅导者必须对团体辅导可能造成的伤害十分敏感，并且尽量避免它的发生。

心育活动课上的互动与分享会激活许多潜在的信息，其中，个人隐私最有可能在无意之间被自己或他人不小心披露出来，这种情况无论小学或中学都有先例。其原因首先是学生年幼无知，缺少社会经验，其次是团体内的攻击行为。此时，辅导教师应该敏锐觉察，及时阻止，或不动声色地将学生的注意力转移至其他方面，并在课后立即跟进个别辅导，尽可能把对学生的伤害降到最低。此外，在团体中经常进行团体规范的教育，是预防伤害发生的有效措施。

6. 为什么有的学生上课写别的学科作业

出现这样的课堂现象，不应该责怪学生不遵守活动规范，也不能完全归咎于应试教育弄得学生连做作业的时间都不够，根本原因也许出在团体凝聚力上。团体的凝聚力对于团体的活动有着重要的影响。首先，团体凝聚力会使团体成员紧密团结在一定的目标上，使团体具有高度整合性。其次，团体凝聚力对团体的工作效率有重要的影响。一般来讲，高度的凝聚力会提高团体成员的士气，让团体成员明确活动的动机，自觉努力地完成团体工作，提高活动效率；反之，不但不能激发团队成员的工作热情，甚至还会有意制造麻烦，活动效率自然降低。

要提高团体的凝聚力，首先要考虑活动主题对学生有没有吸引力，然后要考虑提出的问题有没有吸引力，最后还要考虑教师的表情、说话方式有没有吸引力，从而得出积极、正向的结论。

7. 如何看待心育活动课的效果

多年来，我们主张对心育活动课的评价重在过程，也就是“不论成败，只讲得失”。至今我们还没有一个比较好的心育活动课定量评价和定性评价相结合的测评工具，即使现在有了一些过渡性的工具，在操作上也得不到应有的重视和认真的对待。

一般来说，现在对心育活动课的效果评价暂时是根据课堂观察以及多数学生、开课教师和听课人员的现场感受来做出的。如果没有一个客观的测评标准，那么学生的感受、听课人员的感受与开课教师自己的感受之间就可能出现矛盾。

在多数情况下，现场学生的内心感受和多数听课教师的感受是应该引起重视的。因此，建议今后开设心育活动公开课时，要搜集必要的问卷资料作为信息反馈。

雅各布斯在谈到团体咨询效果时说：“咨询者要对治疗负主要责任，

但并不对结果负根本责任。”[①] 这应该作为心育活动课评价问题的一个重要的指导思想。

美国心理学家罗杰斯在谈到团体功效时说过一段更有意思的话：“什么是成功？现在我会给出一个简单的定义。如果在团体结束后一个月，有一些团员认为这是一个无意义、不满意的经验，或是有一个人在其中受到伤害，那么对他们而言，这个团体是不成功的。如果在一个月之后，有多数或是所有的团员感觉到这是很有价值的体验，并且促进了他们自身的成长，对我而言，这种团体是值得给予一个成功标签的。”[②]

难道罗杰斯不是在提倡一种模糊性的和经验性的评价方式吗？

8. 如何看待心育活动课的“多元化”

20 世纪末，多元文化咨询与治疗已经成为心理学的第四大重要理论，与心理动力论、认知行为论、个人中心论并驾齐驱。受这种发展变化的影响，团体辅导（包括心育活动课）也强调多元文化学习的价值。未来的团体辅导（包括心育活动课）将比现在更重视对多元文化的了解、接纳和适应。这是我们首要考虑的因素。

另一个因素是，在目前的应试教育重压下，心育活动课远未成长为一门可以独立支撑、在教学计划与日课表中占有一席之地的“广义课程”。所以，心育活动课实施起来是五花八门的，理论的概括也就不能界定得太死。

因此，当社会发展已经进入多元化的时代，心育活动课也应该是多元的，如果僵化地认定某一种理论取向，对心育活动课的发展是很不利的。

但是，“多元化”并不等于不按照团体动力学的规律而别出心裁，不等于乱贴标签。“多元化”的前提是“科学化”，也就是认真按照学生年龄特征和大团体自身的发展规律来尝试各种不同的形式、结构、设计与

① 伊德·E. 雅各布斯、罗伯特·L. 马森、赖利·L. 哈维尔：《团体咨询：策略与技巧（第五版）》，第 20 页。

② 卡尔·R. 罗杰斯：《卡尔· 罗杰斯论会心团体》，张宝蕊译，中国人民大学出版社，2006，第 38 页。

操作。无论是从学科教学模式中借鉴过来的若干“辅导模式”，或是从个别辅导、小组团体辅导技术中借鉴过来的若干“辅导模式”，都要经过实践的检验和科学的评量，切勿匆忙贴上“某某新理论”的标签，因为那是不严谨的。

搞教育，包括搞心理健康教育、研究心育活动课，跟办工厂、开发新产品、提升 GDP（国内生产总值）不一样，不能总是搞“创新”。教育有滞后性，不能立即看出效果。教育要靠积累，不能变动太过频繁，不能染上“多动症”，不能急着想出“新经验”。要把“守正”放在“创新”前面，要扎扎实实按规律办事。对于心育活动课来说，就是要扎扎实实按团体动力规律和教学规律办事，把心育活动课上出规律来。有的心理教师资历尚浅，上课效果不够理想，有挫败感，是完全可以理解的，但是如果因为遭遇失败就怀疑这条路走不通，就想搞另外一套模式，很可能会陷入“舍本逐末”的误区，对自己的成长是不利的。试想一下，如果我们是文化课教师，初出茅庐，上不好课，那恐怕不敢想自己另搞一套“新模式”，只能诚惶诚恐、老老实实地反思自己，虚心向人请教，改进自己的教学方法，严格按教学常规办事。有资深教师、教务主任来听课、评课、监督，帮你“上路”，“逼”你“上路”，渐渐地，你也就“上路”了。为什么心理教师上不好课就想另辟蹊径呢？因为我们是“单兵作战”，缺少老教师的传帮带，也缺少教务主任的监督引导，没有“心育活动课操作常规”，所以我们有其他学科的新教师所没有的“专业自由”。别人看我们“热热闹闹”搞一套“创新”，也是雾里看花，隔行如隔山，不好妄加评论。这样，虽然我们也可以“热闹”一阵子，但终究不是长久之计。

因此，心育要强调“继承团体动力学学术传统”的必要性，强调“研究课堂教学规律”对搞好心育活动课的相通性，强调坚持“不浮不躁、求真务实”作风的重要性。作为我国第一代学校心理健康教育教师，我们有责任要求自己打好非常扎实的理论基础和实践基础。如果我们身体力行，力戒浮躁之气，就可以给我们的教师队伍开一条先河。

第十四讲

学校个案辅导的基本思路

在讨论这个问题之前，首先要说说我对自己的专业定位的理解。

和大家一样，我接受过为数不少的心理咨询师专业培训，也给“心理咨询师资格证书培训班”讲过课。但是，我始终认为我是学校心理教师，而不是社会心理咨询师。其理由有三：

（1）我的工作岗位在学校，我的辅导工作离不开全体教师，特别是班主任的支持。如果把自己从教师队伍中“拎”出来，自称“心理咨询师”，那么其他教师就会与我产生一种微妙的距离感，遇到学生存在心理问题时，他们就很难主动配合，他们会说：“这是你的专业，我们不懂的。”

（2）我的服务对象是中小学生，他们的问题绝大部分都是发展过程中产生的适应不良所导致的，即便出现心理障碍，也带有很大的发展性和可塑性。如果我把自己定位为“心理咨询师”，就会在潜意识中把来访学生看作“心理疾病患者”，也会让来访学生产生消极的自我暗示。

（3）我在本书第一讲中已经对“教育—辅导—咨询—治疗”做了明确的界定，把自己定位为“心理教师”，可以更自觉地发挥“辅而导之”“助人自助”的专业功能。

当然，我不把自己定位为“心理咨询师”，不等于说我在谈论个案的过程中不会使用“咨询”这两个字。比如，我也会说到“咨访关系”“咨询流派”“咨询技术”等术语，因为这是无法避免的。我只是强调自己的角色定位与社会心理咨询师有所不同而已。

夏林清女士是美国哈佛大学博士，先后在多所高校从事学生心理辅导工作。像她这样一位哈佛大学毕业的海归，又有着几十年个案辅导和团体辅导的丰富经验，却从来不炫耀自己的专业资历。请看她自述的一段心路历程：

在大学教书及四处从事教育与训练的工作，使我对“咨询师”及“教师”的角色进行了重要的反省及抉择。1981年左右，我面对自己专业生涯中一个重要的内在的认同选择——我选择做一名“教育工作者”而不是做“咨询工作者”。这个意思是说，我不选择成为一个靠“咨询”吃饭的专业工作者，我选择认同“教育者”的专业身份。这个抉择的意义在于我选择一组传统的社会角色关系（师生），作为我的专业知识及方法着床的脉络。

夏林清女士是科班出身的业内前辈，但她却如此谦卑地称自己为心理教师，我又怎敢张扬呢？

下面谈到的学校个案辅导思路，只是我在中小学教育大环境中开展辅导工作的点滴感悟，仅供参考。

一、澄清问题并做出评估

如果心理教师对心理健康问题的表象与实质产生误判，那么来访者会在第一时间发现“你是不懂我的”，于是就会堵塞心理辅导教师与来访者沟通的渠道，就会出现“阻抗”。

下面，我们来看一个案例：

初二女生小文，14岁，母亲是小学班主任，性格较强势，父亲是公务员，性格较温和，弟弟不满两岁。从上初中起，小文和父母的关系渐渐疏远，如果妈妈批评她，她还会说：“你们都有二胎了，以后让他听你们的话就行了，我什么样你们就别管了！”

小文小学时学习很努力，一直是班级前三名，但觉得很累，压力很大。上初中后，她基本停止了与父母的沟通，无论父母说什么，她的回答通常只有两个字——“随便”。

初一刚开学，小文的成绩还是不错的，回家也会分享在学校里发生的事，可是她慢慢变得越来越沉默了。到初一下学期，她的成绩不断下滑，期末考试成了全班倒数第一。初二开学后，小文变得更沉默，回到家就一个人待着，不和家人交流。有一次她因为手机问题和妈妈大吵了一架，非常生气，就胡乱吃了二三十片药，结果住院一周。出院后，她就不想去上学了，目前已超过一个月。

小文自述失眠超过一个月，经常会情绪失控、想哭，常有自杀的念头。医生诊断其为中度抑郁，需要服药治疗。

第一次心理辅导非常困难，她全程戴着口罩，前15分钟完全不说话，老师通过“欧卡牌”，引导她抽牌来讲述自己的感受、困境和希望达成的目标。她讲到和家人的关系，也讲到自己学习成绩从优秀变成最后一名，担心别人在背后说她，不敢去面对。问可以帮她做些什么，她说希望父母能多理解她、尊重她，给她一点时间。

一周后，小文的状态好了很多，主动摘下口罩，说自己目前和朋友相处得不好，与父母的关系还是和以前一样，睡眠仍然存在障碍。

但是，第二次辅导后，小文就没有再来了。心理老师不知道哪里出了问题，使小文不愿继续接受辅导。如果小文一直不上学，怎样才能帮助她走出困境？

上述案例中的来访者呈现的问题是多元的，有亲子关系问题、学习成绩下滑问题、同伴关系问题、失眠问题、情绪失控问题、自杀意念问题、抑郁问题、逃学问题等。辅导记录比较简略，不好多加评说，但感觉辅导过程像打乒乓球，来访者两次“发球”，心理教师似乎都没有“接球”或“接到球”。于是来访者后来就消失了，即所谓的“脱落”了。

这个案例带给我们以下启示：

（1）来访者最初给出的信息往往是大量的、混乱的，心理教师可能会迷失于错综复杂的“交叉路口”。

（2）对来访者的相关事件必须详细探查何事、何时、何因、何果、何情、何感、何为、何种细节、何种拐点。心理教师要注意“共情不同情”，对来访者的情感反应要尽可能有所节制。

（3）来访者情绪动态变化的背后可能隐藏着背景信息。只有深入了解来访者的内心世界，注意来访者所处的年龄阶段及存在的发展危机，用当事人的独特视角来看待某个事件，这一事件的重要意义才能得以显现。要想探明来访者的问题是什么，可能需要一些时间和耐心。来访者在对心理教师产生足够的信任，可以把根本问题透露出来之前，往往会用一些表面问题来考验心理教师，只有当咨询关系得到进一步发展后，真正的问题才会浮出水面。①

（4）在初始访谈中，最重要的是从芜杂的信息中捕捉到个案的核心问题，并且通过弹性的互动交流得到来访者的认同。

所以，全面而准确的评估是辅导的前提。这就要求心理教师熟知青少年发展心理学，对学生成长的基本规律与发展关键期面临的危机有比较清晰的了解。

那么，应该如何对来访的个案进行准确评估呢？

1. 评估的七个理念

（1）信息是评估的前提。

① 芭芭拉·F. 奥昆：《如何有效地助人：会谈与咨询的技术（第六版）》，高申春、魏连娣、冯晓杭译，高等教育出版社，2009，第112页。

要尽可能完整地搜集信息资料，既要了解来访者当前的问题表现，也要了解其成长背景。有时候，来访者问题的根源不在现在，而在过去。

（2）用发展的眼光看问题。

在学校里做个案，要把来访者视为在成长过程中发展受阻的个体，而不要轻易将其视为心理障碍患者。在医生的眼里，来访者往往就是“患者”；而在心理教师的眼里，来访者只是学生。这两种不同的视角会直接导致不同的判断。

（3）尽可能地去“标签化”。

要做“推断”“判断”，不做“诊断”。不要把自己当作心理医生，否则一不小心就会说出“诊断”的话。须知诊断就有标签效应，而且标签常常有误。当然，评估可以参考《精神障碍诊断与统计手册（第五版）》（以下简称“DSM–5”），也可以参考国内的评估手册，但要防止陷入医学化模式，尽可能不把来访者的问题“标签化”。

（4）探查系统中关系的互动。

要探究来访者的个性缺陷和行为表征，更要探究其生存系统中与环境互动的特殊性。比如，同样是逃学，不同学生的逃学原因却各不相同，有的是因为成绩下降，有的是因为师生矛盾激化，还有的是因为被同伴群体排斥。不从与环境的互动关系中追根溯源，就很难找到解决逃学问题的突破口。

（5）用“言”叩门，用“心”倾听，用“脑”判断。

要重视心理测量，但不可“唯有测量高”。现在很多心理教师面对信息混乱或不愿开口的来访者，总喜欢使用心理量表；而学生对心理测量早已司空见惯，他们会从量表的背后揣摩到心理教师的“心中无数”。辅导是语言的艺术，用语言引导来访者打开心门，才是心理教师的基本功。所以，用“言”叩门、用“心”倾听、用“脑”判断尤为重要。

（6）要分析“可能是什么”，更要分析“可能不是什么”。

很多“是什么”会有相似的躯体反应和行为表现，在症状上会有许多交叉重叠。因此，细心地辨别不同的核心症状是非常重要的。

（7）保持谨慎态度。

在摸清来访者的问题线索之前，对来访者的回应都要保持弹性。在评估过程中，心理教师应该特别注意其参与度，既要真诚又要保持自我意识和谨慎态度。因为心理教师的反应会传递给来访者，无论是有意的还是无意的。[①]有时，恰恰是心理教师无意识的一个回应，被来访者感知到了“误判”，从而造成辅导的无果而终。

2. 评估的四个维度

（1）症状标准。

症状包括心、身两方面的反应：心理反应就是认知、情绪、意志、行为；生理反应就是躯体表现，包括躯体疼痛、内分泌失调、自主神经紊乱等。人的症状是一个连续的过程：一开始，受到外部刺激之后会有“反应”；如果“反应”过度，就会表现出异常的“症状”；“症状”再发展下去，达到某个时间长度，就成“疾病”或者“障碍”了。所以，同样是抑郁，根据心、身反应的程度不同，要区分是“抑郁反应”（“抑郁发作”），还是“抑郁症状”（“抑郁状态”），或者是真正的“抑郁障碍”（“抑郁症”）。一种精神障碍往往有多个症状（“症状群”），所以要分清主要症状与次要症状（或“潜在症状”）。

（2）病程标准。

即问题或不良反应持续的时间长短，以及开始的时间。例如，抑郁障碍的病程标准是DSM–5诊断标准A～D均持续12个月以上。

（3）功能标准。

关注来访者的社会功能是否受损，包括三条：生活自理能力是否受损，人际沟通能力是否受损，学习能力是否受损。社会功能受损的程度是判断其心理障碍的重要指标。

（4）排除标准。

人的心理疾病的症状是一个连续的过程，有轻重、表里之分，所

---

① 碧昂卡·考迪·墨菲、卡罗琳·迪伦：《互动中的咨询会谈：关系、过程与转变（第二版）》，高申春、郑雨明、王东译，高等教育出版社，2010，第11页。

以 DSM–5 要把心理障碍的界定进行分类和分级。不同类型的心理障碍，在症状的表现方面会有雷同、交叉或重叠。比如，精神分裂症的症状与脑部器质性病变的症状有许多相似之处，所以必须仔细区分；心境发作、心境障碍、抑郁障碍、双相障碍之间有许多交叉重叠之处，也必须仔细区分。除此之外，还要排除器质性病变引起的身心反应。

3. 评估的四个切入点

在评估学生问题时，心理教师要特别注意了解重要的诱发事件、目前存在的问题及相关的资料，以防自己的判断思路发生重大偏移。在评估过程中，心理教师要特别注意以下四个切入点：

（1）来访者的行为。

这是心理教师最容易留意的直观印象，但在评估时，心理教师要防止先入为主的主观臆断，而要多问几个“为什么”。对学生各种形式的“另类”表现，要了解其背后隐藏的、想要曲折地传递给他人的真实信息是什么。

（2）来访者的情感。

人的内心世界除了在行为上有直接表现之外，还不可避免地会在情感、情绪上有所反映。心理教师需要考虑：在来访者身上，是什么情感反应（愤怒、自卑、焦虑或抑郁）占了主导地位？程度如何？他为什么会做出这样的反应？

（3）来访者的认知。

心理教师要仔细辨别：来访者有哪些主要信念、看法、价值观？他对自己的期待是什么？他潜藏的“应该、应当和必须”式的观念是什么？他有明确的不合理想法或非功能性信念吗？他有影响其社会功能（主要是学习功能和交往功能）的自动化思维吗？在这些认知的背后，来访者真正想表达或掩饰的想法是什么？

（4）来访者的人际关系。

在问题发生的背后，学生一般都有一个不合理认知、消极情绪体验和偏差行为的累积过程，这个过程中也一定有许多师生之间、亲子之间、同伴之间的互动细节。

一般来说，心理问题总是在客体关系的互动中形成的。心理教师要关注来访者与同学之间的互动、与老师之间的互动，以及与家长之间的互动，并对这些互动中所透露的信息做出正确的解读。要确定互动中谁有问题、是什么问题。与来访者的交谈一般都是从讨论问题开始的，所以要寻找已发现的问题中，来访者是否还少了什么没有说，要判断改变应该从人际关系中的哪一方切入。

在所有的客体关系中，起关键作用的往往是亲子关系。学生的问题是系统的问题，不可能是一个孤立的事件，而系统中最隐蔽、最深层的问题往往存在于家庭中。

在研究来访者与所有“重要他人”的关系时，心理教师还要特别牢记：中学生非常在意的是自己与同学之间的互动关系，特别是同学对自己的看法，在意自己的一举一动会给别人留下什么印象，他们总是有意无意地处处保护自己，以免伤及自己的尊严、面子等。这是人性的基本需要，更是中学生最常见的心态。为了维护自己在同龄人面前的尊严，中小学生不惜以反叛、张扬、抗拒、抵触和其他各种“反向形成”的态度来伤害其与老师及家长之间的关系。而这种所谓的“叛逆”“另类”，很容易被家长和老师解读为“个性古怪”。其实，对于个性还未完全定型的中小学生来说，大多数“另类个性”的背后，是他们被扭曲的“人性需要”。

在所有的客体关系中，学生最感无奈和压抑的是师生关系。师生关系是一种不对等的关系，客观上讲也是一种强势对弱势的关系。近年来，由于负担的持续加码，教师的焦虑感和职业倦怠感明显上升，在处理班级事务和学生思想工作时，情绪时有波动甚至失控，语言暴力也时有发生。而学生往往将各种负面体验压抑在心里，如果在群体中被人为孤立，则很容易受到深层次的和隐性的伤害。

4. 评估的两个关注

（1）关注诱发性事件。

在对以上四个维度和四个切入点做出评估之后，心理辅导教师的思维还要再从各种纷繁的表象中跳出来，分析一下“统领”上述各种问题的“诱发性事件”是什么，这个事件对来访者的深层次伤害是什么，在来访者身上引起的连锁反应是什么。

（2）关注发展性危机。

在做出评估时，还要想一想埃里克森是怎么概括青少年时期的发展性危机的。

埃里克森认为，小学生危机的核心在于其是否有进取心。如果小学生丧失了进取心，那么其发展性障碍在哪里？障碍出现的拐点在哪里？

中学生所面临的发展性危机主要是“自我统合”与“角色混乱”两极之间的矛盾。如果中学生出现“找不到我是谁”的问题，那么发展性障碍又在哪里？拐点又在哪里？对于身心迅猛发展而又缺乏生活经验的中学生来说，“自我统合”绝非易事，多数中学生在这一时期都不能顺畅无阻地达到“自我统合”的理想境界。而缺乏或丧失“自我统合感”，会使人无法建立支撑自我的核心，无法确定自己相信什么、遵从什么、能成就什么，结果必然使个体感到孤立无援、茫然若失、心情沮丧、疑虑重重、悲观绝望。由此可见，或多或少的“自我统合危机”，以及反映在日常生活中的种种混乱、迷惘和匪夷所思的“另类表现”，对于有过重大挫败体验的来访者而言是毫不奇怪的。

总之，人是世界上最复杂的生命体，人的心理问题是生物现象与社会现象最复杂的交叉影响的产物，教育科研与心理问题研究更容易受到各种不可预测的变量的干扰。人的心灵可能是坚强的，也可能是脆弱的。所以，我们一定要心存敬畏，严谨、慎重地对待每一个来访者，绝不可草率行事，轻易得出结论。

二、建立并巩固信任关系

专业性的辅导关系是一种以信任、支持、反馈为基础的辅导资源，可以有效地促成有意义的改变。学校个案辅导关系的特征在于以来访者为中心，不加评判地接受、相互信任、具有明确的目的性等，这些特征会使辅导关系在来访学生的生命中成为一种感觉良好的经历。这种关系不但提供了一个可以促使改变发生的背景，而且本身也是一种促使改变发生的手段。[①]心理教师在构建良好的辅导关系时，要掌握以下六个技巧：

1. 保持好奇

罗杰斯认为，咨询成功的关键在于咨询关系，而非技术。马斯洛也指出，良好的人际关系在本质上说是具有治疗效果的。而辅导关系若要做到正常、良好、健康，其关键的一条就是，我们对来访者应该没有先入为主的成见，始终保持一颗“因未知而求知”的好奇心。因为每一个生命个体都是独特的，哪怕我们对来访者只有一点点的偏见，也会给其带来巨大的心理压力，甚至会给辅导进程制造难以逾越的障碍。

2. 真诚透明

罗杰斯认为，在咨询关系中，咨询师越真诚透明就越有帮助。这意味着，不是表面上呈现一种态度，但实际上在深层或无意识中却持有另一种态度。真诚透明也包括用咨询师的话和行为欣然表达内心的各种各样的感受和态度。只有用这种方式，关系才会拥有真实性。[②]有些心理教师在面对来访者时，可能喜欢模仿咨询师培训中一些专家的风范，但在学生的眼里，也许会看到一个“怪怪的”心理老师，直接感受可能就是“不真实”。所以，心理教师应该做自己，你在生活中的形象就是你在辅导室里的形象，你应该有真实的个性。这种真实对构建一种信任的辅导关系是十分重要的。

3. 正向关注

许多来访者之所以会引起心理教师的焦虑，是因为其身上表现出来的负面情绪、负面行为、负面认知往往有“一大箩筐”。这一点，咨访双方都“心照不宣”。所以，当心理教师与他谈话时，当事人就会带着一种强烈的防卫心理，表现出一副“浑身带刺”的模样。其实，负面的

---

① 碧昂卡·考迪·墨菲、卡罗琳·迪伦：《互动中的咨询会谈：关系、过程与转变（第二版）》，第229—230页。

② 卡尔·R. 罗杰斯：《个人形成论：我的心理治疗观》，杨广学、尤娜、潘福勤译，中国人民大学出版社，2004，第31页。

东西越是受关注，就越是容易被强化。因此，除了极为特殊的突发事件之外，假如总是从日常鸡零狗碎的琐事出发，进行“负向关注”式的咨访对话，咨访关系恐怕就会以双方痛苦而告终。

4. 专注倾听

心理教师要以真诚的态度进行“不挑不拣、包容兼听”式的倾听。“真诚的态度”立足于对来访者的“大爱”之上，是无法装出来的。是否真诚，不在于脸上是否有笑容，而在于眼中是否有爱心。

“不挑不拣”是指将对方“我现在真实的想法是什么”“我现在是怎样的心情”“我的理由是什么”等信息不加主观评判、不带个人好恶地全盘接收过来，而不是承认“你无论做什么都可以谅解”“你怎么做都是可以的”。

“包容兼听”是指应该包容各种负面感情，兼听来访者内心的真实呼喊，而不是指包容负面行为本身。也就是说，心理教师要和学生生活在同一段感情历程之中，不做有关好坏的判断，直到当事人心中的郁结解开。

5. 无条件接纳

这意味着要把来访者作为一个独立自主的人予以接纳和关注，允许他拥有自己的情感和体验，并允许他从中发现属于他自己的“道理”。罗杰斯说得好：“我所说的接纳，就是一种对于当事人的热情关注，无条件地认为他是一个具有自我价值的人——不论他的状态、他的行为或者他的感受是什么样子。这意味着对他作为一个独立的人的尊重和欣赏，意味着愿意看到他用自己的方式拥有自己的感受。这意味着此刻对他的态度的接纳和尊重，无论他的态度是消极的还是积极的，无论他过去所持的态度同别人是多么的抵触。这种对当事人经验变化的方方面面的接纳态度，会形成一种人际关系，使得他感到温暖和安全。”①

6. 准确共情

“准确共情”是指心理教师感受来访者的内心世界就好像感受自己

① 卡尔·R. 罗杰斯：《个人形成论：我的心理治疗观》，第31页。

的世界，是辅导的基本条件。[①]

共情的难点在于“准确”，即设身处地站在对方立场上，不做出任何与当事人的内心世界相悖的信息反馈。“共情”是一定要通过心理教师的信息反馈来表达的，但如果在倾听和反馈的过程中，心理教师解读错了，偏离了学生内心世界的现状，那么信任关系的建构就会失败。

三、选择自己的辅导理论取向

理论是心理教师日常辅导工作的模板，或者叫作“操作性框架”。无论是对来访者进行评估、判断，还是分析来访者问题的缘由，或者是对来访者提出建议、进行干预，都离不开理论取向。在学校里常用的心理学流派主要有六种：

1. 精神分析取向（过去决定未来）

这是所有咨询理论的源头和基础，它帮助我们从原生家庭的亲子关系、从幼年时期的精神创伤、从被压抑的潜意识层面来理解来访者当前心理问题的潜在根源。

2. 人本主义取向（未来决定现在）

人本主义理论是“共情”“倾听”“无条件接纳”三大咨询概念及技巧的发源地，相信人的本性向善是我们面对来访者的基本态度。

3. 行为主义取向（现在决定未来）

相信人的一切行为都是习得的。因此，不良的行为可以通过重新学习得到改变。行为主义理论的最大特点是操作性强，它有许多具体的、实证性的行为改变技术，因此特别适合在小学和初中阶段的辅导工作中使用。

4. 认知主义取向（认知决定未来）

“认知主义理论的治疗核心是改变非理性思维模式。它通过家庭作

① 卡尔·R. 罗杰斯：《个人形成论：我的心理治疗观》，第260页。

业记录思维模式的转变过程，并将之付诸行动。”[1] 认知疗法需要来访者的思维达到或接近成年人水平，因此特别适合在高中生的辅导中使用。

5. 系统治疗取向（关系决定未来）

系统疗法理论以“控制论”的系统概念为基础，认为人的行为都是在人际的、社会的和文化的系统中形成的，在此理论基础上再确认某种心理问题或障碍及其干预措施。家庭治疗就是其中最重要的代表。这一理论对中小学各阶段的心理教师都适用。

6. 焦点解决取向（改变决定未来）

焦点理论强调的是未来导向，重视积极的正向关注和正向思考，认为寻找例外就是寻找解决问题之道，主张从“一小步”的改变做起，相信“小改变”可以带出“滚雪球”效应。这种积极心理学的理论取向非常适合成长发展中出现障碍的青少年学生。

当然，心理咨询的理论发展不会停止，我们的理论视野也绝不仅限于上述六种。但心理教师在处理来访者问题时，总会不自觉地倾向于某一种或某几种理论流派。而且从各种心理治疗的理论流派中，也都可以找到有效干预的构成要素，并不存在“一家独大”“一家最优”的情况，也没有“学一法而通全法”的捷径。每一种理论都为我们理解来访者的困境给出了独特的方法。从所有的理论中学习，则早晚会形成属于自己的辅导理论框架。所以，采取相对折中的态度，即综合取向，是比较实际的。我们应该把多种最好的治疗取向组合起来，以孕育出更完整的理论模式，并发展出更有效的技术方法。[2]

心理咨询理论必然走向多元化，但多元化也必然伴随着鱼龙混杂，伴随着混乱、迷惘和真伪莫辨，伴随着发展机遇。我们必须学会辨别、选择和扬弃。我们要学习技术，但不要迷信技术主义。近年来，咨询培训市场上引进了某些带有神秘色彩的技术流派。实践证明，在我国的教

① 艾伦·艾维、迈克尔·丹德烈亚：《心理咨询与治疗理论：多元文化视角（第5版）》，汤臻等译，世界图书出版公司，2008，第426页。

② 欧文·B. 韦纳：《心理治疗的法则（第二版）》，周博林、李悦、王怀勇、胡春宝、张丹译，四川人民出版社，2007，译者序。

育体制和环境中，特别是在中小学生发展性心理辅导中，这些技术是很难生存的。因此，我们可以吸纳最新鲜的技术元素，但我们不要迷信神秘主义。

四、制订计划并引导学生自我改变

1. 引导中学生进行自我探索

计划应该包括“近期目标”“长期目标”“干预措施”，这应该根据不同个案的具体情况来制订。这里我们仅以认知行为取向为例，概略描述一个干预措施的计划轮廓。

（1）找出非理性信念。

无能类非理性信念。例如，我无能、我不适当、我陷入困境、我不胜任、我是失败者、我软弱、我不够好、我可怜、我无力量、我不如别人等。

不可爱类非理性信念。例如，我不可爱、我有缺陷、我无价值、我不受欢迎、我讨人嫌、我没有吸引力、我是多余的、我必定被拒绝、我总受欺负、我被人忽视、我必定孤独、我必定被抛弃、我命不好等。

（2）重新解释问题。

找出非理性信念之后，心理教师可进一步引导来访者查找支持或推翻其想法的证据，选择较为现实的想法来面对现实，重新解释自己遇到的各种问题，并逐步学会遇事多使用正向的内部语言评价，凡事能多做“弹性思考”。

（3）改变负性情绪模式。

来访者的负性情绪往往是以曲折的形式来传递的，在他们的平静与克制之下，燃烧着自卑的烈焰，很难说它会不会成为潜在的“定时炸弹”。只有当上述种种不合理信念得到有效的辨析和替代后，才能改变当事人那种负面的情绪表达模式。

（4）鼓励当事人迈出“一小步”。

用一个公式简要概括，就是“目标＋例外＋一小步＋正向反馈”。

目标——不必定得太高，摸清底线就可以，把来访者的潜在能力最大限度地发挥出来。

例外——帮助来访者找出发生过的好的、成功的先例。

一小步——这“一小步”的定位应该选在最容易取得突破的一个小切口上，以确保当事人能取得成功体验。

正向反馈——对于来访者取得的一点点进步和转变，心理教师应及时给予正向反馈，表达真诚的赞美，以及时强化来访者正向改变的努力。

很明显，上述干预计划的第四步，是在认知疗法中融入了“聚焦改变”的理论取向。

2. 指导教师和家长对小学生进行行为矫正

小学生在心理健康方面表现出来的大多是行为问题，而行为问题主要是他们的社会化技能尚未充分发展和完善所致。因此，学校心理辅导工作要重在对他们进行行为训练与行为矫正，对他们的干预应该坚持“少讲道理，简讲规则，重在训练”的原则。

小学生问题行为的干预工作光靠心理教师是无法完成的。行为训练和行为矫正是一个持续、复杂、渐进的过程，是要在每一节课、每一次课间操、每一次课间游戏、每一次校内外集体活动、每一次家庭作业、每一次家务劳动、每一次人际交往情境中……通过不断训练、矫正才能完成的。因此，班主任、任课教师和家长必须全员参与、全程同步、相互配合、支持协调，才能取得好的成效。离开了教师和家长的共同参与，光靠心理教师一个人的力量，想改变一个小学生较严重的行为问题是很难的。因此，小学心理教师在制订干预计划和展开行为训练等干预措施时，重点应该放在对教师和家长进行有关理论及操作技术的指导和培训上。

在对教师和家长开展行为矫正理论和操作技术的培训时，心理教师可参照有关焦点解决技术[①]和行为主义技术[②]的专业书籍来实施。

对教师开展行为矫正技术的培训，要特别强调以下七个问题：

（1）预防在先，尽可能避免不良行为的发生。

强调先发制人。力求密切关注问题学生，教师要及时发现和阻止可能引发他们情绪变化的事件的苗头，防范不良事件的出现。教师应重在主动预防，而不是事后被动应对。

（2）控制环境，尽量减少引发问题行为的外部因素。

要仔细观察和了解问题发生的周边环境因素（如两名问题学生走得太近），敏锐察觉，果断调控，创造有助于学生正向表现的课堂环境。

（3）强化正向行为，鼓励问题学生做得更好。

要正向关注，放大优点，发现例外，及时强化问题学生偶尔出现的正向行为，鼓励他们“再多做一次”，并且“做得更好一点”。不带羞辱性的教育方式有助于有行为问题的学生走向成功。

（4）目标单一，降低要求，小步前进，不可急于求成。

问题学生的负向行为是日积月累起来的，而且往往由多种负向行为交互叠加而成。冰冻三尺，非一日之寒。教师必须有足够的耐心，小步走，不停留，而不要一次提出多个要求。在侧重矫正学生的冲动行为过程中，可以对其他不良行为给予“良性忽视”；或者对学业视具体情况适当降低要求，不求“一刀切”。对于存在注意缺陷多动障碍的儿童，要防止布置大量机械重复的枯燥作业，否则会破坏行为矫正已经取得的成效。

（5）避免追究不良态度，重在教授方法与技巧。

一方面，问题学生的负向行为往往是反复无常的，甚至会“屡教不改”；另一方面，问题学生的不良行为，有很多是缺乏社会化技能技巧造成的。因此，教师应保持足够的耐心，不去追究其“言行不一”的态

---

① 简·尼尔森、琳·洛特、斯蒂芬·格伦：《教室里的正面管教》，梁帅译，北京联合出版公司，2014。

② 林正文：《儿童行为的塑造与矫正》，北京师范大学出版社，1998。

度，而要把重点放在让学生学会和运用适应社会的技能技巧上。

（6）先处理情绪，后处理问题，并尽量避免在公开场合对个别学生进行强制性训练。

行为矫正和行为训练在学生情绪平稳的状态下进行才是有效的。因此，当学生情绪激动的时候，应将训练任务暂时搁置，等待学生恢复平静后再开始训练。另外，要注意行为训练是一种矫正措施，而不是惩罚措施。因此，除了集体性的行为训练之外，要注意避免在公众场合对个别学生进行训练和矫正，以保护他们的自尊心。

（7）建立良好的师生关系，行为矫正的实施才会顺畅和有效。

良好的师生关系会对学生的行为改变产生重大影响，冲突不断的师生关系只会造成不良行为的恶性循环，而只凭教师的权威发号施令，往往会导致事与愿违。因此，在实施行为矫正措施之前，教师要付出更多努力，从日常生活小事切入，去改善与问题学生的关系，建立起他们对教师的信任感。

在学生出现问题行为的现场，教师首先要采用“消退法”进行冷处理，保持一定距离进行保护性监控，尽可能避免发生直接的肢体接触，以免火上浇油，加剧师生矛盾，恶化师生关系。

对家长开展行为矫正技术的培训，要特别强调以下八个问题：

（1）追根溯源，认真反思，从孩子 2～4 岁时的家庭教养方式中找到问题行为的根源。

2～4 岁是一个可以让父母抓狂的年龄段，是孩子自我意识萌生的第一个高峰期，此时的家庭教育最容易出现问题。在孩子表现出强烈的自我中心意识时，父母或长辈迁就了不该迁就的坏习惯，强化了不该强化的错误行为，一旦多次重复，孩子在 7 岁之前可能就学会了应对外界环境的错误方式，并形成了不良的早期个性（人格）基础。

（2）自我觉察，反躬自省，先行一步改变自己，然后才能改变孩子。

自我觉察，从孩子的气质特点和行为方式中找到父母自己的影子，了解孩子问题行为的生物性基础（包括遗传因素），察觉在孩子后天成长环境中父母无意识施加的行为影响，从而减少对孩子不良行为的过度指责，缓解父母的焦虑情绪。

（3）着眼发展，纵向思考，向后看不良行为的形成过程，向前看不良行为的发展后果。

孩子的社会适应不良（攻击性或退缩性行为）一般是从幼儿园生活环境中开始的。原因是在原生家庭中已经形成的不良个性，必定在幼儿园同伴交往中显露出来，也势必遭到小朋友们的拒绝和排斥，并引起教师的反感和责罚，于是便使孩子在同伴群体中失去了归属感和自信心，进一步激起孩子的挫败体验和自我防卫心理。这就必然使孩子的冲动性与攻击性被错误地反复强化，从而使孩子正常的社会化发展出现严重的障碍，并为孩子今后的发展埋下各种隐患，因此必须引起家长高度的重视和警惕。

（4）正向关注，放大优点，发现例外，及时强化。

在家庭行为训练中，要特别留意"正向关注，放大优点，发现例外，及时强化"的基本原则。孩子的成长需要鼓励和引导，家长要把目光有意识地集中在孩子偶尔出现的积极行为上，真诚地给予赞赏，鼓励他们"再多做一次"，并且"做得更好一点"。不带羞辱性的教育方式有助于有行为问题的孩子走向成功。如果家长一味地批评指责，就会严重挫伤孩子改变自己的积极性和自信心，行为矫正就无法取得理想的效果。

（5）目标单一，降低要求，小步前进，坚持"良好个性高于学习成绩"。

孩子的负向行为是日积月累起来的，而且往往由多种负向行为交互叠加而成。冰冻三尺，非一日之寒。家长必须有足够的耐心，小步走，不停留，而不要一次提出多个要求。在侧重矫正孩子的冲动行为过程中，可以对其他不良行为给予"良性忽视"，即"暂时忽略，'预约挂号'，留待下次解决"。要坚持"做人第一，学习第二""良好个性高于学习成绩"的指导思想，在行为矫正的过程中，对孩子的学业视具体情况适当降低要求，切勿与其他孩子进行攀比。

（6）先处理情绪，后处理问题，并注意训练环境的私密性。

行为矫正和行为训练，在孩子情绪平稳的状态下进行才是有效的。因此，当孩子情绪激动的时候，应将训练任务暂时搁置，等待孩子恢复平静后再开始训练。另外，要注意行为训练应该在私密的家庭环境中进行，不可以在公开场合强制孩子进行错误行为的矫正。

（7）保持耐心，避免指责孩子"屡教不改"，重在教给孩子适应社会的方法和技巧。

孩子的负向行为往往是反复无常的，甚至会表现出"屡教不改"的顽劣态度。家长必须明白孩子的不良行为，除了生物性因素之外，从根本上说是缺乏社会化技能技巧造成的。因此，家长必须保持足够的耐心，对孩子的情绪火焰不采取"助燃"的错误做法，不去追究孩子言行不一的态度，而要把重点放在教给孩子学会和运用适应社会的技能技巧上。

（8）学生除了一般的行为问题之外，还有一些常见的心理障碍，如注意缺陷多动障碍、感觉统合障碍、品行障碍、对立违抗障碍、间歇性暴怒障碍、孤独症谱系（含阿斯伯格综合征）等，这就需要转到专科医院就诊，并依靠"药物治疗＋行为矫正"来处理。其中，行为矫正的实施同样不能只依靠医生，而要教师和家长共同参与。其他干预技术，如沙盘、绘画治疗等，只是辅助手段。

五、心理教师要注意的六个问题

心理教师在对学生进行心理辅导时，应特别注意以下六个问题：

（1）要用好你的直觉，不要过分依赖测量。

（2）任何问题都不可能只有一种应对的方法。

（3）要发现自己的辅导特长，而不是模仿别人。要找到适合自己的鞋子，而不是削足适履。

（4）不必过分担心如何做才是对的。

（5）尽可能打破来访者的固有范式，推动"一小步"来带动连锁反应。

（6）辅导不是万能的，辅导只是解决问题的各种可能性中的一种选择。

心理教师真有点像考古队员，摆在我们面前的学生问题，犹如从地下或者海底挖出来的各种陶瓷、青铜器皿或者骨骼的碎片。它们往往是那样的支离破碎，又往往是那样的脆弱；它们的表面沾满了厚厚的泥土、海藻或是其他东西，让你无法识其“庐山真面目”。我们也许真的要像考古队员那样，耐得住寂寞，蹲着，跪着，趴着，用放大镜仔细观察，用小刷子轻轻拂去这些地下碎片表面的尘埃，小心翼翼地将它们进行拼合、辨认、修复；还要查阅各种资料，进行比对，确认它们的真实“身份”，以防造成误判；更要经得起一次又一次的失望、徒劳和无功而返。没有这样一种“考古者精神”，许多珍贵的、可以修复的“宝藏”，也许就会毁在我们手中的铁锹和斧锤之下了！

辅导也是“一把钥匙开一把锁”的。那么，“钥匙”是什么？你不和学生具体进行接触是不可能知道的，必须在和学生的交流过程中慢慢去试探。就好像自己手里有一大串钥匙，面对一扇陌生的门，你要一把一把小心翼翼地去试，动作还不能太猛，太猛了会把钥匙别断。钥匙若是断在锁芯里，换另一把钥匙就插不进去了。所以，千万不要以为辅导仅仅就是一种讲话的技巧。辅导是“钥匙和锁芯不断调试，力求匹配对号”的过程，“锁匠”一定要和“门锁”直接接触，而且还要慎之又慎才行。

第十五讲

心理教师的自我成长

在这一讲里，我想和中小学同行谈谈心理教师的自我成长。

我并非心理学科班出身，纯属“半路出家”。从根子上说，我与心理学没有一丝一毫的渊源，我对心理健康教育的研究是从 50 岁才开始的。50 岁那年，我“落叶归根”，从“北大荒”回到故乡杭州，被安排到某区教育局教研室工作。在教研室，我前 11 年的“主业”是负责全区的中学学科教研，研究的是课程改革和教学规律，抓中考、高考，心理辅导只是我的“业余爱好”和“兼职”。直到退休后，我才将心理辅导当作自己的“主业”。

有几位跟我一块学习“焦点解决短期咨询”的朋友，曾用“焦点句式”问我：“你把 50 岁之前做的一切归零，然后从零开始研究心理学。你是怎么做到的？”

这个“焦点问句”引发了我的思考，以下六条是我的心得。

一、心存梦想

1993 年，为了寻找职业生涯中最后 10 年的专业定位，我花了半年多的时间查阅了大量的文献资料，从中捕捉到一些有关国外学校心理辅导工作发展趋势的信息。渐渐地，一个判断在我的脑海里形成：21 世纪的中国教育，可能会在学校德育工作中引入西方心理咨询与辅导的理念及其技巧。我认为，这是一块尚未被开发的“教育处女地”，蕴含着无限的生机与希望。

1999年后，多个加强中小学心理健康教育的指导性文件陆续下发，一场“大德育”领域里的改革悄然拉开了帷幕。多年来，尽管心理健康教育遇到了种种困难和干扰，但其发展势头从未减退。它虽然弱小，但它一直顽强地存在着。这一教育现象在中国教育改革史上非常罕见，它说明学校心理健康教育是一项“朝阳事业”，饱含着千千万万教育工作者对未来中国教育蓝图的热切期盼，是伟大的“中国教育梦”中最核心的组成部分。

伟大的梦想需要一支庞大的“追梦者”队伍前赴后继地为之努力奋斗。我只是“追梦者”大潮中的一滴水珠，但我愿意从自己力所能及的事情开始做起。退休时，我就问自己：假如再给我30年时间，我还可以在这块“教育处女地”上耕种什么？其实，这个问题对于任何一位心理教师来说，都是很有意义且极富想象力的。如果我们能时时反问自己“还能做些什么”，怀抱梦想并为之奔跑，或许我们就能愈来愈接近苏格拉底所说的要努力“使灵魂达到最佳状态”的境界。[①]

人生苦短，从大学毕业走上工作岗位到退休，也就是30余年，转瞬即逝。常言道：“十年磨一剑。”人的职业生涯又有几个10年？所以，心理教师要有人生规划，要有事业追求。在职业生涯的第一个10年，心理教师要能开出质量较高的心育活动课，要能形成独特的、有技术含量的辅导风格。有了这个基础，后面的专业道路才能走得更快更好。对事业的梦想和追求是心理教师的动力之源。

二、终身学习

心理学的知识系统浩瀚无际，内容博大精深。那么，心理教师应该如何学习呢？我认为，心理学专业的学历教育只是奠定了基础，学习应

① 朱尔斯·埃文斯:《生活的哲学》，贝小戎译，中信出版集团，2016，第9—10页。

该是一辈子的事情。心理教师要尽可能广泛地阅读资料，让自己的视野更加广阔。总之，买书、读书都是多多益善。对书有兴趣才能爱读书，学问要自己去求来才会受用。

现在，人们的学习方式越来越便捷，却也越来越功利，想找资料就在网上搜一下，懒得把书翻开一页一页地读下去。而我认为，纸质书永远是电子书所无法取代的。因为纸质书可以随时随地阅读、思考、玩味、批注、重组信息、加工编码，还可以把几种不同的书放在一起比较、对照、鉴别。有的老师不重视读书，备课、写文章的时候，就打开电脑，网上输入关键词一搜，似乎什么都有了，这其实是一种“快餐式”阅读。

我研究心理学主要是通过读书，而且乐此不疲。我认为，心理学的基础性著作要仔细读，经典著作要反复读，前沿性著作要及时读，一般著作要有选择地读。曾有人问我：“书那么多，你怎么能看得过来呢？”我说：“书不能总是一本一本地读，要一批一批地读，最好围绕一个主题快读。这样可以相互比较，碰撞出一些思想的火花。”而所谓围绕“主题”，就是围绕实践中遇到的问题。读书就是为了解决问题，我常常是为突破某一个研究课题、处理某一个个案、上好某一节心理辅导课、解决班主任老师提出的班级管理和教学工作中的某一个难题而读书。因为只有在应用中读书，才能读出乐趣和意义。

我觉得做学问如同蜜蜂采蜜，不能只采一种花，采的花品种越多，酿出的蜜就越甜。所以，读书要杂、要多，不能只看一个领域的书。搞学校心理健康教育，只看心理咨询理论是不行的，还要读教育学、社会学、教育心理学、教学论、管理学、哲学等。书读得多了，视野才会开阔，最后才可以达到“互联互通”的效果。

读书要讲究方法。无产阶级革命家、教育家徐特立说：“不动笔墨不读书。”我斗胆加两句话：“不动电脑不看书，不动头脑不看书。”看书就要写读书笔记。我习惯在书上圈点勾画，看过的书一定要有痕迹；我还喜欢做批注，把自己的想法写下来。读书笔记可以帮助我们深入思考、融会贯通，比较鉴别、触类旁通，最后综合运用所学知识。另外，学习不能只停留在书上，而应联系社会实践经验和自己的感悟体会，做深入的研读和探究。

读书贵在坚持，要有恒心、有长远的眼光，要有一个读书计划，要和自己的人生规划、研究规划结合起来。

学习心理学，特别是咨询心理学，仅仅靠读书是不够的，还要有对内心深处的自我探索、面对面的技巧训练与督导。因此，我退休后每年都会去参加一些高端的心理咨询专业技术培训。2005 ～2015 年这 10 年间，我自费参加了 52 次心理专业技术培训，比较系统地学习了精神分析理论与实操技术、现代行为治疗技术、认知主义咨询技术、焦点解决短期咨询技术、学校心理辅导技术、团体咨询技术等，广泛涉猎了家庭治疗、沙盘治疗、意象对话、心理剧、危机干预与哀伤辅导、人际沟通技术、生涯辅导、催眠治疗、客体关系治疗、绘画治疗等多种现代咨询技术，并接受了华中科技大学附属同济医学院施琪嘉教授和德国埃森大学福冈 · 森福教授连续 3 年的个案督导和小组督导，近距离观摩和领略了几十位国内外著名的心理咨询（辅导）师的深厚技术功底和人格魅力。

生命是一个过程，每个人从生下来就开始走向死亡，但很少有人清醒地认识到这一点。只有到了中年之后，才发现原来时间消逝得那么快，才想要珍惜每一天的分分秒秒。如果你对生命有了这种体验和领悟，那么终身学习就成了一种永葆专业青春的灵丹妙药了。

三、勤于实践

回顾自己走过的心育历程，我感受最深的是自己始终没有离开学校一线的心理辅导实践舞台。退休之前的 12 年，我的研究重点是发展性心理辅导课，为此，我在全国各地听课、评课千余节，积累了大量记录翔实的听课笔记和临场感悟。这些来自课堂的生动鲜活的第一手资料，为我 2007 年撰写《心理辅导活动课操作实务》一书奠定了扎实的基础。同时，多年的一线实践经验也让我对青少年在成长发展过程中的一些规律性现象有了更具体深入的理解，促使我逐步勾画出了我国中小学生心灵成长的“路线图”和“时间表”，并且据此构建起“民间版”中小学发展性心理辅导课的整个目标体系及其实施方案。2016 年后，我继续跟踪国内中小学心理辅导课实践的发展新态势、新问题，通过听课、评课不断进行思考总结，又出版了三本专著，作为对这一重要课题的再探索。究其理论建构与思想灵感的源泉，同样来自学校的一线心育课堂和广大心理教师的实践经验。

除了上面所说的实践与思考之外，我的研究重点在这 20 多年里也已转向面对学生个体的辅导。退休后，我坚持在两所中学的心理辅导室值班，接待来访学生，从而了解了大量形形色色的青少年心理与行为问题，有一些典型案例是令人深感痛心的。这些来自一线的个案，一方面推动我不断学习咨询理论与技术，以提高自己判断个案、处理个案的能力；另一方面也帮助我进一步认识到，在班级管理和家庭教育中普遍存在一些亟待解决的问题，意识到改善学生成长环境的重要性，并逐渐形成了从整个系统入手来处理学生心理异常及行为问题的辅导风格。直到现在，我依然在接受由学校转过来的各种比较复杂的心理个案，并在实践中进一步探索中小学生个案辅导的理论框架与实施路径。

多年的实践经验告诉我，如果心理教师能坚持进行深入研究和执着探索，就一定可以在专业领域内得到较快的成长。

四、重视科研

心理学是一门实验科学。心理教师应该成为一个科研工作者，应该具有强烈的科研意识。“科研意识”就是“问题意识”“求索意识”，就是要不断地独立思考，不断地寻找需要解决的实际问题，而不是一切依赖网络。

对于青少年自杀问题，其根源到底是学生对生命的“不热爱、不珍惜、不尊重”，还是另有更深层次的原因？“危机干预”的重点到底是危机出现后的事态应对和相关人员的应激性辅导，还是预防可能出现的危机？除了量表筛查，还应该如何寻找现行教育体制中亟待处理的“隐性暴雷”？

亲子矛盾，到底是因为孩子“叛逆”“不懂感恩”，还是父母推卸了本应承担的化解矛盾的主要责任？“叛逆”和“感恩教育”的概念到底能否经得起科学的论证？

“生涯辅导”除了为“选课走班”服务，还应包含哪些重要内容，又如何保证其在学校里的课程地位？某些改革试点地区出现的心理健康教育被边缘化甚至弱化的难题，到底该如何破解？网上对上述问题的几乎“一边倒”的表述，是否与教育真实现象相符？等等。

所有这些都是我多年来在反复思考、仔细鉴别、认真研究的课题。正如美国教育心理学家加德纳在《重塑真善美》一书中所说：“我并不认为后现代主义和数字媒体是唯一导致‘真、善、美’概念混乱的根源，但我将严肃地面对这两者对‘真、善、美’构成的威胁。”① 如果我们不能大致判断什么是真的什么是假的，什么是美的什么是丑的，什么是善的什么是恶的，那么我们就很难生存，甚至无法顺利地度过完整的一天。

科研的目的是解决问题，因此搞研究不一定需要“申报课题”，不一定需要申请科研经费，不必追求拿一个什么奖项，甚至不需要请权威专家来做成果鉴定。社会的认可、学生的正向反馈、同行的支持和实践的成效，就是对心理教师的最高奖赏。

五、笔耕不辍

动笔要勤，因为勤能补拙，好记性总不如烂笔头。把自己想到的一事一悟、一课一得及时记录下来是很有必要的。我每次听课、评课，都会做很多记录、写很多随感，而且记得尽可能详细；每次做个案辅导，也会认真做记录，重要的案例我会利用晚上的时间立即整理成文，并写出辅导反思和下一步的交谈方案。这个过程很重要，要把反思与理论学习结合起来，不能只是“就事论事”。在反思过程中，常常会触发一些灵感，这又可以成为下一个课题的研究方向。

① 霍华德·加德纳:《重塑真善美》，沈致隆、杨彦捷译，中国人民大学出版社，2012，第3—4页。

时间一长，我们自然就会积累许多案例、课例、手记、随笔。当遇到一个需要探究的学术问题，或形成一个比较系统的理论框架时，这些之前积累的思想火花就会碰撞在一起，使我们进入一种比较亢奋的科研状态。我的许多文章或专著，其实就是这样“积跬步”“汇细流”“驽马十驾”，最后慢慢成形的。这种用心血凝聚成的文字，才是真正属于自己的东西，是完全个性化的，才是一个人对自己生命价值的盘点。

需要强调的是，心理教师在写论文、设计教案、做报告时，一定要踏踏实实，不要总想着走捷径。现在业内有一些不良风气，有的人设计教案时不愿独立思考，随手打开电脑，输入关键词一搜，下载若干类似篇目，然后拼拼凑凑，就去上课了；有的人甚至干脆将作品原作者的名字、单位去掉，写上自己的姓名和单位，就拿去参加“教案设计大赛”“优秀教案评比”或“优质课评比”了……这些现象，实在令人担忧。我们要克服浮躁心理，沉下心来，脚踏实地，“化虚为实”，“去伪存真”，做好专业发展这篇大文章！

六、涵养人格

当前，我国中小学心育工作的态势总体向好，但城乡之间、沿海与内地之间的发展水平很不平衡，在不少地区甚至还存在事实上的空缺。即便在经济和教育水平较为发达的地区，心育工作也还存在不少的瓶颈。有的心理教师从业近20年，觉得自己的工作总伸展不开手脚，专业水平和个人待遇也因种种客观条件的约束而难以得到提升。不知不觉中，自己的职业生涯已过半，所以有时难免发出“坐思藤萝密，步忆莓苔滑”“人生不如意，十乃居七八”的感慨。在这样曲折坎坷的道路上行走，考验的就不仅是个人的学识与能力，更是个人为人处世的境界和眼光。

心理教师的自我成长不仅取决于个人的专业化技能和研究水平，而且还受制于个人的人格特质。那么，一位优秀的心理教师应该如何培养自己的人格特质呢？

欧文·亚隆在谈到心理治疗师的人格修养时，提醒我们要勤于思考、心怀慈悲、博学多闻，而不应坐井观天、偏听偏信。他还说，心理治疗的学习者应踏上终身自我探索的旅程，而这旅程包括对自我的分析和对治疗过程的把控。①

马斯洛则把一个人具有健全人格的特质概括为"自我实现"，他说："似乎有一个人类的终极价值，一个全人类努力争取的远大目标。不同的学者给它取了不同的名字，如自我实现、自我完善、整合、精神健康、个性化、自主性、创造性、生产性，但他们都一致同意这些都意味着充分实现一个人的所有潜力，也就是说，他能彻底地成为一个真正的人，充分实现他的一切可能性。"②

而我理解的"优秀教师"，就是指做人做事的基本素质良好的教师。他们应该有执着的专业理想和追求，有强烈的事业心，有对学生的满腔热忱和人文关怀，有对青少年成长发展规律的比较透彻的了解，有理论和实践的"悟性"，有敏锐的洞察力和同理心，有清晰的思路和表达能力，特别是还要有万难不屈的坚韧精神与奉献精神。这样的心理教师，往往都是出类拔萃的。

有一位知名企业家说，我们应该在头脑中不断描绘愿望实现时的情景，这样，日复一日，就能把强烈而积极的愿望深入潜意识中。即使客观上存在重重困难，几乎没有成功的可能，也必须坚定信念，抱定必须成功的强烈愿望，这是事业成功的原动力。极好的机会都隐藏在平凡的情景中，但它们只能被那些有强烈目标意识的人所发现。在制订新目标时，要给自己规划一个超出现有水平的更高的目标，并为在未来某一时刻实现这一目标而倾尽全力，要相信自己的潜能在机会来临时一定可以迸发出来。③

这个世界上有许许多多尚未被我们认识的东西，中小学心育工作也

---

① 欧文·亚隆、默林·莱兹克兹：《团体心理治疗：理论与实践（第五版）》，第39页。

② 弗兰克·G. 戈布尔：《第三思潮：马斯洛心理学（第五版）》，第100页。

③ 稻盛和夫：《人为什么活着》，吕美女译，中国人民大学出版社，2009，第22—23页。

是如此。因此，我们心理教师要敬畏客观存在的一切，敬畏心理学，敬畏尚在发展的学校心育工作的规律，敬畏我们的成绩和缺陷，敬畏我们的心理辅导界同行。面对这个新天地，我们既不能夜郎自大，也不能妄自菲薄，而应该坦然面对自己认知上的盲区，坦然面对前进道路上的艰难曲折，坦然面对他人的批评。我们不仅要在学生面前表现出自己的真诚、尊重和无条件接纳，而且要在面对那个躁动不安的自我时，也能做到真诚、尊重和无条件接纳。我们需要坦荡地面对自己并不完美的灵魂，唯有如此，我们才不会丧失信心、故步自封，才能获得一个整合的、透明的、和谐的自我，才能在辛苦劳作之余获得内心的安宁。

第十六讲

学校心育要“有人做、真在做、能做好”

近年来，全国各地的心理健康教育工作有了很大的发展，在不少地区可以说出现了喜人的局面。但是，也确实存在发展不平衡、地区差异较大、工作流于形式而缺乏实效、校园危机事件频发等问题，一些起步较早、基础较好的地区感觉也进入了“高原期”“平台期”，出现了心理健康教育发展上的瓶颈。

心理健康教育已不需再讨论要不要做的问题，是需要考虑“怎么做”的问题，要在实践中切实解决中小学心理健康教育“无人做”“不愿做”“不会做”和“不真做”的问题。[①] 现在，这几个问题在很大程度上有了改变，但由于各地发展水平不一，离彻底解决恐怕仍有不小的距离。

这一讲的内容就是讨论学校心育工作要“有人做”“真在做”“能做好”三个问题。

一、学校心育要“有人做”

1. 事在人为，首先是要有“人”

人在，事业就在，心理健康教育更是如此。如果没有合适的人，光靠一纸空文，学校心育工作是很难推动的。目前，关于“有人做”的问

① 陈虹：《关于中小学心理健康教育的若干工作：访教育部基础教育一司副司长王定华》，《中小学心理健康教育》2009 年第 1 期。

题，难在三个方面：一是“进不来”。一些学校以“没有编制”为由，不愿意接收科班出身的心理学系毕业生做专职心理辅导教师，认为随便找一个工作量比较少的人兼做一下就可以了，这就叫“进不来”。二是“用不好”。有的学校招了人以后，左看右看都觉得这个人的工作量好像太少，没有什么事干，于是就让心理辅导教师兼做文秘、教务员、政教干事之类的工作，长此以往，主次关系就颠倒了，这就叫“用不好”。三是“留不住”。由于专职心理辅导教师的编制、待遇、职称、业绩考核、评优晋级等具体问题没有制度保障，许多心理辅导教师感觉干得“不明不白”、干得“不痛快”、干得“窝囊”，看不到发展前途，于是跳槽去做社会心理咨询师，去企业做人力资源培训，或者改行去教外语、政治，这就叫“留不住”。

上述三个方面的难题，其核心是编制问题，这确实是令许多校长深感棘手的事情。有时候，为了解决一个编制，校长需要多次去“跑”。当然，编制问题与体制有关，相对来说，民办学校配置专职心理教师就容易得多；同时，编制问题又与学校管理层的决策排序有关，当“缺编”导致学校管理效益下降时，编制就会向“缺额”部位流动。例如，当数学教师“缺编”，导致某校高考质量下降时，数学教师的“缺编”问题就会很快得到解决；同理，当某校因连续发生高危事件而引发社会关注时，心理教师的“缺编”问题也就比较容易解决了。由此可见，“编制”的问题其实是一个“决心”的问题。前几年我到厦门讲课，发现厦门市教育局就很好地用“红头文件”解决了心理教师的编制问题，破解了其他地区多年未解决的难题，可见“世界上没有走不通的路”。

如果“人”的问题不解决，那么其他问题就都无法落实。最重要的就是要给出一个刚性指标，要明确规定不同规模的学校要配备多少名专职心理辅导教师。当然，兼职教师也很重要，他们的专业水平不见得比专职教师的水平低。但兼职教师的流动性大，说有也有，说无也无。依我看，我国的心理健康教育历时多年，应该到了下决心建立“专职化”队伍的时候了。至于某一具体学校几年内可以达到这个目标，那是另一个问题，关键是基本要求（多少学生配 1 名心理教师）不能模糊不清。

2. 有了人，能否“留得住”

这就要看专职心理辅导教师的待遇、职称、评优、晋级有无可操作的考核标准，且能否把“一碗水端平”了。要解决这个问题，总的原则是不能用学科教师的考核指标来考核心理辅导教师，而应该建立一个符合辅导专业要求的指标来评价他们的工作量与绩效。依据我以往的经验，如果一个专职的中学心理辅导教师每周上12节心理辅导课（每个班按2周上1节心理辅导课计，同一年级同一个教案），是否就可以视为一个标准工作量（参照中学政、史、地教师标准工作量为每周12～14节）？如果个案辅导工作每周花6个小时接待学生来访，加上来访后的个案记录整理等后续工作（可另行制定案例字数与个案质量标准），是否也可以视为标准工作量之外的附加工作量（如同学科教师批改作业）？在这样一个基本框架下进行测算，大致上就可以知道，在一所24个班级规模的中学里，配备2名专职心理教师是有必要的，折合成师生数比例的话，就是每500～600名中学生配备1名专职的心理教师。小学的师生配置比例可在此基础上做适当的调整，比如每600～800名小学生配备1名专职的心理教师。当然，由于各地学校的规模大小不同，编制配备和计算工作量是一件很复杂的事情，不可能一刀切，但解决问题的前提是先要明确一条相对合理的配置基线，以便有章可循。如果只是提出一种模糊的师资配备要求，那么心理教师的队伍建设问题可能一拖就是10年、20年，甚至30年，最后还是悬而未决。

以上是指专职队伍的建设，心理辅导教师队伍专职化是今后10年应该达成的战略目标之一。而在那些因地区差异暂时无法达成上述目标的学校里，可以采取专兼职队伍相结合的方法来过渡。选配兼职心理教师最重要的条件是热爱心育工作。只有对心理健康教育的重要性有足够的认识，才能热爱这个“兼职”的事业，才会愿意终身从事这个功德无量的事业，才会有兴趣、有信心去自觉钻研心理学的有关理论和方法技巧，才会积极地去参加相关的专业培训并取得培训的实效。如果被指派做兼职心理教师是出于一种无奈，或者是为了“凑满”一个标准工作量，或者是抱着一种“应付差事”的态度来对待这项工作，仅仅满足于当一个上传下达的“二传手”，心心念念想的是如何尽快把这份“差事”移交给他人，那么不仅是学校培训兼职教师的经费打了水漂儿，更严重的后果是一年又一年地延误了这个学校的心育工作，使一个又一个面临心理困扰，甚至深陷心理危机的孩子得不到他们渴望已久的心理援助，以致酿成一些不可挽回的严重后果。

3. “有人做”了，还得“有人管”

心理健康教育从上到下应该归谁管？上级主管部门与下级主管部门的职能与隶属关系是否稳定？管理系统是否健全、统一？组织机构的执行力是否高效？这些问题是心理健康教育能否持久深入发展的关键。其中，基层的职能机构是否有效是最重要的。在不少学校的管理团队里，往往是“谁有时间谁管”“班子里谁的工作量相对轻一点谁管”，即属于“兼管制”和“搭配制”，并没有从体制上明确加以界定。这样一来，就可能出现“打起仗来，兵找不到官、官找不到兵”的现象。比如说，假如省里是教育科研部门在管，市里是教研室在管，而学校里却是工会主席或校办主任在管，这个组织体系能做到稳定、高效和政令畅通吗？而且，许多地方对一项工作的领导归属往往取决于“人治”，而不是“体制”，很容易出现一位分管领导卸任之后，心理健康教育的执行力立即进入“疲软”状态的局面。

心理健康教育组织机构执行力的强弱还涉及一个政府部门考核的问题。各级教育行政部门重视不重视，首要因素并非我们有没有制定出一个心理健康教育的战略目标，而是地方政府对当地教育行政部门（可以类推到对学校）的考核是否包含了开展心理健康教育的硬性指标。但是，在相当长一段时间里，不管我们把心理健康教育的指标强调到何种高度，它也总是“硬”不过中考、高考的升学指标的。而在目前，唯一在学校里“有地位”“叫得响”并能够与升学指标“双雄并立”的工作是“德育”。所以，解决问题的首要一步是必须建立德育与心理健康教育的“联合共同体”，实行“大德育”统率下的“大心育”。我们不可能提出“心理健康教育比升学指标更重要”这样的口号，但我们可以提出：要像抓德育一样来抓心理健康教育，评价德育时必须同时评价心理健康教育，部署、总结、表彰德育工作的同时必须同时部署、总结、表彰心理健康教育工作。

如果把目光再放长远一点，从今后10年的战略目标来看，应该考虑把设置独立的中小学“辅导处”列为深化心理健康教育的突破口。“辅导处”的行政规格应与“教导处”“德育处”“总务处”相同，并列为学校中层职能机构，其主要负责人必须为专职干部，级别待遇为学校中层正职干部。这样做的目的就是为心理健康教育争取一个独立开展工作的职能部门地位。把一个干部放到这样一个独立部门的岗位上，他的工作就不是“做与不做一个样”“做好做坏一个样”了，他必须努力“在其位、谋其政、用其心、成其果”，上级对学校心理健康教育的业绩考核也才能真正落到实处。由此可见，增设“辅导处”机构的必要性是无论怎样评估都不为过的。浙江省永康市在全市范围内已经落实了这样一种学校职能机构，效果明显。笔者相信，永康一个市可以做到的事情，其他各地也都可以做到。

“辅导处”设立之后，必须与“德育处”协同开展工作，两处的协调和统筹则由分管德育和心理健康教育的副校长负责。这样，德育副校长的领导职权就会有效扩增，就可以避免目前存在的与德育处职权的“叠床架屋”现象，也就更能做到“在其位、谋其政、用其心、成其果”。

二、学校心育要“真在做”

这里所说的“真在做”，指的是学校能自觉、主动、常态化地开展心育工作，而不是被动、应付式地跟在问题后面做一些补救性工作。一所学校的心育工作是否“实干真做”，关键看两条：一条是看学校是否常态化地落实了发展性、预防性的心理辅导课，主动引领和塑造学生的健康人格；另一条是看学校心理辅导室是否每天按时开门接待学生来访，能及时发现并妥善处理学生的各种心理不适应或心理障碍性问题。

1. 用常态化的心理辅导课引领学生智力和人格的健康发展

学校心理健康教育的主要功能是发展和预防，即推动学生的智力和人格的正常发展，预防学生可能出现的心理不适应或心理障碍。而实施发展性辅导和预防性辅导的"主渠道"就是开设心理辅导课。从 1999 年起，教育部在有关文件中反复强调：心理健康教育课的课时要有保证，"各地和学校要通过多种途径和方式，结合教育教学实际，保证心理健康教育时间，课时可在地方课程或学校课程中安排"。但是从现实情况看，没有开设心理辅导课的学校仍不在少数；有的学校每周课表上有心理辅导课，实际的教学活动中却没有这门课；有的学校在上级检查、督导、评估心理健康教育工作时有心理辅导课，检查评估组一离校，心理辅导课就没有了；有的学校出了一起校园高危事件，就意识到开设心理辅导课确实很有必要，一旦舆论风波平息，心理辅导课也就没有了……凡此种种现象，长时间没有得到根本的扭转，个中原因值得深思。

一些学校对此给出的解释无非是"没有课时""没有师资"。这不能说不是一个现实存在的问题。但既然不少学校可以在教学计划之外增加额外的文化课补课时间，那就说明可能不是课时欠缺问题，而是指导思想上真正重视与否的问题。至于缺少师资，也是一个事实，但只要领导的认识到位，师资的问题都可以"从无到有"加以解决：办法一是引进，二是培训。从应急和过渡的需要来说，许多地方的成功经验是通过基础性的初级培训之后，由班主任在每学期一周一节的班会课中安排 1/3 的课时（即每学期 6 课时）开设"心育活动课"，由学校德育处负责协调与考核，按年级组在同年级班主任之间实行"分工合作、集体备课、资源共享（包括教案、课件、资料、课堂实录视频等）"的办法，以减轻班主任备课的负担；业务方面则由区（县）级心理教研员负责培训，并定期组织展示、交流及研讨活动。

一般情况下，我们把由班主任全员参与的心理课称作"心育活动课"，而把由专职心理辅导教师任教的心理课称作"心理辅导课"，以体现对开课教师在辅导技巧的专业要求上有所区别。换句话说，班主任去上心育活动课，在专业技巧上的要求可以适当降低，允许他们有一个逐步适应、逐渐提高的过程，但班主任全员参与心育课程的措施，对营造全校，乃至全社会浓厚的心理健康教育氛围、推动班主任教育理念的更新和提升是极为重要的。

关于心育活动课的主题内容，主要有两个方面：第一大方面是要考虑学生的年龄发展特点，以促进学生的智力和人格健康发展；第二大方面是要考虑本地、本校、本班级存在的实际问题，解决学生在成长过程中出现的倾向性问题。第一大方面的有关内容在各地是大致相同的，例如，学生面临的入学适应不良问题、学习方法策略问题、处理人际关系的技能技巧问题、青春期异性交往的问题、考前心理调节的问题、生涯规划的问题等，这些都随着学生的年龄增长而呈现出规律性的发展趋势，这就可以做得标准化一些；第二大方面的内容需要更多考虑本地、本校、本班的具体情况，例如，农民工子女学校的学生如何树立积极的自我意识问题，民办学校的学生如何培养自立、自强、自励意识的问题，沿海经济发达地区的中学生如何把握异性交往分寸和底线的问题等，这些主题的选择要有更强的现实针对性。

总之，开设心育课程一定要坚持“三全一常”原则，即“面向全体”“全员参与”“全程落实”“常态化”。

2. 用常态化的个别辅导及时发现和妥善处理学生的心理不适应或心理障碍问题

（1）要有比较规范的心理辅导室。

教育部在2015年发布的《中小学心理辅导室建设指南》（以下简称“指南”）强调指出：“心理辅导室建设应坚持科学、实用原则，保证基本配置，满足心理健康教育工作科学有效展开，有条件的地方能够结合实际情况，拓展心理辅导室功能区域和相关配置。”指南非常具体地对心理辅导室的基本配置和管理规范提出了标准化要求，是一份具有长远意义的指导性文件，各地应根据实际情况逐步加以落实。

从全国各地中小学的现状来看，心理辅导室建设的发展水平极不均衡。简单来说，一个是“有没有”的问题，另一个是“好不好”的问题。

先说“有没有”，确实有许多学校只是“兼而有之”。比如，在“少先队大队部”“党员活动室”“家长学校”“工会之家”的门口加上一块“心理辅导室”的牌子，就算是“有了”；在“电教室”“综合实践活动室”“资源教室”的门口加挂一块“团体辅导室”的牌子，也可以说是“有了”，这样的“兼而有之”实际是“似有若无”。其实，只要领导重视，在校内挤出十几平方米的空间，确保有“一室、两椅、一茶几、一桌、一柜、一电脑、一种温馨氛围”的基本条件，是不难做到的。

至于“好不好”的问题，那要视当地的具体条件来做比较，弹性极大。假如有经费的话，可以配置十几万、几十万，甚至上百万元的设备（如心理健康测评系统），则可能仍有进一步改善的空间。但我们要留意的是，辅导室的配置越高，当然表明领导越重视，但并不表明我们的工作做得就越好。比如说，有的学校建了沙盘室，购置了大量沙具，算得上是“豪华级配置”了，但心理教师却没有受过心理学的系统培训，那么在实践中，沙具就很可能成了“摆设”，或者只成了来访者的“玩具”。再比如，学校在配置心理辅导室的硬件设施上投入很大，但在书架上却只看到一二十本心理学的理论著作，这就显得硬件与软件的配置比例严重失调，这也不见得就能说是“好”。现在沿海地区心理辅导室的内部设施越来越豪华，这本来是一件好事，但与有关商家的推波助澜不无关系，同时与社会上的“面子工程”之风也有一定的联系。所以，在基地建设上，我们应该心存三分谨慎才是。如果学校之间不是比实实在在的工作成效，而只是在设备条件上做表面文章，那就可能会陷入形式主义的误区。

（2）为有心理求助需要的学生开放心理辅导室的“绿色通道”。

当前，除了寄宿制的初高中之外，妨碍常态化开展个案辅导的最大障碍是市区走读制学校的教学活动把学生在校时间几乎占满了，甚至连午餐后的一小时休息时间也被安排了“午读”，下午的“课外活动”也很难有学生自主使用的空间和时间。在这种情况下，校方如何开通那些有心理求助需求的学生去心理辅导室的“绿色通道”，是一个亟待解决的问题。比如说是否可以建立一种机制：学校设立“辅导预约信箱”—学生填写预约单—辅导室安排时间—德育处和辅导室联署“个别辅导通知单”—班主任开放“绿色通道”。

（3）通过有良好口碑的个案辅导成效，保证心理辅导室的常态化运作。

如果有了基地，又有了“绿色通道”，但是心理辅导室仍是冷冷清清、“门可罗雀”，那么心理教师也不必焦虑。这种情况无非有两方面的原因：一方面是学生对心理求助的意识需要有一个逐步提高的过程；另一方面是辅导教师的辅导技术和辅导成效也需要一个逐步提高的过程。只要辅导教师坚守基地、不离不弃、按时开放不动摇，只要有一次个案辅导的实效能被当事人所认可，那么这个成功的案例效果就能“口口相传”，在学生中引发“涟漪效应”，就会“一传十，十传百”，最终会引来络绎不绝的求助者，那么心理辅导室的常态化运作就会进入良性循环了。

（4）处理好心理危机筛查工作与常态化个案辅导的辩证关系。

一所学校的心育工作内容繁多，当然不仅局限于上面说到的常态化心理辅导课和常态化个别辅导这两大核心支柱。比如，这几年为了加强心理危机的识别和干预，各级各类学校对新入学的学生都要开展全面的心理普查工作，摸底、测试、统计、分析、筛查以及重点对象的干预性谈话等大量琐碎工作往往耗去心理教师两三个月的时间，这是很必要的。危机干预是一门科学，危机干预重在预防。与青少年总体人群相比较，中小学生自杀仍是一种小概率事件。美国危机干预专家托马斯·乔伊纳指出：“专业人士看来，相对而言，很少有人会患严重的心理障碍；在普遍的严重心理障碍中，只有一部分障碍会导致自杀；大多数有情绪障碍的人都会有自杀的想法，可是绝大多数不会选择自杀，也不会死于自杀。”[①] 一方面，我们要看到青少年自杀问题的严重性；另一方面，没有必要人为地放大危机的可能性。现在有些学校对青少年自杀问题并无深入研究，只是从“规避行政责任”和防止舆论渲染的角度加以应对，措施过于谨慎，紧绷神经，把上级规定的三年一次的心理普查增加到一年一次甚至每学期一次，结果耗费了心理教师大量的时间和精力，使得常态化的个案辅导工作无暇顾及，整日忙于一个个班、一个个年级地测

① 托马斯·乔伊纳：《为什么要自杀》，第16页。

试和分析，而危机筛查的效果却不尽如人意。因为年复一年的心理筛查，常见的量表（如 SCL-90 等）往往多次重复使用，导致学生对答案选项的指向性越来越熟悉，从而会根据自己的主观意图去填写一些虚假信息。比如，有的学生会刻意隐瞒自己的抑郁倾向，有的学生却会故意放大自己的负面心态，还有的学生甚至会虚张声势，编造或暗示一些自杀意图，以达到逃避学习压力或者摆脱父母控制的目的。所以，多频次的心理筛查很可能会降低测量的信度和效度，陷入“物极必反”的尴尬境地。难怪很多心理教师无奈地说：“筛查出来的高危重点目标往往没有高危行为，真正实施高危行为的往往是筛查中根本看不出问题的学生。”

毫无疑问，所有学校在开展心理危机筛查的过程中确实花了大气力，投入的时间和成本也是非常大的，但这里面除了对心育工作的某种重视之外，或多或少还隐含了对“规避行政追责”的小心谨慎，这与前面说到的那种自觉、主动、科学、常态化地开展心理健康教育是有明显区别的。我们需要在以下几方面澄清对高危事件的认识，以处理好防范突发事件与开展常态化心理辅导工作的关系：

①自杀行为是人类社会自古以来就有，今后也一直会有的社会现象，不足为奇。

②自杀行为在人类群体中永远是小概率事件，而且不可能通过社会的努力而趋于“归零”，因为不少自杀行为与生物性因素有直接关系。

③危机预防是学校心育工作的重要组成部分，但不是学校心育工作的主体部分和主要内容。

④防范出现学生自杀事件的“弦”绷得越紧，就越是会形成学校日常教育教学管理的“软肋”，导致有的学生动辄以“我不想活了”来威胁教师，也使许多班主任和任课教师人人自危，在教育管理工作中变得缩手缩脚，或者干脆放任不管，结果反而制造了更多学校管理的难题。

⑤任何心理测查的量表工具都不是绝对精准的，而大规模的心理筛查只会人为制造紧张气氛；相对而言，教师和家长的日常关注可能比使用筛查量表更为重要。

⑥学生的高危事件重在预防，而预防高危事件的最佳途径，一是

开设常态化的发展性心理辅导课，以推动学生顺利度过成长过程中的危机；二是开展常态化的个案辅导工作，及时发现和化解学生可能发生或正在发生的心理问题。

总之，危机预防与常态化的发展性、预防性心理健康教育都是学校心育“真在做”的重要内容，两者是相辅相成的辩证关系，但两者之间有主次之分，不能主次倒置。至于何为“主”、何为“次”，相信大家都会有自己的判断。

三、学校心育要“能做好”

说到学校心育工作要“能做好”，就是说要尽可能取得实际成效。这主要取决于四个要素：心理专业指导、心理专业培训、心理专业素养、心理环境氛围。

1. 学校心育要“能做好”，首先需要各级心理教研员的专业引领和指导

不言而喻，省、市、区（县）三级心理教研员队伍的专业理论水平、实操技术水平及科研能力，对学校心育工作及一线心理教师的工作起着重要的引领、指导和推动作用。这支队伍的稳定性与专业化程度直接制约着一个行政区域内开展心理健康教育的广度、力度和深度。

教育部2012年发布的《中小学心理健康教育指导纲要（修订版）》特别提出：“要建立中小学心理健康教育教研制度，各级教研机构应配备心理健康教育教研员。要坚持理论与实践相结合，组织专家学者、教研人员、一线教师和学校管理人员结合实际情况积极开展心理健康教育教学研究，在实践中丰富完善心理健康教育理论，不断提高心理健康教育科学化水平。”

我自己曾经长期担任心理教研员，对这一角色的理解如下：

（1）心理教研员好比是一个“战区司令员”，必须独当一面，独立思考问题，独立指挥作战，独立支撑一条战线的大局。

（2）心理教研员是当地心理辅导教师的“总教头”，自身应该有过人的本领，他的素质决定着一支队伍战斗力的强弱，决定着这支队伍乃至当地该专业领域的外部形象。

（3）心理教研员是教育行政与业务指挥部门的“作战参谋”，他应该为当地心理健康教育战线的整体布局及专业发展提出宏观的发展思路。

（4）心理教研员是“专家型教师”，他是专家与第一线教师之间的桥梁和中介，是心理辅导理论与辅导实践相结合的典范。一位称职的心理健康教育教研员最大的长处、最突出的优势就在于此。如果心理教研员对所处的环境资源利用得好，便可以做出高校专家难以做出的成绩。

（5）心理教研员是科研工作者，是学者。他必须善于学习，理论视野必须宽广，基础理论功底必须扎实，如果在理论上孤陋寡闻，就谈不到“研”。心理教研员的工作重心在于“研”，他的业绩主要是“研”的业绩，包括“教研”“科研”的业绩。

从某种意义上说，目前各地心理健康教育活动课能否持久、有效地开设下去，与当地的心理教研员关系极大。但是，问题在于：目前除省（自治区、直辖市）一级大多已设置专职教研员之外，市、县（区）两级多数教科研机构中没有专职的心理教研员，心育业务工作一般由其他学科教研员兼任，而且基本上只能处理一些“上传下达”的事务性工作，即便组织一些业务研讨活动，也只是停留在“活动”层面，真正能够深入指导业务研究的人并不算多。从表面上看，心育研讨活动是年年在组织，但研讨的专业性、科学性、实效性却参差不齐，一线心理教师的专业能力提升也因此受到极大的限制。

总体而言，在心育教研工作上有两件事情是亟待解决的：一是要尽快配齐有较高业务水平的专职人员，尤其是区县一级；二是要分期、分批、分层次、分地区对全国各地的心理教研员实施专业化培训，使他们能尽快适应这一岗位的专业要求。2021 年，我曾受中国教育干部网络学院的委托，草拟了一份针对各地心理教研员开展远程专业培训的计划，最终因通过调研发现心理教研员兼职居多、流动性太大而无奈搁置，这从一个侧面反映了加强这支队伍专业化建设的紧迫性。

2. 学校心育要“能做好”，还需要对心理教师加强实践操作技能的培训

谈到心理教师培训的问题，一个总的原则就是要真正体现学校心理健康教育的特殊性，不能完全照搬社会心理咨询师培训的内容和模式。与20年前心理教师的培训主要依靠高校教师“普及基础理论”有所不同，当前的师资培训更需要有实战经验的资深专业人士来实施。

在中小学心理健康教育领域里，目前的理论研究正处于上升时期，国内外各种理论著述的出版或翻译空前繁荣。但从心理教师队伍的总体水平来看，除了要继续加大理论知识的培训之外，更需要加强操作性的培训，重点是要培养好“会上课”和“会做个案”两大核心技能与专业素养。

当前亟待改进的问题是如何将心理辅导基础理论和基本技术的研究，与我国中小学实际情况及学生发展特点紧密结合起来，形成本土化的心育理论体系与操作体系，防止比照甚至套用国内外社会心理咨询模式去开展中小学心育工作。需要认真总结国内中小学心育一线教师的研究成果，形成有本土特色的、贴近一线学校实际情况的心育理论体系，并且将这些本土化的研究成果纳入提升心理教师专业素养的培训课程之中。

3. 学校心育要“能做好”，关键是要不断提高专兼职心理教师的专业素养

除了学校要支持心理教师外出参加必要的业务培训之外，更重要的要靠心理教师的刻苦钻研和勤奋实践。心理教师的专业素养大体上可以从以下四个维度去做自我评估和自我提升：

（1）基础理论水平。包括熟知普通心理学、发展心理学、社会心理学，了解学校心理学、学校社会学、教育心理学，掌握变态心理学、咨询心理学、心理咨询各主要流派理论知识与技能（三种以上），等等。

（2）实践操作水平。包括心理辅导课的设计、操作与评课技能，小团体辅导技能，心理评估技能，个案辅导会谈技能，危机干预技能，敏锐而不露锋芒的洞察能力，准确简洁的语言表达能力，规范流畅的个案文字报告技能，等等。

（3）教师人格特质。包括对学生的真诚、尊重、无条件接纳、善解人意、包容，有活力、亲和力、情绪自控力、自我觉察力、正向思考力，有足够的爱心、耐心、责任心、自信心与坚韧性，教师有自我反思、自我成长与自我实现的人格倾向，等等。

（4）组织协调能力。包括与来访学生建立并发展合作关系的能力，与个案班主任及家长进行沟通协调并建立“工作联盟”的能力，启动和协调其他社会资源的能力，策划与组织学校各类心理教育活动的能力，等等。

如果以上四大维度（一级评估指标）及其内涵说明（二级评估指标）再细化到三级操作性评估指标，然后配以四级等级评估表格（见表2）并给予赋分，便可以大致得出关于心理辅导教师专业素养优秀、良好、合格、待合格的自评结论。

表2　中小学心理教师专业素养自评简表

一级指标	二级指标	指标说明	分值	自评				
				1～4分	5～6分	7～8分	9～10分	小计
基础理论水平	1.熟知普通心理学、发展心理学、社会心理学	心理教师必备的通识性基础理论	10分					
	2.了解学校心理学、学校社会学、教育心理学	心理教师立足学校的基础性教育理论	10分					
	3.掌握变态心理学、咨询心理学、心理咨询各主要流派理论知识与技能（三种以上）	心理教师开展个案辅导必备的咨询理论	10分					

（续表）

一级指标	二级指标	指标说明	分值	自评				
				1～4分	5～6分	7～8分	9～10分	小计
实践操作水平	1.心理辅导课的设计、操作与评课技能，小团体辅导技能	团体辅导必备的专业技能	10分					
	2.心理评估技能、个案辅导会谈技能、危机干预技能	个案辅导必备的专业技能	10分					
	3.敏锐而不露锋芒的洞察能力、准确简洁的语言表达能力、规范流畅的个案文字报告技能	个案辅导必备的个人专业素养	10分					
教师人格特质	1.对学生的真诚、尊重、无条件接纳、善解人意、包容	心理教师赢得学生信任的外向性特质	5分					
	2.有活力、亲和力、情绪自控力、自我觉察力、正向思考力	心理教师在师生互动过程中的情绪性特质	5分					
	3.有足够的爱心、耐心、责任心、自信心与坚韧性	心理教师表现出以人为本的善良特质	5分					
	4.教师有自我反思、自我成长、自我实现的人格倾向	心理教师对待人生和事业的处世态度	5分					
组织协调能力	1.与来访学生建立并发展合作关系的能力	师生合作能力	5分					
	2.与个案班主任及家长进行沟通协调并建立“工作联盟”的能力	家校系统合作能力	5分					
	3.启动和协调其他社会资源的能力	社会系统合作能力	5分					

（续表）

一级指标	二级指标	指标说明	分值	自评				
				1～4分	5～6分	7～8分	9～10分	小计
组织协调能力	4.策划与组织学校各类心理教育活动的能力	心育活动系统组织协调能力	5分					
综合评估		总分		等级	A	B	C	D

自评简表说明：

（1）综合评估中的“总分”为四个一级指标分数的合计；“等级”中的A、B、C、D分别代表优秀、良好、合格、待合格，可画“√”标出。

（2）一级指标第三项为“教师人格特质”，“指标说明”中的“外向性特质”“情绪性特质”“善良特质”“处世态度”四个概念，均采用北京大学心理学教授王登峰等的观点。①

4. 学校心育要“能做好”，就要努力在校内外形成一种浓厚的心理健康教育氛围

如果学校心育工作只是靠心理教师单枪匹马去做，那么就会做得冷冷清清，也就不可能真正取得良好的成效。所以，发掘学校系统内外各方面的资源并形成合力，营造一种“全员参与”“系统合作”的浓厚心育氛围是真正做好心育工作必不可少的。具体来说，心育氛围好不好有以下四个标志：

（1）发动班主任积极参与并努力上好心育活动课，是学校心育氛围日趋浓厚的第一个标志。班主任在参与心育活动课的过程中，一定会逐渐感受到心理学知识的魅力，一定会有利于加深自己和学生的情感联结，也一定会大大促进自己教育理念和教育品位的提升。只要班主任“动”起来了，学校心育氛围就有了“第一推动力”。

（2）心理辅导室里求助的学生络绎不绝，甚至“门庭若市”、应接不暇，这是学校心育氛围日趋浓厚的第二个标志。当每个学生都把心理健康与身体健康看成同等重要的自我成长需要，当每个班主任绝不再以

① 黄希庭等：《健全人格与心理和谐》，第43页。

各种理由阻拦学生去心理辅导室倾诉求助的时候，学校心育工作就可以视为真正驶入了“快车道”。

（3）在班级管理和课堂教学中努力融合心育理念和心育技巧是学校心育氛围日益浓厚的第三个标志。要通过持之以恒，既有针对性又有操作性的教师培训，转变全体教师特别是班主任的教育理念，使其能自觉运用心理学的理念、方法、技巧来教书育人，从而大大改善师生关系，大大减少“师源性”的心理伤害，大大推动课堂和谐心理环境的建设。

（4）加强对全体家长的心理学常识培训，帮助家长掌握孩子成长的规律和阶段性发展的特点，并与学校联手构成教育孩子的“家校同盟”，这是学校心育氛围日趋浓厚的第四个标志。当家长们都能逐渐“读懂孩子”、理解孩子的心理需求，能直面孩子的心理问题，消除对孩子成长过程中的种种误解，并能支持、配合校方采取各种心理干预措施时，学校才能搬开心育道路上现存的各种障碍，打通“家校合作、心理育人”关键路段的“隧道”，大大提高心育工作的实际效果。

本书从一开始，许多专题的内容都是为了帮助家长们能更好地“读懂孩子”“理解人性”。因为只有家长懂了孩子的心理，孩子才会有健康的心理；只有改变了家长，才能改变孩子。

以上我之所以反复强调心育环境氛围的重要性，是因为这几年我们心理教师的工作做得太辛苦，甚至有一点压抑感，这似乎与积极心理学的导向有些渐去渐远。我们急需走出整日提防校园高危事件的心理阴影，因为青少年就像小树一样，他们的健康成长需要阳光灿烂、生机勃勃的自然环境。让我们努力办阳光学校，创阳光班级，建阳光课堂，育阳光学生，做阳光师长，铸阳光心灵，这才是每一个学校心育工作者追逐的梦想！

综上所述，学校心理健康教育是一项常规性的、不可或缺的工作，容不得半点“虚假”，也无须追求“轰动效应”和“特色效应”。如果每个学校都能扎扎实实把本讲所言三大方面的事情做好，并能埋头苦干它十年八年，那么我国的学校心育工作就一定“有人做”“真在做”“能做好”，就一定会出现积极、科学、规范的学校心育工作的大好局面。

后 记

2022年5月，国家教育行政学院(以下简称“国教院”)远程培训中心策划并邀请我录制了“给心理教师和班主任的8堂心理健康教育课”。这8堂课的视频一经播出，便受到了全国各地学员的密切关注，国教院远程培训中心陆续转来各地学员的反馈意见，其中就包括很多学员希望能得到这8堂课的文字著述。

无独有偶。恰在此时，素未谋面的江西教育出版社总编辑桂梅女士给我打来电话，希望将这8堂心理健康教育课的内容整理成书并出版。而我当时正忙于对“心海团队”各位成员提交的典型案例组织分析研讨，所以婉言谢绝了她的美意。说是“婉言”，其实我的语气很坚定，就是强调“没时间”。可令我没有想到的是，电话中听来声音柔弱的桂梅总编辑却有一股锲而不舍的精神，她反复地给我来电、发信息，从各种角度向我提出建议和设想，最终“迫使”我“于心不忍”，只好实施“观点采择”，暗中思考一个折中方案。于是，就有了把以往近30

年的心理健康教育讲座内容进行加工整理，形成一本能展现我心育理念的普及性读物的想法，并立即得到了桂梅总编辑的积极回应和肯定。

所以，拙著《中小学心育 16 讲》即将付梓，我第一个要感谢的就是桂梅总编辑。没有她的敏锐直觉和深远眼光，没有她温和而坚定的执着努力，就不会有拙著的构想和催生。我更要感谢近 30 年来为我提供了大量鲜活案例的学生、教师和家长，是他们和我心与心的坦诚接触与思想碰撞，激发了我深入研究心理学理论的兴趣和毅力，从而萌生了拙著里呈现的一系列个性化的心育思考。同时，我要感谢为拙著承担了编辑工作、付出了许多心血的苏晓丽编辑，感谢她细致、具体、周到的文字审阅和版面设计建议，也感谢在背后默默奉献的美编及其他工作人员！

我还要特别感谢我可爱的孙子钟天元小朋友，他凭自己两年来刻苦练就的颜体书法功底，为我题写了书名，从而为我这部“老”书稿增添了不少童趣和活力！

由于从构思到交稿的时间比较仓促，尽管每一讲内容都有酝酿已久的思路和提纲，但囿于学识浅薄、蔽聪塞明，全书牖中窥日、寡闻少见乃至谬误之处在所难免，恳请学界同人不吝指正！

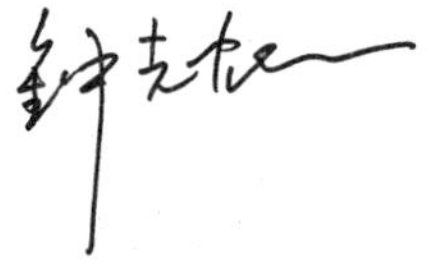

2022 年 8 月 10 日